U0113659

翁偶虹 张君秋 等著

回忆

惊才绝艺，一代伶工

程砚秋

中国文史出版社

百年中国记忆·文化大家

主　　编：刘未鸣　韩淑芳

执行主编：张春霞

编　　辑：（以姓氏笔画为序）

卜伟欣　牛梦岳　李军政　李晓薇

赵姣娇　高　贝　徐玉霞

程砚秋

画梅于御霜簃书斋

一九三一年为陈叔通先生画菊

一九二二年与罗瘿公（左一）、齐如山（右二）、许伯明（右一）、吴
富琴先生（中坐者）合影

与梅兰芳（左三）、尚小云（左二）荀慧生（右四）先生合影

与俞振飞、宋德珠合演（金山寺）

在山西给名演员牛桂英、贾桂林、程玉英说身段

与俞振飞合演《武家坡》

与李丹林合演《英台抗婚》

《锁麟囊》剧照

《荒山泪》剧照

《聂隐娘》剧照

昆曲《思凡》剧照

《青霜剑》剧照

《文姬归汉》剧照

《鸳鸯塚》剧照

《玉狮坠》剧照

与俞振飞合演《春闺梦》

CONTENTS 目 录

1

附　录

花虽凋谢，卖花声将永留人间

陈叔通

若讲我和砚秋认识的时间的话，我还是与兰芳认识得最早，御霜（即砚秋）是经罗瘿公先生①介绍才认识的。我对御霜没有恭维话。我向来与砚秋讲话是没有好话的，当面总是批评他，可他说：我就喜欢听。

砚秋的一生是受压迫的一生。记得砚秋曾给张作霖演过堂会戏，张的手下人把他的戏安排在张吃午饭后，戏码也是很素净的，而把名角的戏放在张吃饭之前。谁知张欣赏砚秋的戏，饭可以摆出去吃，鸦片可以拿出来吸，等砚秋唱完了，张却要睡觉了，搞圈套的人们倒落个适得其

---

① 罗瘿公，名惇曧，字椒东，号瘿公或瘿庵僧，又称待移居士，广东顺德人，于一八八〇年生于京师。父家劭为清翰林院编修，幼承家学，及长学于粤广雅书院，后从康有为游，与陈千秋、梁启超同列高第。袁世凯称帝，公与立帝制者不合，遂纵情诗酒，注重梨园，独赏艺徒程艳秋，为之仗义赎身延师学艺，凡事亲自扶掖，倾心血于其艺事，培育达九年之久。一九二四年九月二十三日，罗瘿公因患肝病不幸故于京德国医院，享年四十四岁，葬于京西山四平台。公之著述除诗文和诸种史籍外，有《鞠部丛谈》二卷及《红拂传》、《青霜剑》等新剧十数种。

反的结果。

砚秋挂头牌是上海到北京。余叔岩把砚秋带到上海唱倒第二。不知因为什么事情，上海军警同余捣乱，余自己偷偷买好一张火车票溜回了北京，把砚秋干搁在上海。罗瘿公先生把我找去问如何办。第一舞台建议是否要砚秋顶下去，罗公很慎重，考虑再三拿不定主意。大家主张问问砚秋本人的意见。当时，程大概是二十岁，还很年轻，他却回答说："若是问我，我就要顶下去。至于有没有把握，看卖座怎么样吧。"于是舞台挂出了牌，说明因为余叔岩大老板患病，乃叫程砚秋挂头牌。我私下问砚秋到底有无把握，他的回答还是那句老话，真个是有胆量的，结果他的演出天天上满座。所以后来我对他说，是余叔岩给了你一个好机会。

军阀张宗昌也邀砚秋演过堂会戏。一天，张约砚秋去谈话，谈完后给他现钞六万元，砚秋坚决不收，张无奈何，只得作罢。张是强盗，也是盗亦有道，他亦不得不称赞程砚秋是好男儿。这件事是没有人知道的。

砚秋到上海不去拜流氓，结果沪上小报把他骂得一塌糊涂。尽管有钱的人捧他，他也不买账。在上海给砚秋写信的不外两种人：一种是女人勾引他，对此，他一概置之不理；一种是穷困告帮的，对此，他则把来信者的地址一一记下。砚秋与我一起出门时，拿着钱就按信的地址往里弄里一钻，也不留什么回信，只是送钱帮人。这是经常的事。程砚秋对有钱的人是骄傲的，对贫寒的人是同情的。

砚秋为人正直，但是这个评价仍嫌一般，他的为人可改两个字，至少应写刚正，他吃亏在刚，好也在刚，唱里有刚。砚秋是一为刚，二为洁，即孤洁也。他确实是在下乡以后，热爱劳动生活，正像砚秋在日记里所记："劳累终日，饱食玉米面而感香甜愉快，作了工，乐得其所。"砚秋喜欢与劳动人民接近，表示与城市士大夫处之不泰然，反之，与"乡野之辈"相处融融，真的是趣在农民不觉其苦。后来他又办了农村学校。砚秋热爱劳动人民是一根红线贯穿着的，这对他以后接近党是很有关系的。砚秋在北京围城中画梅一枝，附诗两首曰："料得喜神将莅至，毫端先放几分春。"我回信说这两句诗很好很好，最好题在画上。所以共产党一进城，砚秋就唱了三天戏，以示庆贺。他的诗是喜欢共产党的，凡是被压迫的人对共产党都是表同情的。他不靠什么山。砚秋在解放后曾讲过："什么宗什么派，我全不加入，要加入，就加入中国共产党。"砚秋一生受压迫，对劳动人民同情和热爱，解放后对党愈加爱慕和接近，并决心接受党的领导，努力为人民服务。最后终于参加了伟大、光荣、正确的中国共产党。这是要突出描写的。

砚秋是不假声势的，他完全是靠艺术打出来的。他主张戏曲要承担改革社会的任务，《青霜剑》一戏就是讲这个。王瑶卿这位先生是真负责任，砚秋的戏每场必听，砚秋征求他的意见，常常讨论到天明，《锁麟囊》一戏是集其艺术大成的，戏的内容是有些问题，砚秋也很想改。他交出本子一年多，自己提了意见，结果是没有人给他改。过去这出戏在上海一唱，是任何人打不倒的。后来就是这出戏，不叫他演，不给他改。《锁麟囊》这出戏艺术上是很高的，内容至少是可以改好的。

砚秋对地方戏有深刻的体会，得力于此甚多。当然，电影、外国歌剧等，诸如此类，对他的艺术创造有益，但要突出地方戏对他艺术的影响。

现在的不少名角能自己演戏，但不能教别人戏，这点我本不晓得。后来听说砚秋讲课，讲得好极了，能唱的不一定能教，而他既能表演，又能教人，这是难能可贵的……

（程永江　整理于一九六一年）

3

追忆砚秋生平

果素瑛

　　我与砚秋同庚，都是生于一九〇四年（光绪三十年）。我俩十八岁订婚，十九岁正式结亲，那是一九二二年至一九二三年间的事情，也正是砚秋刚刚出师独立组班并第一次去上海演出的时候。我们两人艰难创业，一起经历了黑暗的旧社会的风风雨雨，满怀欢欣地迎接了人民的翻身解放，在共同生活的三十五年中间，互相信任，感情甚笃。他若不是因为急病过早地离开我们，他若能健康地活到现在，到今年恰是七十六周岁了。砚秋为了人民的戏曲事业奋斗一生，解放后在党的关怀下刚刚过上几天好日子，正要实现其多年努力而未及完成的戏曲改革计划时，谁料到他在紧张的准备率领中国京剧团赴北欧访问的前夕，却突然倒下去了。一想到此，我心里就很难过。算起来，砚秋逝世至今已有二十二年了。他的遽然病逝，对我的精神打击是太沉重了，在刚刚举行完追悼会以后，我就一头病倒在床上，再也起不来了。当时，我暗自想，不如紧跟着他去了，但是转念一想，不行，我的两个儿子还远在国外，这么多孙男弟女还没有长大成人，怎能舍得丢下他们，再说，决不能让人家说程砚秋一死程家就从此完了！我要振作起精神支撑下去，不然的话怎么对得起砚秋，更对不起周总理和贺老总对砚秋的一片苦心培养，我不争别的还要争口气呐。现在，砚秋的徒弟都已经是五六十岁的人了。砚秋的前辈人全不在了，他的同辈人也所剩无几。前年，我的长子回国探亲时，要求我谈谈程家的家史，把录音放给孩子听，为的是叫他们不要忘记了自己的根，落叶归根嘛！趁我身体还好，把自己知道的往事告诉后代，好让儿孙们了解前辈创业是何等不易，要保持住好的家风就更难呀！

我家本不姓程，亦非梨园世家

砚秋本不姓程，他是满族正黄旗人，在旗的是指名为姓，他最早的官名叫承麟，出师以前由恩师罗惇曧（号瘿公）先生做主把旗姓的"承"改为汉姓的"程"。他最初的艺名也不是砚秋，而是程菊侬，以后又改称程艳秋，字玉霜，最后才改为程砚秋，字御霜。这改名的经过和其中的涵义以后还要专门谈的。

砚秋的先祖也不姓承，而是姓李。听婆母讲，我家的祖籍在东北吉林长白山，今吉林省通化、临江一带。原来家藏一张文牒，是用宽达一指、长尺许的白毛头纸书写的敕令，上记巴特鲁兵远征朝鲜的事，表彰了先祖的战功。陈叔（通）老看了这张文书，连说这是好东西，嘱咐我要加意保存，可惜在扫"四旧"时把它同家谱一起烧掉了。先祖后随老太罕（摄政王）多尔衮入关，用婆母的话说就是"揪着龙尾巴来的"，他打仗战死，皇上赐以金头，葬在北京德胜门外小西天，是无头葬。这块老祖坟，也是八旗兵进关后跑马圈地时占的。过去有人考证过，说乾隆朝的相国英和是砚秋的五世祖。

张次溪先生[①]在《程艳秋传》里也有"满洲煦斋相国五世孙也。父袭旗营将军职"的话，不知考证得对不对。不过，家里确实保存有一方"四代翰林之家英和之印"。砚秋的曾祖父阿昌阿，曾祖母王氏，也是官宦门第，传到他父亲荣寿仍然是世袭爵禄，住在德胜门里正黄旗界内的小翔凤胡同老祖宅，砚秋就是在这儿出生的。

我的公公荣寿（约生于一八五四年，咸丰四年甲寅，故于一九〇五年，光绪三十一年乙巳）是独生子，外号"荣胖子"，与荣福、荣禄同辈，他不愿意到内廷当差，便把爵禄让给了叔伯屋的二弟荣福，自己成天价提笼架鸟养狗抓獾。公公的前妻受婆婆的气，积郁成病，死的时候还很年轻，也没有留下儿女。我的婆母托氏（约生于一八六四年，同治三年甲子，故于一九四〇年二月）是续弦，娘家没亲人，只有一个妹妹，后来这个妹妹也故去了，与我婆母的娘家父母一齐埋在程家的老祖坟了。托氏婆母养了四个儿子，长子承厚（后改名程子明），二子承和（后名程佐臣），三子承海（后名程丽秋），砚秋行四，年纪最小。家里是公公当家，他总怨婆母不会过日子，婆母后来常说："我买点针头线脑的跟你公公要钱，他老拿算盘子儿抠我，可他整天拿枪满地里打猎去，腰里掖着元宝辫子，就是不给我一个子儿。"这老夫妻俩总吵架。

砚秋出世不久，也就是怀抱刚刚会叫爸爸，公公得了个肚子痛的暴病，没有几天就死了。那时家底还挺厚，公公身后留下不少房产，砚秋的大哥和二哥在皇宫禁卫军里当差拿钱粮，日子还算可以。公公死后，我婆母也想得开了，常带着两个小儿子撒开了去南城看戏。那年月，天一擦黑，正阳门、宣武门就都关了城门，家在内北城住，去南城戏园子听戏就得在外城住店打

---

① 　东莞张次溪，戏剧史料编辑家，曾精选梨园笔记二十八种辑为《清代燕都梨园史料》一书，又撰《北京梨园金石文字录》及《北京梨园掌故长编》，著有《近六十年故都梨园之变迁》及诸伶传记多种。

尖吃饭馆，反正砚秋的二哥已经娶亲，有二嫂尹氏看家，婆母更放得下心。什么谭叫天啦①、路三宝啦②，汪笑侬啦③，那戏一听就是好几天。砚秋和他三哥看完戏回家，就爬上房顶披着衣裳学着舞台上的样儿唱呀跳呀，学这学那。除了看戏，就是跟邻居的孩子们到后海洗澡，整天游泳，连梳小辫儿的红头绳都给洗白了。这种无忧无虑的生活过了没有两三年，家境就越来越不济了。寡母孤儿再没有别的进项，光靠公公的世袭钱粮，二爹（按：旗人管二叔叫二爹）是掌握发放钱粮的差事，婆母成天出门去找荣福要钱粮，回家来总是两手空空，埋怨荣二爹不给钱，说他卡寡妇孤儿的嗓子眼儿。小翔风胡同的老宅院维持不下去了，就开始搬家。听婆母讲，刚从小翔风胡同迁出来的时候，还拉了十几大车的东西呢，可见那时的家境并不算太坏。先是搬到北京西郊海甸西的小营，以后前前后后又搬了七八次家，真是越穷越搬家，搬一次穷一次，等到搬到了南城天桥大市（又叫穷汉市），就完全变成了赤贫了。砚秋说过，当时住在大杂院的一间又黑又小的破瓦房里，家里能典当的东西都典当了，除了炕上的苇席和几床破被子，再没有什么财物家具了。大哥和二哥从禁卫军退役下来，成天游手好闲，根本不管家里死活，老太太只得靠自己揽些针线活计勉强拉扯着两个小儿子苦熬岁月。砚秋那时才

---

① 谭叫天，京剧前辈谭鑫培之别名，为别于乃翁谭志道"老叫天"，均誉之为"小叫天儿"，湖北江夏人，生于一八四七年，逝于一九一七年，名金福，字望仲，堂号英秀，坐科金奎班，初习武生，后专工老生，为京剧革新家之一。

② 路三宝为清末民初的著名旦角演员，梅兰芳先生曾从其学《醉酒》的身段。

③ 汪笑侬本儒生，曾举于乡试，善诗文，后入梨园，初习小生又改为生角，以《哭祖庙》、《马前泼水》诸剧最为擅长。犹能自行编剧，撰有《党人碑》、《献地图》、《刀劈三关》等，自号伶隐。

是个不懂事的六岁孩子。

卖身学艺，童年不堪回首

同院住着一位唱花脸的，姓名记不得了，看这孤儿寡母可怜，说承麟这孩子模样俊，不如去学戏，放他一条生路，将来兴许混得出来，老太太总还有个指望。这样，托戏剧界唱花脸的先生介绍，写给了荣蝶仙为徒，七年字据，开始一年不计在内，加上帮师一年，前后共须学徒九年。荣蝶仙是陆华云先生办的长春班坐科，工刀马旦，他是王瑶卿先生的亲戚，荣的爱人是大马神庙王家的外甥女，当时住在南城魏染胡同。砚秋进了师傅门，荣也不教戏，把他当小听差使唤。荣的脾气很暴，稍不顺心就拳打脚踢。婆母去师傅家探望，知道了这情形，很不放心，再托出介绍人来跟荣蝶仙说，不给我们孩子学戏，不就把孩子耽误了，这样，才开始让砚秋学戏。开初想学武生，因为年岁大了骨头变硬了，又改学武旦和花衫。砚秋为练功受的罪就不能说了，整天脚上绑着木跷，跑街干活都得踩着，晚间上床睡觉也不准拆下来，伸腿窝腰练基本功时，有时师傅在外面受了邪气，回家拿徒弟撒气，还没等砚秋练完功把筋骨蹓跶开，就劈头盖脸一阵痛打，日子长了，他的大腿后侧就淤起许多血疙瘩。直到一九三〇年，砚秋到欧洲考察戏曲音乐的时候，才请德国的外科医生开刀治好这童年落下的毛病。后来，师傅看砚秋嗓子不错，又决定让他改学青衣，是请陈啸云先生①以及一位姓吴的先生（姓

① 陈啸云，晚清著名青衣演员，为四喜班二路旦角谢双寿之徒，自光绪九年亦在姚增禄领班的四喜班演戏，与同班之余紫云、罗福山、吴菱仙、戴韵芳诸名角先后齐名。

名忘了）给开的蒙，边学边唱边给师傅效力，唱的都是堂会戏，经常在南城浙慈馆[①]演出。砚秋的基本功学得扎实，嗓子也好，年轻时唱戏，外面有个外号，说他唱的像"陈石头"（按：指像陈德霖先生）。砚秋还在师傅门就开始变嗓。记得我父亲果湘林先生管过几次堂会，一次，回家对我母亲说："我管了一档子堂会，不知道是谁家的男孩儿，唱的是《玉堂春》，听他嗓子还没变过来呢，可真不错，有出息！戏完后开份的时候，拿了钱高高兴兴地走了。"我父亲不识字，也不晓得他是谁，后来我们看《群强报》上的戏单，才知道父亲夸奖的那男孩子就叫程菊侬，这是砚秋最早的艺名。

恩师罗瘿公和王瑶卿先生

在砚秋变嗓的节骨眼上，荣蝶仙接了上海戏院的包银，这时砚秋要是强挣扎着演出，嗓子没完全变过来就会毁掉，今后就甭想再吃这碗戏饭了。广东顺德名士罗瘿公先生经常看堂会戏，很早就注意到了砚秋这个后起之秀，听说此事非常着急，他见义勇为打抱不平，托出人找荣蝶仙谈，愿借六七百银元为砚秋赎身，算是把他从师傅门接出来了。

诗人罗瘿公先生，为了培养砚秋真是熬尽了心血呀。他老人家在北芦草园租了所房，把砚秋的母亲、兄嫂们从天桥大市接到那里，延请中医为砚秋调治嗓子，请乔蕙兰先生[②]教昆曲，九阵风（阎岚秋先生）[③]教武工和大小五

---

① 浙慈馆，为北京前门外东大市著名票房"春阳友会"的所在地，樊迪生先生曾主管，余叔岩倒嗓时期亦多在此票戏。

② 乔蕙兰，字纫仙，吴下人，佩春堂弟子，工昆旦，擅长《挑帘》、《裁衣》、《刺虎》、《风筝误》等曲。颇有声名，梅兰芳亦曾从其学昆曲。

③ 九阵风，为著名刀马旦阎岚秋先生之艺名。

套刀枪把子，亲自给砚秋开讲诗词歌赋，教授书法，安排看戏和电影的功课表。砚秋的文化程度本就不高，只是五六岁时上过一年私塾，因为家贫又被迫辍学，他以后在文化艺术上能够获得大的成绩，主要是罗瘿公先生在这阶段给他打下了基础。在旧社会许多京剧演员吃亏在没有文化，学戏主要是口传心授，师傅怎么教徒弟就怎么唱，自己看不懂剧本唱词，更不用说分析剧本研究人物角色了。罗先生深知这是个弱点，就下力气教砚秋学习读剧本，这样，既学了文化，又熟悉了剧情。

砚秋得益于王瑶卿先生①的地方极多。从师傅荣蝶仙先生的线上算，他管王老夫子叫舅老爷。王先生爱才，说砚秋是块好材料，砚秋也非常敬爱瑶卿先生，爷俩很投缘。在他住在北芦草园的那阵子，他经常去的地方除戏馆、电影院之外，就是三处：一是长巷头条的广州会馆——罗瘿公先生的寓所；一是大马神庙太原王宅；再就是北芦草园梅兰芳先生的家。砚秋几乎每天"长"在大马神庙王家。瑶卿先生家里的内行外行

————————————

① 王瑶卿，原籍清江，后因久住宛平遂转入宛平籍，为光绪年间著名武生王彩林先生之子，名老旦郝兰田之外孙，由田宝琳先生开蒙。他十岁时父故，家道渐中落，乃入三庆班从崇富贵学武旦，后改从谢双寿习青衣；十四岁在三庆班"借台演戏"，甲午间数次入宫承差，得益于内廷供奉时小福颇多，后搭小鸿奎班演戏，渐露头角。光绪丙申丁酉间搭入福寿班，与旦角陈瑞麟、陈德霖、胡来仙同班演出，以《虹霓关》等戏为最拿手；倒仓复原后，经岳父杨桂云介绍暂搭四喜班，庚子乱后，与陆华云、胡来仙、陈德霖合股再起福寿班。瑶卿先生戏路极广，富有革新精神，对京剧旦角的做工、唱工、扮相和剧目、戏词均做了重大改革，后又倾力于培养后起之秀，诸多著名旦角皆受业于古瑁轩门下，实为前继胡喜禄、余紫云，后开创四大名旦新路之重要京剧革新家。

朋友川流不息，每日都是高朋满座，王老先生又好贪晚，砚秋在一旁伺候着，直耗到客人散净，瑶卿先生吸足了烟，精神头儿上来了，才兴致勃勃地给砚秋说点戏，教几段唱腔，这已经是半夜一两点钟了，等从大马神庙回到家里常常是凌晨三点多钟。我跟砚秋结婚以后，他也总是天天到王大爷家学戏，从无间断。我和婆母就在家里边做活边等着他回来，陪着砚秋一块熬夜。

砚秋十五岁那年，经罗瘿公先生介绍拜梅兰芳先生执弟子礼。

梅先生给他说了一出《醉酒》，恰巧南通伶工学校成立典礼请梅去庆贺，梅先生有事不能去，就叫砚秋代表他去演，演的就是《醉酒》。这是砚秋倒嗓以后第一次登台演唱。这样，砚秋在罗瘿公先生的悉心培育下，不到七年就提前出师了。他没出师的时候，家里一天一个急，婆母三天两头到前门外关帝庙烧香求神，盼着儿子早出师好赚钱养家，后来跟包的回来告诉说老四要出师，这才放了心。可是，这是跟人家银行借钱"赎师"，把嗓子调养好就得赶着搭班唱戏，好挣钱还亏空。他先搭的余叔岩先生的班^①，跟余合作唱《打渔杀家》、《御碑亭》；之后又同高庆奎、朱素云一起组班^②，最后由罗瘿公做主才独立成班。砚秋最早是在北京三庆园演出，以后在南城粮食店的中和园和华乐园演出；罗先生自己编剧本，王瑶卿先生导演，一年准有几出新戏露演，像《梨花记》、《龙马姻缘》、《琵琶缘》……十八岁那年，也就是我和砚秋订婚的一九二二年，罗瘿公先生带着砚秋第一次去上海演出，在亦舞台一炮打响了，这就为以后多次赴沪献艺打下了基础。砚秋这最初的成功，确是罗瘿公、王瑶卿先生花费

---

① 民国八、九年（一九一九—一九二〇年），程搭余叔岩、梅兰芳先生合作的喜群社。

② 民国十年（一九二一年），程搭高庆奎、朱素云先生的庆兴社演戏。

几年心血培养的成就，也是许伯明①、袁伯夔②、周梅泉、樊樊山③、陈叔通诸位前辈好人多方爱护的结果。

程果的婚事和果余两家的家史

我和砚秋的婚事是由梅兰芳先生早故的夫人王明华女士作的大媒。说起来话可就长了，戏曲界都是套连环的关系，论起来我娘家母亲与梅家还是亲戚呢。梅大奶奶王明华是王毓楼的亲姐姐，王少楼④的亲姑姑，她管我母亲叫大姐，我们称呼她为舅妈。梅家老祖母的女儿，兰芳的姑母，嫁给秦稚

---

① 许伯明，原任中国银行驻北京分行行长，与罗瘿公先生极交好。

② 袁伯夔，祖籍湖南湘潭县，名思亮，字伯夔，号莽安。父树勋曾于京津居官，后任清两广总督，膝下六子，伯夔居长。伯夔曾任职于印制局，擅诗文工书法兼通文艺，为沪上"三八会"（逢每月之三、八日沪上各诗人文士齐聚一堂谈诗论画，故称"三八会"）之倡导人，与周梅泉、陈散原、陈夔龙、钱冲甫、况夔生、谭延闿、袁帅南诸名士过从甚密。伯夔暨"三八会"诸公与罗瘿公极交好，于沪上鼎助罗、程极力。

③ 樊樊山，名增祥，字云门，自号樊山老人。湖北人，晚清进士，出为县令，后迁陕西布政使，辛亥官江宁布政使。民国前后北还，与京师诸名士游，常涉足梨园，赋诗以赠诸名伶，又撰编《盘龙剑》、《后义妖传》等皮簧剧本。樊山老人卒于北京，享年八十余。

④ 王少楼，字兆霆，武生王毓楼的长子，梅兰芳的内侄，九岁入斌庆社坐科并得家传及高庆奎、张春彦、李鸣玉、李洪春诸先辈的指点，十七岁拜余叔岩为师，能戏六十余出，一九三〇年始与程合作。

芬先生，她与我母亲性情很相投，经济上有拮据也互相通融，我母亲叫她老姑，我们称她二姑姥姥。老人家膝下有三女一子，她的儿子秦叔忍先生，跟我们一起在大外廊营我家的私塾读书，我们都叫他小三舅。在我十五岁那年，我和大姐到前门外骡马市大街大吉巷一家私人教授机绣缝纫的班社学习，梅大奶奶和王蕙芳先生[1]的两位妹妹也去那儿，我们坐人力车去，他们坐轿车去，天天见面相处很熟。蕙芳与兰芳是表兄弟，记得蕙芳的四妹嫁给了迟家，五妹许配给黄润卿先生[2]，老妹妹是尚小云先生的续弦夫人。

砚秋经罗瘿公介绍对梅兰芳先生执弟子礼，因为都住在北芦草园（按：梅家最早住在李铁拐斜街），所以经常去梅宅。师娘动了给徒弟提亲的念头，就亲自来我家说亲，开头说的是我大姐。春初还穿夹衣的时候，借梅家老太太过生日"过串望"的机会，请我母亲带着我大姐，程家老太太领着砚秋，都到梅宅去相看。我母亲看到砚秋后回家就说他："个头儿挺高，小眼睛，模样儿还不错"，"光看相貌不行，还得看看台上演的怎么样。"我大嫂的娘家父亲杨振廷先生，是给砚秋剧团打鼓的，一听说要看戏，马上在华乐园给订了个包厢，我父母亲全去了，看的是《宇宙锋》。我父亲看戏时说："瞧着嗓子还没变过来呢，唱念做派还不差。"谁知以后，这门子亲事却搁下不提了。原来是梅大奶奶出主意说果家大姑娘长的没有二姑娘漂亮，又改变方针执意要提我的亲了。为了这梅大奶奶二次来说亲，我母亲说什么也不同意相看了。不让瞧也没有关系，罗瘿公先生办法多，去泰方照相馆找了一张我家"全家福"的合影给砚秋，他看了很愿意。我母亲拗不过梅大奶奶，只好跟大媒讲条件，提出我家姑娘小，人挺老实，程家哥儿多，不能一块住，让闺女受委屈，得进门就管家。梅大奶奶把话带过去，罗瘿公先生

---

① 王蕙芳是梅兰芳先生姑母的儿子，专工青衣，为著名旦角演员。

② 黄润卿先生亦为正工青衣演员。

和砚秋做主，答应接出老太太搬家单过，这样，我母亲才同意放定。秋后，由梅大奶奶和荣家师娘来我家"放小定"，面交戒指、镯子，仪式很隆重。按照习俗，在我和砚秋结婚前还要"过大礼"，也是梅大奶奶和师娘带着好多抬衣服、首饰、鹅、酒、猪羊腿和干鲜果品龙凤饼食盒来我家点交妥善的。那已经是订婚一年以后的事了。当时，我们俩都刚刚满十八岁。

在我们订婚的时候，曾有一段很有意思的插曲。我父母亲同意了这桩亲事倒不打紧，却惊动了我大嫂的娘家妈妈，她赶忙跑来劝阻我双亲说："你们两位怎么越来越糊涂呢？程家是什么人家，他家住在天桥大市，穷得不得了啊！程家老太太每天挎着竹篮上街买煤球，吃了上顿不知道下顿，可真是一天一个现在呀。有闺女也不能许给他们，让闺女跟着去受穷！"我母亲听了很不以为然，回答说："会给的给儿郎，不会给的给家当。小人儿又忠实又老成，人很用功，有什么给不得？！"说得她无言答对，悻悻而去。我的双亲如此看人处世，其中是有着一段辛酸经历的。我的老父亲出身很寒苦，我母亲却出自梨园名门世家，果余两家是怎么结合在一起的，这就不能不谈谈两家的家世了。

我的父亲果湘林（生于一八八一年，故于一九六五年），字仲莲，原籍河北省文安霸县，是与王瑶卿先生同辈的京剧演员，工青衣，他的寿数很高，享年八十四岁。我的祖父果福隆原在霸县开糖坊，祖母是家庭主妇，膝前有二子三女，我父亲行二。文安府是九河下梢，地势很洼，不涝则旱，真是十年九不收。光绪十五年赶上大歉三年，祖父母一家穷得没法子活下去。农村邻里有人说，逃荒上京兴许有口饭吃，就全家带着一辆独轮车从老家出来了。我大爷后边推，九岁的父亲在前面拉小套，祖父母带着几位姑妈坐着这车子，一路上讨饭奔向北京城。三位姑妈在半路上都送给了别人，从此失散后再也没有见着面。剩下的几口人，总算挣扎着到了北京。但是举目无亲，还是没有活路。那年代北京城里有官办粥厂，只收女子而不收男子。我祖父把祖母托在粥厂，便带着两个儿子去谋生，先是将我大爷送到了城郊砖窑卖苦力，又不知道经过谁介绍把我九岁的父亲写给人家当徒弟学戏，自己因为上了年纪没有人管，就沿街乞讨串房檐送香火。

我父亲是在大马神庙王家学的戏，那时人称"太原王家"，是很出名的。他是跟王瑶卿、凤卿先生一起学的艺，我祖父有时去师傅家看看儿子，那时候当徒弟有"点心钱"，我父亲舍不得花，积攒起来给我祖父。有一年寒冬腊月，我祖父仅穿着一身单裤褂来了，门房伙计们看老人太可怜，有的给件旧棉衣，有的送条破棉裤，凑了点大个儿铜钱给了老人家，祖父自此一去就再无音信，冻饿而死了。一家人从此失散，实在太惨了！

父亲在师傅门受的苦处就甭提了，无亲无友的孤儿卖身学戏，其处境可想而知。他踩着三寸木跷跑街干活，成年累月地不许松绑，把一双好端端的脚都绑得变了形状，从此落下了病根，到了老年两条腿动弹不得；有钱有势的师兄弟把他锁在大木冰箱里开心玩耍，逼得我父亲服砒霜自杀，经抢救过来才没有死。后来遇到一位侠义文人拿钱给我父亲赎身出师；在十七岁上才独立搭班演出，唱青衣，很红了一时。

我父母亲订婚是经一位姓王的跟包介绍。我母亲余素霞（生于一八八〇年，故于一九五八年十一月）是名须生余叔岩的亲姐姐，出身于梨园世家。

我的外祖爷余三胜，是清末著名须生，人称"老余三胜"，祖籍湖北省罗田县。外祖父余紫云[1]为著名青衣，与陈德霖先生属同辈人，又叫"小

---

① 余紫云名金梁，字砚芬，小字昭儿，堂名胜春，湖北罗田人，生于一八五五年，入景和堂为弟子，辈居第四，工崑旦，善青衣花衫花旦，隶四喜班，声名与程长庚并驾，惜弟子无传，卒于一八九九年。

余三胜"，人品性情都很好，学识渊博，对古玩文物颇在行，谁买什么古董都要请他鉴别真假，他只要一上眼就知道是什么朝代的瓷器。我的外祖母沈氏，浙江人，说话口音很重，为人相当厉害。他二老跟前有二女四子，我的母亲余素霞居长，二姨因痨病早故，我的大舅名字已记不清，曾学过胡琴，余家二舅是精神病患者，余家只是出了一位三舅余叔岩。叔岩舅舅师鲍吉祥先生①，工须生，武工嗓子都很好，十三岁时就红得发紫，刻苦钻研，汲取众家所长自成一派。他的原配夫人是陈德霖先生前妻的长女（按：陈老夫子的续弦夫人是时慧宝②之妹，膝下二子，长子夫妇早折，遗下一子一女，二子陈少霖先生③是我的二舅，后与砚秋合作很默契，已病故。二舅母娘家姓朱，现仍健在），叔岩的续弦夫人是中医姚大夫的女儿。我的四舅余胜荪④也唱老生，后不幸患精神病，四舅母是田际云先生的妹妹；可见，余家确是三代梨园世家。

我父母亲订婚后，父亲等于是将来的养老女婿似的，住在余家，演戏挣的钱都交给我的外祖母。谁知我那外祖母把姑爷的钱写在瓢底下了，不但不给，临了还要罢婚。我母亲不同意罢婚，怪外祖母嫌贫爱富没有信义，说就是讨饭也要嫁给果湘林，娘家什么好东西不陪送也要嫁，否则即使给珍珠财宝也坚决不要。为此母女二位闹翻了脸，从此不再往来走动。我父母亲结婚的时候，什么东西也没有，连被褥都是向跟包借的，我母亲自幼读书，善书法，工女红，持家谨严，帮了父亲很大的忙。外祖父余紫云疼爱长女，总是

① 鲍吉祥，鲍福山之子，工须生，常与余叔岩配戏，合作极默契，亦曾与程砚秋和张春彦合演过《玉堂春》。

② 时慧宝，字智农，晚清名伶时小福之季子，名须生。

③ 陈少霖，陈德霖续弦夫人的二子，工须生，曾与程合作演出《汾河湾》等戏。

④ 余胜荪，余叔岩之四弟，亦工生角，后因病辍演。

瞒着外祖母来我家坐，每次都买好多吃食和玩具给我们。他老人家是先病故的，过了几年，外祖母也卧床不起，危急当儿很想念我母亲，心知对不起自己唯一的女儿，但又难于启口，后经亲友们调解，我母亲在与娘家断绝二十多年来往之后，才带着孩子们去外祖母家。这样，我才第一次认识了外祖母，那年我刚刚十七岁。之后，外祖母又活了几年就故去了。

砚秋与我父亲在童年的经历上很相似，所以他们两位极说得来，互相敬重。我父亲是老梨园又是广德楼的股东，在我和砚秋订婚时，我家已经从前外百顺胡同搬到大外廊营，和戏曲界许多前辈同行如谭鑫培、秦稚芬、迟子俊[①]、田际云、赵芝香[②]、姚佩秋[③]诸位先生住在一条胡同里，关系都处得很好。在砚秋最初创业的日子里，我父亲为辅助罗瘿公先生和砚秋，出了不少的力。像去奉天演堂会戏，都是跋涉千里亲自伴行，安排得颇为周到。

严师良友们

订婚以后，我从梅家听说砚秋去上海演戏了，那是他头一次赴沪献艺。回到北京，于阴历三月十一日，我们正式结婚。这时已经把家从北苫草园搬到前门外西河沿排子胡同，全是罗瘿公先生一手操持的，因为一时很难找到剧场，砚秋被迫闲在家里无戏可演，就喜欢上了打麻将牌，再加上有几个牌友怂恿，成天价赌个没完。旧社会梨园行不少好角儿，往往刚刚唱出点儿名

---

① 迟子俊原姓尉迟，父尉迟韵卿工生，因复姓拗口，遂改迟姓，子俊工丑及彩旦，为四世梨园世家。

② 赵芝香初习旦角，后改小生。

③ 姚佩秋，工旦角，世称其兄弟三人为姚氏三兰。

气，就有人打你的主意，有的是为了赚你的血汗钱，有的是存心想毁了你，共同的手段是投其所好，划好了圈，变着法子让你往里跳，你爱吸烟嘛，就送你埃及香烟和古巴雪茄；你喜欢打牌嘛，就白日黑夜陪你打八圈。砚秋的三哥程丽秋随剧团去奉天唱堂会，张作霖赏了每人五十两关东大烟土，他以为这可是难得的稀罕玩意儿，当宝贝似的捧回家去，自此染上了吸食鸦片烟的嗜好，最后落个身败名裂家破人亡的下场，梨园界这种事儿是屡见不鲜的。

罗瘿公先生在我们结婚以后每天都要来排子胡同，看见砚秋迷上打牌，很是生气。罗公一般是上午来一会儿就走，来了就问："你遛弯去了没有？胡铁芬①为什么还不来，什么时候吊嗓子？"再就是规劝他别再打牌了。下午，罗公必来教砚秋读书写大字。要不然就写信给砚秋要他禁赌。后来，经罗先生与我父亲的交涉，总算同三庆戏园签了成班出演的合同，由罗公做主，荣蝶仙先生做剧团老板，砚秋拿戏份，又开始了紧张的演戏生活。我清楚记得，当时砚秋拿的戏份有时是五元或十元，排演本戏上座好就给十五元。家里请的厨师傅每天伙食开份是十吊铜子儿，此外还管我们一家三口、两位保姆、一位黄包车夫和两位管戏装头面的跟包等八九个人的饭——每天两顿米饭。婆母当时总吵嚷说太费钱，因为要攒钱置办戏箱就得精打细算量入为出。好不容易积蓄了六百银元，砚秋一次打牌就全部输光了。罗瘿公先生听说此事，气的不得了，专门为此来我家，恰巧砚秋外出，罗公当即提笔写了一封措词严厉，善意规劝的信，要求他为了中国的戏曲事业，为了自己的前途立即痛改前非洗手不干，真个是晓以大义语重心长啊！砚秋读后极为痛悔，深感辜负恩师期望，当即下定决心，从此再不打牌。陈叔通老伯也多次写信，反对砚秋吸烟饮酒，嘱他勿

---

① 胡铁芬为程最早之琴师。

忘罗瘿公的苦心培养，在戏曲上要不断进步永不退让，为此赠给砚秋一支戒烟绝酒的戒指以志念。砚秋正是在这些节骨眼上，及时地得到了严师们的教导和帮助。砚秋他本是一个性格刚正极有主见的人，只要真正听进了师友的规劝就一定照着去做决不反顾。砚秋以后常常满怀深情地谈到这点，总是说我程某人能有今日，罗师当居首功，其他诸位师友如袁伯夔、周梅泉、樊樊山、陈叔通、金仲荪等的关怀培养，也是永远不能忘记的，罗瘿公先生为培养砚秋成人，呕尽心血，他既不贪功更无求私利，最后竟因操劳过度而不幸过早地病故了。这样品格高尚又极有艺术才能的好人，在旧中国是很难得的，后代一定不要忘记罗瘿公先生在中国戏曲史上所作的大贡献。

现在要另起炉灶了

罗瘿公先生的逝世对砚秋的打击沉重极了。他遵恩师遗嘱将罗公安葬于京郊西山四平台以后，停演数月为罗公戴孝志哀。那时，社会上有人幸灾乐祸地说，罗瘿公一死，程砚秋从此就完了。原来冲着罗先生面子帮扶砚秋的有些朋友也渐渐冷淡了，这使他很伤心。他私下对我说："现在咱们要另起炉灶了。"以前有罗瘿公先生编剧，一年准出三四本新戏，有王瑶卿先生在艺术上把关指导，砚秋的表演艺术确实是日进不已。现在，虽有受托于罗公的金悔庐（字仲荪）先生①亲任编剧，但是

① 金仲荪，字悔庐，浙江金华人。罗瘿公故后，受瘿公生前嘱托，为程撰《文姬归汉》、《荒山泪》诸新剧；又编《霜杰集》。曾任南京戏曲音乐学院北平分院研究所长，《剧学月刊》主编和中华戏曲专科学校副校长。

各方面状况已大不同于前了。"另起炉灶"的第一出新剧就是《碧玉簪》。砚秋曾把这出戏的本子送给王瑶卿先生看，老夫子说："这戏只能拿到天桥去演啰！"态度比较消极。砚秋回家后很是慨叹，才说出了"另起炉灶"的话。《碧玉簪》完全是砚秋在前外排子胡同自导自演的，演出后获得观众好评。这样，同行才逐渐改变了对砚秋的看法，王大爷也说程老四行，爷两个反而比以前更亲热了。以后，凡是砚秋自编自导的新戏，必要亲自去大马神庙王瑶卿先生处请教，从剧情、人物、唱腔、身段、舞台布置各个方面一一听取王老的意见，两位一起不断琢磨研究，在共同演出中求得提高。罗瘿公先生故后，砚秋在艺术上得益于金仲荪、王瑶卿先生之处极多。他们二位在砚秋独创流派的过程中所起的作用，有待专门家去研究。

人生就是演悲剧

"人生就是演悲剧。人生就是戏，不管多美满圆好的家庭，总是悲多欢少，到结局还是悲的收场。"这是砚秋二十五岁那年赴欧洲考察戏剧音乐从柏林写给我的一封信里的一段话。当时，新军阀混战正酣，人民挣扎在死亡线上，呻吟于水深火热之中，砚秋目睹这惨状乃创作了《荒山泪》这出悲剧，通过备受苦难的剧中主人公张慧珠的口喊出了"……恨只恨狗朝廷肆行苛政，众苍生尽做了这乱世之民，眼见得十室中九如悬磬，眼见得一县中半死于兵；眼见得好村庄变成灰烬，眼中人俱都是那虎口余生……"这样激愤的控诉。这不仅因为砚秋自己出身寒苦有着悲惨的童年，而且旧社会里艺术家形同娼优的卑贱地位更深深地刺激了他，使他从思想感情上更与社会下层人们相接近。可是出路在哪里？怎样才能使人民得到和平与安生？被外国人称为"东亚病夫"的中国，要如何改革才能使自己跻身于世界强国之林而毫无愧色呢？砚秋就是带着这些使他激动并令其困惑不安的问题踏上赴欧考察旅途的。

那时候，家里人都为砚秋的处境担心，为他的前途发愁。为什么呢？砚秋前脚刚走，紧接着报纸上就登出文章，说他这次出国的费用完全是非法的，更有的造谣说程砚秋把故宫的国宝盗卖在国外了，真是说得神乎其神，加上的罪名可大得吓人。我家婆母听到这些舆论也弄不清到底外面发生了什么事，吓坏了，赶忙找我商量说："可不得了啦！老四惹了大祸啦！唱戏唱得好好的，偏要出什么洋，扣上盗卖国宝的罪名还了得，是灭门九族的罪哟！"我整天在家里哪里晓得社会上的事儿，就去找金仲荪先生了解。金先生对我说："我正要写信、发电报催他快些回来，你也写一封信催催他，告诉砚秋这次出国在经济收入上损失很大，还得他回来唱戏才能补得起来……""至于报上说什么盗卖国宝的事全是无稽之谈，根本没有此事，家中不必担忧……"听了金仲荪这一番话，我才放下了心。

砚秋此次赴欧考察确实是好事多磨，既有刚才说的"外患"，也有家庭中的"内忧"，真可以说是内忧外患里外夹攻呀。说起这"内忧"来，我不得不唠叨几句。程家是个破落的封建大家庭。社会上都知道程砚秋既孝母尤重手足，却不了解其中的内幕。砚秋兄弟四位，他排行最小，大哥和二哥年长他许多，他们赶上了世袭贵族大家庭破落前的那段旗人公子哥过的好日子，当过吃钱粮的宫廷禁卫军，养成了不事生产游手好闲等没落小贵族的坏品德和旧习性。在我公公死后，老辈留下的那点点遗产都叫他们两个长兄抖搂完了。砚秋出师后，几个哥哥的生活，从孩子念书，以至油盐酱醋茶直到手纸全由砚秋管，没有一样不管，整个包下来了，如果有哪一点不周到，就吵闹。所以砚秋常感慨地说："守旧家庭有一种说不出的苦处。"他也就是在这内忧外患的威胁下，毅然出国并决定留在欧洲继续求学的。为了回答我们催逼他迅速返国的电信，他在信中向我讲了一番道理，说："自出国后在巴黎数月，关于我心里想做的事，如戏界苦人的组织，养老扶幼的章程，一样也未寻着，一点成绩没有，心中甚焦急。"自到柏林后收获日丰，在胡祥麟（字天石）①先生的支持帮助下，得到许多盼望已久的资料，决心在当地译成中文，"将来拿回去贡献社会，为人民谋幸福。戏界苦人得到一点好处也不虚此行。虽然用了自己的钱，良心是很相安的。"他还劝导我"既做人就应尽一份心，替人类尽一份互助天职，若将养老储蓄办好，不比我们年年施棉衣、散零钱功德大得多吗？……若把此事看清楚了也就高兴了。并不是我一心无挂碍安心要延长时间的，想你一定会赞同我做这一件大功德事的。处在乱世中，家庭观念要看得轻，儿女私情抛得下。人生就是演悲剧，你看娘现在不愁吃饭了，细想她老人家的地位是喜剧还是悲剧呢？……我欲在外延长时间为戏界同人谋一终身吃饭道路，并不是一心无挂的！"他还嘱咐我在家要常常想到，教育儿女"是给国家、社会造就人才，不是叫他将来保守老子的产业的，不要再成我们现在的家庭样子，要从依赖成性这类毛病中走出来才好；要引导儿女生友爱心，不要偏护，常常告诉他们自立如何好，用功念书将来如何好，不然会没饭吃的，要循循善诱，教导他们准备将来服务社会，为人民谋幸福……以后不要有家庭儿女私情观念才对。人生在世是很容易过去的，国家尚如此纷乱，朝不知夕，还有什么家庭乐趣可言……"这封家书道出了砚秋在青年时代的理想和抱负。可惜的是，在旧社会又有谁能真正理解和支持他去认真实现这项进步的改革计划呢！最后他在家人和朋友催促下，无可奈何地放下自己的宏大计划兼程回国了。砚秋打欧洲回来一见

_____

① 胡祥麟，字天石，曾获柏林医科大学博士学位，后任日内瓦世界图书馆馆长。一九二九——一九三一年程赴欧考察音乐戏曲期间，颇得胡氏大力襄助。胡现在北京外语学院德语系任教。

面就对我说："难道我程砚秋就是为了养活那百十口子人的剧团唱戏的吗？我……"我向他解释道："你总认为什么人都是好人，世界上若都像你那样好心肠不就没有坏人了吗？可你明明知道人家骗你害你，却伸着脖子让人家宰，辛辛苦苦流尽血汗光为别人，自己一天福也没有享，多冤枉呐！"砚秋自己却回答说："我就是为了这个来的！"

宁死枪下也决不从命

砚秋奔波在从祖国大西南北上途中的时候，我正陪着娘家父母亲在西山八大处朋友家小住。这时卢沟桥的炮声响了。我们开始还以为是平常的打靶演习，等知道是日本军队打来了，北平的城门已经关闭，便急忙连夜下山。京郊公路上哨卡林立，背着大刀的宋哲元军队在西直门前盘查着只有进没有出的人们。城门恰巧开着半扇，家里的人早等在城门里接应，才顺利地进了城。我们暗自庆幸自己能安全地返城，又深深地为砚秋和剧团担心。过了不几天，他们一行人总算经太原赶回了北平，可是等着他们的却是一座已经被日本军国主义者占领了的城市。我们见面时也只是相对无言而已。当时，我们还住在东城什锦花园。事后听说宋哲元军队里有不少爱国的军官和士兵，不顾上司撤退的命令，在西郊白石桥奋起抵抗，砍杀了不少日本兵，自己也倒卧在沙场之上。中国军队撤干净以后，偌大的古都北平像是一座死城，商店都上着铺面板，大街上空无一人，传到每个藏在家里的人耳朵里来的只是日本占领军的整齐的皮靴声和杂乱的马蹄声，此情此景我是永远不能忘记的。

不久，日本人找北平梨园公益会，要它出面组织京剧界唱捐献飞机的义务戏。在敌人的压力下大家都不敢不唱，砚秋就是不唱。公益会托出人来找砚秋劝说，希望他圆这个场，体谅同业的难处，他说："我不能给日本人唱义务戏叫他们买飞机去炸中国人，我一个人不唱难道就有死的罪过，谁愿意唱就去唱我管不了。"来人表示大家很怕日本当局，以砚秋在戏曲界的地位若坚决不应，恐于北平京剧界不利了。砚秋气愤地说："我一人做事一人当，决不能让大家受连累。献机义务戏的事，我程某人宁死枪下也决不从命！请转告日本人，甭找梨园同业的麻烦，我自己有什么罪过让他们直接找我说话就是了！"来人只好悻悻而去。事情当然不会就此了结，压迫是一个接着一个来了。

砚秋曾应上海剧院之邀去演营业戏。自沪返京在北平前门车站下车时，等他一出车厢，就凑过来几个伪警务段的便衣和警察，问："你就是程砚秋吗？跟我们去一趟，有话问你。"待他们把砚秋带到站内偏僻处的一间小屋子里时，那里早有几个敌伪特务候着，进得门来不容分说，就围拢来一阵拳打脚踢，意欲捆绑捉拿。砚秋从小武功根底很好，后又从名家高紫云先生学太极拳，见这些狗腿子真的动起武来，哪里容得他们欺负，便看准屋内有一立柱处，背柱而立左迎右击，一个人力敌七八个特务，把他们打得纷纷倒退不能近身，瞅了个空子跳出屋外，急忙闪入车站内来来往往的人流之中才得以脱身。砚秋回到家时，我见他衣冠不整，衣襟被撕扯破，满脸气恼的样子，很是奇怪。他稍稍定神后，把东车站这出全武行大打出手的事情告诉了我。我们听了都吓坏了，忙问有没有伤着哪里，他却满不在乎地说："这些宵小之徒仗势欺人，以为人多就可以为所欲为，殊不知却碰到了我的手上。他们欺负中国人惯了，此番让我略施小技，着实教训了他们一顿，也出出胸中的闷气。"他还说："特务不会就此罢休的，还会来找我的，我程某就是不给日伪唱戏，到底看他们把我怎么样吧！"果然，等到跟包的把戏箱从车站拉回家里时，发现许多戏箱都被敌人用刺刀捅得乱七八糟，堂鼓也给用刀挑破了。

事隔不久，伪内四区突然来电话通知，说日本"友邦"要用程砚秋的剧本《春闺梦》，让赶快准备出来一会儿来取。砚秋听了就火冒十丈，坐在内室生气。过了不大工夫，来了一个架着墨镜、穿着洋里洋气、派头十足的人，进了门就口出不逊逼着要剧本。我推托说先生不在家，剧本都锁着，钥匙被他带走了，此事我自己也做不了主。那个自称日本宪兵队的不速之客态度极为蛮横，非要马上拿走这剧本不可，惹得我也发起火来，我说："甭说剧本不在家，就是在家也不能给你，我认识你是谁呀。不给，你又把我怎么样！"弄得那人毫无办法，气囊囊地扭头就走，边走边威胁说："你们可要小心着点，我可不是好惹的……"我忙追出去，看见门口停着一辆崭新的轿车，里面坐着一个妖里妖气的女人正同那个家伙嘟嘟囔囔地说着什么，细一看，她正是鼎鼎大名的坤角×××。这时，我才恍然大悟，原来这特务一定在这坤角面前夸下海口，以他的权势到程家还不是要什么得给他什么，结果却碰了一鼻子灰而去，大煞了他们的风景。

　　献机义务戏不唱，东车站大打出手和特务头子逼要剧本碰壁，加在一起罪名越来越大，真不知后面还有什么好戏。砚秋同我商量，他说："几年来为了剧团同人的生活到处奔走演出，现时身在沦陷区域，眼见国破民穷，一切都是末路，旧剧更是走上穷途毫无希望，不如从此不演，乡间觅一居处靠自己种田，年年能有口窝窝头吃已是满足了。这自称'仁者之师'的日本军队和特务的蛮横霸道，老百姓逆来顺受的处境实叫人无法忍受，我们惹不起难道还躲不起吗？从此无声无息，让世人把我忘掉，最好，最好。"我很支持他的隐居务农的主张。当时社会上流传着程砚秋实行"三闭主义"的舆论（即闭心闭目闭口），确实反映出砚秋那时的实际状况。

有吏夜捉人

陈叔通先生曾说砚秋隐居青龙桥是"身居乡野乐融融，趣在农民不觉苦"，这话是很确实的。这期间，他除了日出而作日落而息，与当地农民同甘苦，每日仍坚持练功，闲暇时读史学画，似乎是"其乐融融"了。其实他想了许多问题。一次，他对我说："我在舞台上辛苦了大半生，终年在国内奔波，从没有机会安静下来想想事。现在可真正有工夫把自己所经历的人和事从头想它一遍了，温故而知新啊！不论从民族、国家或是我们每一个人，都到了从头研讨的时候了。近来读明史，明太祖始至嘉靖均怀老慈幼，免水旱各税，祀天，莫不以民为宝。可是看一看民国革命至今真可说到了最后阶段，种因得果到如此地步，少数野心家给亿万人造成了这样一个人间地狱。常见过去许多造乱者都是手拿念珠似赎罪恶，实是老虎戴素珠，假善人！民国二十、三十年来，所谓上层阶级人，莫不以私欲难满为怀，姨太太、鸦片、大房子为宝，人民焉得不穷困，国家如何了得，想起来就叫人痛心。社会人士听说我不唱戏还不太相信，我想唱到适可而止告一段落，与人回忆也极有味儿。我向不与人争论，也不请新闻界吃饭，不受他人利用，好坏自有公论。埋头多年研讨，今始大家公认，人说程某不唱可惜，我心极欣慰，不枉多年苦练习。"……我因迫害纷至沓来极伤感，又深为砚秋的安全担心，他却反而劝我不要太悲观，语重心长地说："你和老朋友们都不可太悲观，好戏尚在后头哩，莫索里尼暂时休息，希特勒也唱得累了，休息恐怕也不远矣。所谓'仁者师'不知作何结束，看来不会太好吧！"我说："你倒挺乐观呀！"他深沉地笑笑说："人心如此，历来是得民心者得天下，失民心者失天下，这不是很明白的道理吗？"砚秋多次要我出城去青龙桥看看，可是我因家务缠身总抽不出空去。记得一年秋后，我们终于去了。他一见面就幽默地说：“你这城里人可真难请啊。这次来算你赶上好时候了，大秋过后新粮刚下来，叫你尝尝我亲手做的玉米面贴饼子，这是跟老乡学的手艺。你们城里人不晓得吃自己种出的粮食的乐趣。自己做饭，从早到晚忙得不亦乐乎，吃完饭，洗碗，打扫完毕休息，真感到舒适。人真是应当每日勤劳才觉痛快，不然也不觉休息的愉快，这其中的趣味，城里住惯的人是没福气享受的呀……”事后，砚秋把岳父、我的孩子们领到后院，见地上堆满新收下的黄玉米棒子。他亲手教大家怎样脱玉米粒，高兴地说这叫让城里人体会体会田园风光，好让大家知道每天吃的粮食是如何来之不易。还兴致勃勃地说：“明天就要开镰割黍了，收了黍子给你们蒸枣豆年糕吃……”我拦住了他的高兴说：“你知道最近日伪特务总来家里查户口，打探你的下落行踪，听说正调查你的什么事。前不久，日本宪兵队又抓人，你可得小心些才是！”砚秋淡然一笑，说：“他们也来我这里了，还说程某人下乡种地叫人不信，没查问出什么，临走时还掀开笼屉看看，见是蒸的‘黄金塔’，咧着嘴说程某真的吃窝窝头吗？”他极感慨地叹口气说：“前日已读完《汉书》、《宣和遗事》，徽、钦二帝经过惨状，宫人、公主、王妃均被掳去，青衣行酒真不如平民精神快活。亡国之惨，真令人目不忍睹。私通金邦的大官吏，真不知人间有羞耻事！现在却该轮到我们来做亡国奴了！别无选择似的非要你逆来顺受，所谓闭门家中坐，祸从天降来，煎好的螃蟹拣样挑，肥瘦任便！我没做什么亏心事，不怕！一切听其自便，我就在青龙桥等着了，哪里也不去，他们爱把我怎样就怎样，国破家亡，个人安危又算得什么！让他们来吧！”听了他这话，我也不知如何是好，只是怀着忐忑不安的心情回到城内家里，但却总是预感到要发生些什么不幸似的。

搁下前次的话茬不久，我的二孩子永源学校刚放寒假，他出城去看望父亲。本来砚秋需用钱，想自己回城，孩子说交通不便，他骑自行车方便快捷，不必劳他父亲亲自出马。于是他就代砚秋进城取钱了。谁知就在那天的深夜，我的预感竟真的成了事实。那一天是我永远也不会忘记的，它正是民国三十三年（一九四四）甲申二月二十五日。当日夜半，我养的一条大洋狗突然又吼又叫扑向前院去，接着就听到两个人跑进后院的杂乱脚步声。这是厨师傅老韩和另一位工友，他们急急忙忙敲着我住屋的窗子，急促地叫道："四奶奶可了不得啦，进来人了！"我问："谁给开的门？"他俩说："没有人开门，是跳墙进来的呀！"未及细说，二人就从北正房夹道狂奔到后院顺着煤堆爬上房逃走了。他们前脚跑了，后脚跟着就进来三四个人，大声吼道："快快开门！"我正摸着黑赶忙穿衣服时，这些家伙早已等得不耐烦，抡起手枪柄就砸破了一块窗户的玻璃。我也顾不得扣衣服，更忘记了开灯，刚刚来得及把屋门栓卸下，他们就一窝蜂似地闯进了堂屋，其中一个人手拿手枪，用手电筒朝着我的脸上一照，就三步并作两步窜进了卧室，把手电到处乱晃乱照。砚秋的一幅油画像正挂在卧室墙上正面，他们一眼看到了，忙喊叫道："就是他！就是他！"于是就动手到处乱翻，连我和我的女孩子的被子都翻查了一遍，把屋里的一切东西都抖搂了个底朝天，也没有找到程砚秋的踪迹。他们还不甘心，有几个爬上房顶去搜查，还不时同站在院子里的人用日本话说着什么，结果还是一无所获。这帮砸明火的——当时我认为这些不速之客是明火执仗的强盗——这时才开始盘问我，厉声喝问道："姓程的哪里去了？"我答说："我先生早到青岛去了。"看样子他们很失望，怔了一阵子又全都出去了。不一会儿，这家伙又回来了，还跟着两个拿着白法绳的日本人。他们对我说："你先生没在家，那么你就同我们走一趟吧！"这时我也处之泰然了，穿了袜子准备同他们走。我的女孩子见此情景害怕得哭了起来，日本人一见像是想起来什么，忙问道："你家里还有什么人在？"我答说："还有两个男孩子住在西厢房。"其中一个人去把两个孩子带到我跟前。原来这两个男孩早已起来了，一时弄不清发生了什么事，正扒在门内向外面张望呢。特务问我的大男孩："你爸爸在哪里？"他生气地答说："不知道！"于是他们就抄起把水壶威胁他说："你不说实话就灌你凉水！"这孩子很生硬地说："灌凉水也不知道！"他们见此仍无办法，又一窝蜂似地出去了，不大会儿工夫又匆匆返回来，看样子是跟大门口的什么人商量办法去了。这次却宣布把我们娘儿四个全关在西侧厢房，派一名荷枪的伪警察看守，听候发落，然后又都走了。那个伪内四区的警察问我道："程太太，你先生是不是得罪了人呢？你先生到哪儿去了？"我见他是中国人，又是本地面上的，态度还算好，就反问他："他们到底是什么人？"他悄悄告诉我这是日本宪兵队的，我这才知道不是砸明火的。正说话间，那伙人又返了回来，把我单独叫到饭厅。一个穿黄呢军大衣戴豆包帽的日本人，像是个小头目，操着不熟练的中国话说："你的先生哪儿去了？你的实话的没有……"说着就要动手打我。旁边站着的那个中国人像是有点同情的样子，忙凑过来语气缓和地说："你先生到底在哪儿，还是说了吧。"我问他们是什么人，那人说是日本宪兵队的。我又问有什么证据证明你们呢？那日本人忙掏出证件说："这有派司！宪兵队的派司！"我笑了笑厉声说，"是宪兵队的为什么不早说，我还以为你们是砸明火的呢。深更半夜跳墙强闯民宅，不是砸明火的强盗又是什么。我可以告诉你们，程砚秋哪儿也没有去，他就住在西郊青龙桥。你要早说你是宪兵队的何必费此周折。"这时，人们来来往往到各屋里瞎乱翻腾。有个东北口音的特务对我解释说，"你为什么这么横呢！我们也是奉命差遣呀。"我冷笑不答，只见这帮人在院子里来来去去折腾什么。这时，天色已经大亮了。最后，他们又叫我去问："你这儿有中华乐社的无线电吗？"我说有。接着，他们把在顶楼储藏室早已搜出来的短波收音机、电唱机都拿到我面前，当场检查，发现是坏的，幸亏是坏了多年不能使用的东西，不然又不知造出什么借口呢。他们还问我有没有发报机，我脸色很坏地回答说不知道。他们把这些破机器全部拿走，只留下一名日本便衣看着我们，此人看见满院晒的煤球，还嬉皮笑脸地对我说："你们还摇这么多煤球呢。"

等到日伪宪兵、警察全部撤走，已是次日中午十一点了。我赶忙向青龙桥通了电话，亲自告诉砚秋家里发生的一切，并嘱咐他不要到别处去，就在青龙桥待着，否则"无私有弊"。据后来传到我耳朵里的消息，日本宪兵队深夜秘密逮捕程砚秋的事件几天之内已传遍了全北京城，很快全国都知道了。砚秋还真的在青龙桥家里坐等了几天，见再无任何动静，便自己回城里家中来了。当他了解了事件的全部经过之后，他表示要自己去日本宪兵队找他们讲理。我说："他们抓你还抓不到，躲还躲不及呢，你还要自己送上门去，你也太老实过了头！"这样他才作罢。

后来知道，那天日本宪兵队在整个沦陷区大抓政治犯和爱国人士，抓进宪兵队都不问青红皂白先毒打一顿，然后投入牢房。不久，住在西城魏儿胡同的冯公度先生的四子去青龙桥看望砚秋，说来此专为给他道喜的，原来那晚日本宪兵队亦把其兄捕去，宪兵队划定他兄与砚秋关在同一个牢房号子里，然砚秋因隐居青龙桥，故而幸免此难。

砚秋曾记述此事件说："……'共存共荣'不应有此举动。所谓士可杀而不可辱，凡事调查清楚杀了完事，不应予人留有不良印象。幸昨日未入城，不然此戏不知演到何种地步。据说我从前与要人往来，并有在瑞士念书之子，有思想不良的嫌疑。此子虽十年前留学外国，瑞士至今尚保持中立国态度，若说与南方人有往来，岂止南方，可以说东南西北方的长官均晤过面，上至最高长官，下至贩夫走卒，据我眼光看法，并没有高低贵贱之分，均是要人，亦可均是贱人。世界等于大舞台，所有一切皆是与戏剧攸关，所谓要人，亦不过是一演员而已，民国三十余年这般演员并未更换。银行界中'请'去者甚多，把我亦列入够资格者之中，名之害人大矣。将入三月，恐噩运来临，也无法可想，所谓闭门家中坐，祸从天上来也。"

胜利后的振奋和失望

　　日本军方的这次秘密逮捕虽然露了馅，可是事情并未就此结束，反正罪名是可以任意造出来的。打那以后，什么警察局啊，什么治安军啦，接二连三地去青龙桥"拜访"砚秋，搞得他实在不耐其烦，只得一大清早就躲出家门，在屋里桌上放一个大瓷果盘，凡来访未见者请掷名刺于内以备考，有时他干脆带着孩子沿着红山口、黑山扈的山间小道到山后头去遛弯，最远走到冷泉和象鼻子沟一带，在当地老乡家寻个歇处，住上几天再回来。谁知这又惹出事故来了，日伪方面又放出空气说程某人在青龙桥种地一定有作用，不然郊外如此不太平他怎么敢在外住宿，更有离奇的舆论说砚秋种了好几十顷地，定是把所收的粮食接济了八路军……那年月私通八路是要全家问斩的。砚秋回城对我讲，年终算账六十多亩地共收粮食六十袋，刚够地内工人开支，他和范师傅在青龙桥所需粮食全得从集市上买，至于供给城内家用更谈不到。他苦笑着说："社会上说我种地接济八路，实是可笑，辛辛苦苦一年连接济范兰亭夫妇都不够，真惭愧。名大过实太可怕，老子说'逃名'，我想'逃名'而不可能。"这沦陷八年的亡国奴生活是太压抑了，实在令人无法忍受，砚秋常对我言及他总想大哭一场，可是又哭不出，真不知几时才能痛快地哭出来。所以当我们听到日本侵略军战败投降的消息时，那振奋的心情是可以想象的。砚秋高兴地对我说，"九月八九日，本是令中国人在街头默祷的两天，现在一变而成日本向中国降伏的纪念日了，极痛快！我的许多老朋友都要从南方回来了，八年离乱险些见不到面，不知再会面时又作何感想？"他曾代表国剧公会在广播电台上发表庆祝抗战胜利的讲演，多少把他在这八年中受的迫害和积压在胸中的怒气吐了一吐。我和孩子们都听了他的广播，其中有一句话至今还记得清清楚楚，他说："九月十八日虽说收复东北，这是表面而已，至今北平市尚未接收清楚，何况东北之远在边陲，奉告青年爱国志士，应有直捣黄龙心不止的意志，达此目的，那时才算是真胜利！"他确实兴奋了一阵子。自此遂结束了他的"三闭主义"，并决定开始出山演戏，公开宣布从此要实行"开眼、开口、开心"的所谓"三开主义"。可是，在砚秋登台演出的一年半中间，他亲眼看到国民党接收大员的胡作非为，官僚政治的腐败，内战造成人民的颠沛流离和经济的紊乱，亲身经历了兑换金圆券、银元券政策所强加给人民的损失和破产，这使他从最初的振奋又陷入了深深的失望。虽然他一心要为国为民出些力，做些好事，像为东北人还乡唱义务戏，赈济桂省灾民，为宋庆龄先生主办的儿童福利基金会筹款，但那终归是杯水车薪，仅尽了点个人的心意而已。失望苦闷之余，他再次返回京郊青龙桥乡居，务农读书。可是多灾多难的祖国到底如何才能好起来，受尽压榨终日不得温饱的老百姓怎样才能得到解救，他也感到茫然了。但是，他不甘于无所作为，却总思虑着为青龙桥附近的贫苦农民做些什么有益的事。

短命的农村中学

砚秋自幼贫苦，六岁上只读了半年私塾就被迫卖身学艺，深知没有文化的苦，也极了解旧剧班社教育方法的弊害，所以热心于办学事业，总想为国家多培养些有用之才。一九四三年，中华高级戏曲专科学校的被迫解散，对他是个很大的打击，为此，他难过了好多日子。他在青龙桥隐居务农的时候，见当地只有一个农村完小，附近几十里的农家孩子都赶到这里来上学，完小结业后因无中学可上只得各自回家务农为生，埋没了许多有才能的农家子弟。约在一九四四年，他就想筹办一所农村中学，为了选择办校地点还颇费了一番脑筋呢，最后看中了地处颐和园和玉泉山之间的伽南孤儿院。在商得孤儿院院长聂先生的同意后，谈妥租用十年的合同，并将孤儿院迁到颐和园西墙外新址，即着手筹备办校。当时，砚秋同我商量此事，我说你是办学的外行，不如捐一笔钱给教育界，这比你亲自操持不更好吗？他执意不肯，非要自己办，还说唱义务戏筹款也要办。我只得由他去办，不再拦他的兴头。

这中学校址原是一座残破的大庙，叫功德寺，砚秋自掏腰包修缮校舍，定制桌椅，聘请老朋友张体道、杜颖陶诸先生任教员，指拨老管家范兰亭去那儿看门做饭。他考虑到山后冷泉走读生路途远的辛苦，又在董四墓买下一座占地十八亩的金家花园专作学生宿舍用，规定农家子弟入学一律不收学费，还免费发给书本笔墨，挂牌是功德中学，一切齐备立即登报招生。

谁知从北京城里却来了一拨子流氓学生，三青团员，入学以后成天打架斗殴，欺负女同学，吓得当地的农民子弟学生不敢露面，把个农村中学搞得乌烟瘴气；那些教员也是三天两头要求调整工资（那时法币贬值，工资都是论多少袋面粉）。这座本意是为农民子弟谋福利积功德的中学校反而变成了一个无底深坑，只见没完没了地向这位好心的董事长伸手要钱，没见办出什么真正对贫苦农民子弟有益的事情来。

砚秋为此吃尽了苦头，学校越办越办不下去了。一次，他到天津去，见到当时南开大学校长张伯苓先生，就把这热心公益办农村教育的前前后后对张公讲了一遍。张校长劝砚秋说，"你可不是搞这行的，不知道社会上专有一批所谓吃教育饭的人，你现在又不演戏，只出不进，一个人养活这一大批人，日子长了非把你这位董事长吃垮不可，还是赶快收摊为妙。"砚秋听后恍然大悟，决定把这出好戏收场。他不办学校，也正合当局的心愿，国民党教育局马上就来接收，说把桌椅板凳教具暂"借"给他们用，最后，他们一个子儿没花，全由砚秋白送了"礼"。功德中学也改名为颐和中学，砚秋急于甩包袱，乐得交账也就算了；收摊后还剩下许多袋面粉，全都拉到青龙桥分给了贫寒的农家。董四墓金家花园因再无学生住宿遂改名为程家花园。他间或在青龙桥、间或在董四墓隐居到北京和平解放前夕。那时他的情绪是很低沉的，对周围的一切均感到失望。

料得喜神将莅至

北京围城前，青龙桥很混乱，到处是散兵游勇敲诈勒索老百姓。傅作义将军的军队在撤至北京途中，有的惊慌地连车带人翻跌到桥下去，真是风声鹤唳，草木皆兵。许多好心的朋友劝砚秋进城避一避，怕在这兵荒马乱中要发生什么意料不到的事。他倒是处之泰然，磨磨蹭蹭，颇有"回首都门是畏途"之慨。因为城里住宅的前院也被国民党军队强占了，满街满巷都是身穿灰黄色军装的丘八，家里则是几个军官带着老婆孩子养着几只山羊，搞得一塌糊涂。当砚秋回城后没有过一二天，北京的城门就已全部关闭了。董四墓程家花园只留下范老夫妇看守。郊区时时隐隐约约地传来解放军的大炮声。正是在这围城期间，砚秋为陈叔通先生画梅一幅，拟题"料得喜神将莅至，毫端先放几分春"商于陈老。这多少反映了他当时的思绪，表达了他对即将来临的社会大变革的预感和对旧社会的憎恶，但是这"喜神"会是什么一副样子呢？是否像历来官方宣传的"青面獠牙"呢？还是吉相呢？我们也说不清楚。

不久，住在我家前院的傅作义部军官全都调走了，听说是召集当官的训话，只留下女眷。后来又听说和平谈判了，西直门城门开了一扇。砚秋不放心董四墓，主要是担心放在那儿的剧本是不是受了损失，就让徒弟王吟秋和二孩子永源赶快出城去看看究竟。那时，解放军还没有入城，燕京大学一带尚是两军对垒的"真空地区"，他们总算顺利到达了董四墓村，一打听才知道住上解放军首长了，赶忙到屋里看时，一切什物家具、文房四宝、书籍剧本全部原封不动地放在那里。许多人在旁边屋子里开会，见他们来了，有一位首长过来问来人是谁，就说："你们回城时问候程先生好！"以后才知道那位首长就是叶帅。他们把剧本拿了回来，把前前后后所见的情形说了一遍，砚秋听后连声说好！好！

没过几天，大军就开始进城了，满街满巷坐着头戴大毛皮帽的解放军战士，高声唱着《三大纪律八项注意》的歌曲，正在此时，敬爱的周恩来同志带着几位军人就登门来看望砚秋。那天，砚秋恰巧出门洗澡去了，徒弟王吟秋也不认识来的客人是谁，还以为是来"号房子"的，就把他们送走了。当砚秋从外面回来听了吟秋的详细报告，看了恩来同志亲笔便笺之后，深受感动。沉吟了半天才说："我见过多少国民党的大官员，我看不起他们。像解放军这位大首长如此礼贤下士，少见少见啊，可惜没能亲自会会。"他决定要亲身出城走走，亲眼看看董四墓程家花园住的客人是怎样的。他去到董四墓后，也没见到叶帅和中央总部的同志，就在那里住了几天。每天都见解放军同志打扫院落卫生，还做饭给他吃，砚秋同战士们很快就搞熟了。他还给解放军提了一条意见，说你们怎么还用国民党的保甲长呢？部队的同志说暂时还得用。砚秋从城外回来对我说："共产党不错！董四墓那儿的什么东西也没有动。我去了还管我饭吃，接待得满热情。最后我还提了一条建议，不要他们用旧保甲长。"听他这么一说，我的好奇心也来了，就同他商量一起再去城外看看。我俩这次把钟世章、李世济都带了去，才知道首长、电台都搬进了城里，只见到办公室里住着的戴镜元同志。戴见到我就问我做什么工作，我说管家，他笑笑说："噢！您做贤妻良母啊！"砚秋和徒弟们、琴师住在东院，每天练功吊嗓子，解放军战士都高高兴兴地走拢来站在屋外听他唱，一听都说："哎哟！唱得可真好哇！"有几位战士趁砚秋他们休息时，就推出代表来见他，说要求程先生给大家清唱清唱。砚秋一听马上同意，于是战士们就忙了起来，很快地就在中院空地上搭起了一座野台子，战士们排好队整齐地坐在台前，也有坐马扎儿的，把一大片空地都坐满了。砚秋带头开演，世济和我的女儿也分别唱了几段，得到战士们的热烈掌声。砚秋对这次别开生面的演出很满意也很得意。唱完了，许多战士把他们围在中间，你一言我一语地扯起了家常话，记得有的战士说："程先生，花园里这么多空地让它荒着多可惜，果木树是不少，要是再种上粮食可就更好了。"砚秋高兴地说："你这主意很对，很对！看你们可都是种庄稼的把式啊……"砚秋第一次给解放军战士演出和他同战士亲密相处谈笑风生的情景，留给我很深的印象。国民党多年宣传的共产党、八路军是什么"杀人放火，共产共妻，赤发青面"等骗人的瞎话，在我脑子里一下子就烟消云散了。北平古城迎来的决不是什么"恶煞"，而是真正的救人民于水火的喜神。

布拉格和平的春天

一九四九年北京和平解放后，砚秋的心情一直是非常振奋的，喜事接二连三，在周恩来同志来家看望以后不久，他又接到出席巴黎世界和平拥护者大会的邀请书，这都是党和政府给他的很大荣誉，也唤起他对一段往事的回忆。记得在他出发前的一天晚上，我俩坐在沙发上啜茗闲话，言及此次出国，他十分感慨地谈道："十七年前，我曾赴欧洲考察音乐戏曲，同时也向世界呼吁和平。郎之万先生就是在北平看了《荒山泪》（《祈祷和平》）这出悲剧才同我相识的，我们一见如故。之后郎博士又与我一道经西伯利亚大铁路和莫斯科同赴巴黎。我在法、德、瑞士各国考察期间得到他的热情帮助，并经他的介绍结识了欧洲文化界的许多朋友。身处那样一个进步环境，当时已决心进入德国柏林音乐院深造几年，学习了科学的方法再来从事祖国戏剧的整理研究和改革事业，结果一切皆未能如愿，入宝山而空手归，成为终生的憾事。至于和平的呼吁，换来的却是连年的内战和日本帝国主义对中国的侵略，心中的悲愤是可想而知了。那时亲眼看到偌大中国的子孙在国外受到的歧视，极为愤愤不平，特别见到以'世界'命名的学校没有一名黄皮肤的中国学生，实在不像话，所以才有送大孩子出国自费留学的举动，这也算是我欧洲之行的收获之一吧。事隔十七年旧地重游，不知那儿将是怎样一种情景；故友相逢各自又将作何感想呢？"大概从当年三月至五月初，砚秋随代表团走访了捷克和苏联，据他说拥护和平大会由于政治局势的关系是巴黎与布拉格同时开会，互相用无线电转播，彼此听得都很真切。最后还是达到了预定的目的，但是重访巴黎的愿望却未能实现。他从国外归来后，见到我的第一句话就是："此行印象深刻，收获很多，一路上非常愉快！"我说："看你这兴高采烈的样子就可以知道了。"他抱歉地回答说："不过得等我把归国后的事情告一段落，闲下来再同你细谈此行的观感。"过了一段时间，当我问到砚秋这次有没有在国外见到分别十五年的大儿子时，他的话匣子就打开了。他高兴地说："我先从莫斯科给永光发去一信，到捷克又打了个电报。当晚，他就有电话来，说要立即开汽车赶来布拉格。没有过两天，永光就来了。我说你倒来的真快，说来驾车子就来了，倒很方便。他说欧洲没有什么国界限制，也不要办护照，来去很方便、自由。十五年未见，他变成个瘦高个子了，也没有学什么外国的坏习气，我对他很满意。永光给洪深、丁玲、徐悲鸿先生和我口译大会发言，帮了许多忙，总算没有白花心血培养，很不错。这次经历的事许多是过去连想都不敢想的，在满洲里苏中两国的边境线上，苏联海关不仅免检、请我们吃咖啡和招待晚餐，苏方文化界人士还专程赶到赤塔欢迎大家，一路上礼节极隆重周到，真是一出国门即待若上宾，这是中国人从来没有遇见过的事。进入捷克，许多位农村妇女行献面包和盐的大礼，又是献花又是奏乐；在布拉格民众广场举行的两三万人的欢迎大会上，弄得我们手足无措，传来上海解放的消息，全场欢呼鼓掌达好几分钟。授予郭沫若先生的博士学位亦是极庄严隆重的。外国人对中国人如此真挚热情也是从前没有见过的。所以中国人可真的是扬眉吐气了！"

"另一收获，我在代表团里找到不少位老师：邓初民先生给我讲过自然科学与世界形势；翦伯赞先生讲过历史……还向戴爱莲学秧歌舞，最有趣的是在布拉格大剧院，各国代表自备节目表演，中国准备唱秧歌剧，由钱三强先生任合唱指挥，参加的有我、曹禺和戈宝权等同志，仅仅准备了五分钟就上台去唱，结果得彩声不少。我有生以来还没有如此大胆，这在戏班里叫'钻锅'，这回也管不了那许多了。"听他这一番有趣的介绍，我不禁开心地笑起来了。

被《白毛女》感动了

"你们这些艺术家们居然还能演唱秧歌剧么！？"我怀疑地问道，"那是骗外国人不懂行吧？"

"噢，我们演唱得很认真呢，看来外国朋友是懂得的，掌声满热烈呀，"砚秋一本正经地说。"不过欺负外国人不懂中国唱的事儿倒是有的，那是在莫斯科西蒙诺夫请的茶会上，主人要求即席唱点什么，盛情难却，只好同田汉合唱一段《打渔杀家》，没有伴奏只是干嚎而已，唱完自己也觉得好笑。"

他若有所思地继续谈到一九三二年赴欧考察途经莫斯科时，郎之万先生建议他多停留些日子以深入了解赤色首都的戏剧舞蹈和音乐，由于郎先生急于返法，御霜亦不得不放下已开始的计划，随之而去。这次，从布拉格返国途中，在莫斯科集中四天时间参观了舞蹈、话剧学校，所获甚丰，多少弥补了那次的不足，所以感到很满意。

"我们一路上对艺术问题颇多探讨，因为是新认识，主要听别位的高见多些。我问曹禺先生，中国戏曲有否存在价值，他说太有存在价值了。不过初见面他就说旧戏有办法，我看可能想象得容易了些。悲鸿说德国、法国、俄国、英国的戏他都看过，唯独三麻子的《单刀会》给他留有一种永久不能忘掉的深刻印象。悲鸿是老朋友了，彼此很了解，我也就谈了些自己的意见。与洪深先生谈起新歌剧问题，我觉得《赤叶河》较之《白毛女》要好，他评说两出均是秧歌剧，他看是没有什么了不得。可是演员的表演能使得解放军的连、排长们都哭得不得了。他不知道，实在连我全家看《白毛女》时也都哭了。中国戏完全唱的是人，演老杨哥的唱做均好，他的声音极感人，假如声腔不好绝不会叫人下泪的。"

砚秋以后曾多次向我提起新歌剧《白毛女》，又托朋友买到《白毛女》和《赤叶河》的剧本，反复地读了多遍，深为喜儿和大春的命运所激动。一次，他对我说："《白毛女》是一出好戏。我喜欢演悲剧，如果把《白毛女》改编成京剧，是很适合我的。"可惜后来由于种种原因未能实现他的这一愿望，《白毛女》没有排成，他却改编排演了《祝英台抗婚》。砚秋有志于旧剧改革久矣，解放区新歌剧的介绍，给他很大的启发。继欧洲戏曲音乐考察之后，他又参观了有一百多年历史的俄国芭蕾舞学校——那里保留着古典舞剧，也设有专门编写新内容的民族舞剧的部门，虽分新旧，但入手学习时还是用旧的传统方法打基础，其严格的科学训练和在本民族艺术传统基础上从事新内容的舞剧改革的成绩，给了他很深的印象，这些都促使他反复思考如何更好地改革中国的旧剧。有一次，他突然同我谈起改戏的问题，看来这确是他长时间来耿耿于怀的老问题，他说："二十年前，我演《金锁记》的时候，就注意了净化舞台的事，取消了饮场，把音乐场面放进侧幕，使场上没有闲杂人员等，并把下雪改为民众代窦娥申冤。那时我们办的戏曲研究所就是做改戏工作的，戏曲专科学校也借鉴欧洲办学的办法去掉不少旧科班的陋习，努力采用一些科学的管理方法和训练方法。这些经验对于今天的戏曲改革多少还是有些用处的。但是，要把改戏的工作做好，还必须真正下工夫去调查学习中国的地方戏曲，这是前人没有来得及做而要由我们这辈人去完成的，否则京戏还要走向末路的。我想目前国家还没有经济力量去做这事，只得用自己旅行演出的办法赚钱来支持这桩事业。我决意试一试。"

解放以后，砚秋很少待在家里，大部分时间是花在旅途之中。他又懒于写家信，许多事情都是在事后才听他谈及的。

四大名旦的一张便装合影

过去报刊上常见到的四大名旦合影，是摄于二十年代的《四五花洞》剧照和一张有齐如山先生参加的"三缺一"便装合影（缺荀慧生先生）。一九四九年底，从陕西西安来了一位赵先生，据说是个做生意的戏迷，同北京戏剧界有些联系，此次是专门来邀角儿的。他与梅、尚、程、荀四位先后会面，并提议四大名旦相聚一堂合影留念，四位均欣然表示同意。这样在王府井中国照相馆摄下了这张有纪念意义的便装合影照片。赵某的本意是想约四大名旦中的一位赴西安演出，因为其中三位各自忙于早已约定的事情，这次西北之行的担子就落在砚秋的肩上。加之砚秋早有西北戏曲调查的酝酿，趁此旅行演出的机会亦可为更大规模的调查作些准备，于是他就同意率秋声社去西安了。这是他解放以后第一次率团外出，同行的有著名里子老生张春彦、高维廉（小生）、卢邦彦（须生后起之秀，为砚秋行头总管卢奎茂之子）、孙甫亭（老旦）、林秋雯（二旦）、李丹林（旦角）、苏连汉（架子花脸）、贾松龄（文武丑）、慈少泉（砚秋老搭档名丑慈瑞泉之子）、李四广（丑角）、李盛芳（彩旦）、白登云（鼓师）、钟世章（胡琴）、夏奎连（二胡）、高文诚（弦子）、吴玉文（月琴）、刘全海（大锣）和陈文荣（小锣），阵容是挺齐整的，大家的心气也很高。

"大西北欢迎我！"

砚秋等一行人马从北京起程时，是十一月初，由于陇海线正在抢修恢复，所以他们有时坐火车有时又不得不改乘敞篷汽车，经郑州、洛阳越潼关奔赴古都西安。这样走走停停在路上就花费了整整十天的光景，等服装道具陆续运齐，已经是十一月底了。

当时西安刚刚解放，贺龙将军正挥师向大西北挺进，只有习仲勋同志暂住西安。西北文艺界的同志举行大会热情欢迎砚秋的到来，他为认识这么多的朋友而感到分外高兴。他不止一次地念叨，西北的同志纯朴、直爽、热情，富于侠义气，所以很对他的脾气禀性，一见如故，他说张季纯、马健翎、苏一平等同志与他的艺术见解很一致，都很支持他远去西北从事戏曲音乐的调查，认为这是一桩有益于人民的大事业。记得健翎同志以后每次来北京都先到家里来看砚秋，两人彻谈终日，不舍分手，他们总要一起去北京的西安菜馆吃羊肉泡馍，健翎还把秦腔剧团的后起之秀李应真介绍给砚秋做干女儿，谁知这个聪颖绝顶在艺术上大有希望的好孩子却因患急症而夭折了，健翎同志后来也遭到沉重打击过早地离开人世，砚秋为此很难过了些日子。当然，这些都是以后发生的意外事情。

砚秋此次西安之行虽然时间较短，但回京时他却神情清爽，兴致勃勃，显得格外健谈，一改过去郁郁寡欢沉默寡言的性格。我问他此行印象如何，他沉吟了片刻说：'我也爱上了大西北，大西北欢迎我！'他把此行称为"求学之行"，并笑着说："我是下马伊始就在西安各文艺团体欢迎会上宣布了'入学计划'，结果大家一致表示接受，大概认为我这个学生还算够格罢。我讲京剧一向以国剧自居，时间久了就越发觉得自己似乎了不得了，看不到或者根本不愿意看到各种地方戏曲中都有好多京剧所没有的和达不到的独特长处。实际上，近几十年来，京剧一直是向没落的路上走着，前途是很危险的。不少剧界先辈都深深感受到这衰颓，并尽己之所能去探索京剧的革新，我作为后辈亦于一九二八年的时候，联合同道朋友组织了中国戏曲音乐院的团体，其中分了好几个部分，一是中华戏曲专科学校，建校的目的，是想用新的方法来造就新的人才，使学生一方面有较高水平的表演技巧，一方面能具有现代的思想，以便承担起京剧的改革工作；二是戏曲研究所，其任务是对中国的传统戏曲作各方面的详密分析研究，试编试演新剧目。一九三二年又陆续成立了博物馆、图书馆，搜集各种戏曲音乐的图书和陈列品，供研究家参考，承各方友好支持，得物品、书刊两万多种，已稍具规模。一九三七年又在北京购得一块地基，计划建筑一座近代化剧场，眼见可以做出一点成绩了，但是'七七事变'使我们惨淡经营十年的工作中断了，十年心血，毁于一旦，实在叫人痛心之极。八年沦陷的黑暗岁月尽管漫长，但是我改进京剧的志愿，终不舍得抛掉。日寇投降后，实指望可以恢复以前的计划，可是环境日非，使人无从着手。一直等到解放，一口多年的闷气，才得从胸口里呼了出来。今年春天，我被派去参加世界和平大会，在苏联参观了许多戏剧机构，加上过去到欧洲考察几个国家的戏剧情形，愈加感到人家组织的完善，工作的努力，尤其是对于民族旧有艺术是那样的悉心保存整理，对于演员的生活，都有相当的福利机构来管理。总之他们做了惊人的工作，确实值得我们钦佩和效法。因此，我想到我们中国也有自己的艺术，为什么不去重视呢？对比人家看看自己，旧中国对于民族艺术就是这样轻视、摧残，使祖国的戏剧事业远不及世界各国，以至于至今连一两个建筑完备的国家剧院、国立戏剧博物馆、图书馆都没有，关于演员生活福利的保障就更谈不到了。我们中国人并不比世界任何国家的人傻和笨呀！所以从国外回来之后，我便计划到各地参观学习地方特有的戏剧，并且和各地方剧人密切联合，把我们民族戏曲的研究和改进工作立即做起来。西北是中国戏曲发源地，历史之悠久，成绩之伟大，远在东南之上，从长远看西北对于中国的将来是一个很重要的地区。西安是西北重镇，我很希望它能有一两座标准的剧场，戏剧博物馆、图书馆也应该建设起来。我表示如果西北方面愿意马上开始筹备，我当然尽力来帮忙，追随诸君之后，为建设大西北而努把力。习仲勋同志对我的想法很赞赏，西北文艺界同行也都很热情地支持，表示只要从繁忙的事务中腾出手来，就可以着手筹措了。我现在要好好计划一下，多做些准备，也要开始考虑下一步西北考察的实际步骤。"

砚秋的这一席话说得我目瞪口呆，我忙问道："看你这劲头儿，是不是将来要把家搬到西安去呢？"他爽朗地笑了，说："看你这杞人忧天的样子，现在刚刚开始迈步，就顾虑重重起来，真是故土难离呀！将来看情形倒有可能搬到那儿去，现在还不必考虑。"这话碴就搁下不提了，过了一年之后，当砚秋在西北旅行考察回来旧事重提时，那时他已决然要把家搬到西安去，这当然是后话了。

从青岛到帕米尔

砚秋从西安回来以后，就思虑着第二次去大西北的事儿。为了这可费了不少脑筋，熬了许多夜，首先是经费开支，他琢磨着当时一切都在初创，国家需要花钱的地方可多着呐，怎么好向上面伸手呢。一天，他同我商量这件事，说他想出个既不向政府要钱又能去西北的好办法，那就是组织旅行剧团。他常半开玩笑地说，演员的银行是开在自己身上的，为了办事业多出几身汗、多唱几场义务戏是值得的，过去办中华戏校和农村中学是这样，办戏曲研究所和博物馆、图书馆也是这样，解放了更应该这样。我听了很表示赞同，并补充道："这种好办法还有个长处，就是经费靠自己筹措，花起来绝不会大手大脚的。"

一九五〇年这一整年里，砚秋大部分时间是在外面过的。打四月底开始整装出发，第一站就是青岛，到了六月底，剧团却先从徐州回了北京，这我才知道他们除了没去烟台，几乎把山东省全都走遍了。剧团的人说这次演出可真有点怪哩，往常演出跑的是大码头，这次却专奔小地方，什么博山啦，潍县啦，周村啦，跟唱野台子戏差不多了，又赶上大热天连阴雨，没法子再演了，才叫大家从徐州回的北京。还说砚秋和杜颖陶、胡天石、李丹林三位跟剧团分手后就往西安去了。砚秋有个怪脾气，只要一出外就懒得写家信，除了要钱或是有什么重要的事才偶尔来那么一封短信，所以他到了哪一站我也不清楚，只是影影绰绰地知道他们直奔正西去了，大概走的是唐僧上西天取经的那条路吧。一直等到十一月底，北京的西北风刮得正凶的时候，他们才回到家里，算了算前前后后去了整整七个多月。我对砚秋说："这次你可真的是被发出去了！"语气里多少有些责备的意思，他却一边收拾着行李，一边兴冲冲地说道："这叫作'从青岛到帕米尔'，横贯中国大陆的破天荒旅行调查，时间七个月，跨越六个省区，行程三万里，大开眼界，大开眼界！"后来从他的谈吐中我才知道，他们在西北党政军各级领导的支持帮助下，访遍了陕、甘和新疆南部地区，直到疏勒、阿克苏一带，又转道青海。砚秋每提起各处的地方戏就称赞不已，说每一个地方剧种都有京剧赶不上的独到之处，而人家的物质生活条件和演出条件都很困难，可是埋头艰苦创业，保持传统，传授艺徒，在极困难的环境中打开了局面，深受老百姓的欢迎，实在叫人钦佩。他每次谈起各地著名的老艺人的绝技时就眉飞色舞起来，像青岛梁前光的胶东大鼓，董长河的柳茂腔，济南邓九如的洋琴，王莲峰的潍县大鼓，汉中二簧名角张庆宏，豫剧的常香玉，西安的樊粹庭，蒲剧的阎逢春，新疆的康巴尔汗和南疆喀什的老乐师哈西木等，真如数家珍一般。

"我最喜欢军人"

听砚秋谈大西北旅行的观感是很有趣的，特别是西北部队的各级领导同志给他的印象尤其深刻。他说刚到西安时，就置身于热烈真挚的友情之中，不管是演员和各级干部，见着面不知先说什么好，你问东我问西，没有虚礼客套，没有等级职位区别，就像阔别多年的一家人那样，叫人心里暖和得很。在参加完欢迎大会后，砚秋正要回到自己的住处去，有位同志来说："程先生，还有人来看您……"正说话间走进房门，见一位忠厚长者正在房内等候着，原来是王维舟副司令员。王老在握手招呼以后笑着说："昨天看了您的演出极感满意，确实是好。贺老总没有在西安，特意嘱咐我代表他本人向程先生表示热烈的欢迎和亲切的慰问。老总很快就返回西安，二位还可以深谈呢。"王老邀请砚秋游览西安内外的古迹名胜，砚秋怕妨碍王老的工作，一再婉谢，王老说："不妨事，您难得到此地，我们别处先不看，唯有王宝钏的寒窑和塑像是一定要去看的。程先生在表现王宝钏形象上是有很深修养的，您的《武家坡》一剧我是闻名已久的了。"说完二人相视大笑。次日，王老和军区剧团陪着程剧团的同志们一同去游览西安郊区的武家坡遗址，并在王宝钏窑洞庙前与砚秋及剧团同人们合影留念。过了没有两天，在一个晴朗的下午，砚秋正在屋里写日记（他住的是一所很古老的宅院的南屋，直对着街门，所以在屋里一抬头就能看到外面）。从门外大步流星地走进一位客人，砚秋一眼没看清楚，这位客人已经迈步进了屋，兴奋地叫了一声"程先生！"见来客身披风衣，神态非凡，朝着他疾步走来，热情拉手，并自我介绍说"我是贺龙"！砚秋看着贺老总笑着言道："贺将军，您好！您军务繁忙，为什么还这么客气要亲自来此呢。"两位手拉手地就座，真是一见如故，说笑不停。老总关切地问："在生活上有哪些问题不要客气，一定要告诉我的呀！此地刚刚解放，情况还比较复杂，要多加注意才是啊！我过两天再来看您。"贺老总临走出屋门时，又到东西厢房看了看，见没有什么异常情况，才边叮嘱着边离去。砚秋风趣地对我讲："不管什么事都要自己亲眼看看才行，不要听信传言。没有见到贺龙将军之前，我想这位久经沙场的大将一定是一位大花脸的角色，不料会面时却是一位靠背武生的样儿，真是有趣。贺老是那么诚恳热情，和蔼可亲，完全是长者风度。""在新疆西北分局住时，听说王震将军要来，初以为他一定是位雄赳赳的人物，谁知一见面，却是一位谈吐直爽的白面书生。我在旧社会会过各式各样的人物，上至达官贵胄下至平民百姓；在新社会认识这些名闻中外的将军，都是那么诚恳直率，平易近人，一点架子也没有，我们一见面就对脾气，说得到一块去。文艺界却有那么一些人我管他们叫'耍黑枪'的，面前一套背转身去又搞一套，我最不喜欢这号人，我最喜欢军人！""我要是不学唱戏，一定也会当武人的。"

宝刀赠烈士

　　砚秋说着随即从衣箱里拿出一个用绿丝绦系着的杏红缎的长形包裹，"让你看一件珍贵的玩意儿。"他边解边说道。褪去红缎套子，赫然呈现在眼前的却是一柄泥金红底色鞘、带有华丽镏金饰件的日本战刀。我被这意外的物件弄呆了，忙好奇地问道："这刀是你打哪儿买来的？买这玩意儿干什么？"他哈哈大笑起来，说："这可是花多少钱也买不到的东西呀！这是日本将官的指挥刀，是贺龙将军打了大胜仗的战利品。贺老总把它珍藏多年，它是老总赫赫战功的历史证明。在西安时贺老总临去西南之前专来找我，说告诉你一个好消息，四川解放了，我要转到西南地区去，几时请你到西南作一次旅行，我准备欢迎你，我就先行一步了。今天带来一件礼物作为我们西北相聚的纪念罢。说着叫左右呈上这把宝刀赠我。我推谢再三，说这是老总心爱之物我如何收得，贺老总笑说，'宝刀赠烈士，红粉送佳人'，砚秋你当然受得喽，收下吧！贺龙将军人家是身经百战屡建奇功的英雄，这样看得起我程某人……在与贺老总分手之后，我想了四句题词，并以魏体字书之，快！让雷师傅把刀拿去刻上题词以志纪念。"这柄刻有"新国肇造，西北壮遴，贺龙将军，慨赠宝刀"题词的战刀，是贺龙同志与砚秋真挚友谊的最可珍贵的纪念品之一。

"看，我像你的小兵吗？"

砚秋在西北考察结束后即返回北京作短暂休整，同时积极筹备赴大西南地区的旅行演出和戏曲调查，准备时间只用了一个半月，可见他工作之紧张和热情之高了。他们连在家过春节都没有来得及——按戏班旧例，春节时期是不外出的，封箱以后到旧历正月初一、二、三才出演几场以示庆贺。这次则一反惯例——首先转道上海，然后溯长江上汉口，那已经是一九五〇年二月的事情了。他在重庆高兴地拜访了贺龙将军和王维舟副司令，两位老总热情支持砚秋去贵州和云南考察戏曲。当时西南地区刚刚解放，一些地方还不很太平，贺老总对砚秋的安全很不放心，就派了一个排的战士形影不离地保护他。砚秋一说到这里就得意非常，他说一路上同战士们搞得很热火，相处几个月很有感情，不少战士在分手时差不多都成了戏曲爱好者了。他幽默地说："我给贺老总办了一个戏迷速成班！"他的另一件得意之作是，应昆明市照相馆的约请，化装留影。他化装仿照贺龙将军的模样，抹了黑色短胡须，身披军大氅，头戴嵌有红五星帽徽的军帽，照了一张有趣的照片。他把这张照片题上'贺龙将军，看，我像你的小兵吗？"的题词从昆明寄到重庆。等他从西南边陲回到重庆又一次见到贺龙将军的时候，老总对这张照片很是夸奖了一番，说他化装得很像。砚秋对我讲，这次在重庆与贺龙将军谈了许多往事，真是越谈越对脾气，越互相了解，以至在分手时彼此都恋恋不舍了。

为人民而歌是最大的幸福

"我在汉口给军区帮了一个大忙，最后上上下下皆大欢喜。办了一桩好事，心里是很痛快的。"砚秋从西南旅行考察回到北京，首先就高兴地对我谈起这件事。事情的经过是这样：他们从重庆再次回到武汉，应文艺界要求演出一场营业戏，票子已预先售完。谁知当天却发生了意外的事，在开演前的一个小时，从朝鲜前线归国的志愿军伤病员已把剧院坐满，要看程砚秋演戏。文化部门、军区的负责人出面做工作，劝战士们起座离去，结果碰壁而返。这时已经购票的观众陆续到来，等候在剧院门口，却进不去，一方面不出来，一方面又进不去，形成很棘手的僵持局面。劝解的工夫越大，开演的时间就越近，双方的矛盾就越尖锐，急得军区领导火冒三丈，跳上戏台指着池座说："你们中间一定有'反革命'，故意捣乱破坏演出……"这下子可捅了马蜂窝，双方闹得愈加不可开交，甚至要大打出手了。砚秋这时已经化好装，听前台吵吵嚷嚷好不热闹，就隔着台帘往外看个究竟，见事态要不可收拾，就毅然撩起台帘走了出去。伤病员见演员出台了，马上就安静下来。砚秋向战士们致意以后，就开言说道："诸位同志！大家为抗美援朝保家卫国光荣负伤，理应组织专场慰问演出，酬谢'最可爱的人'。同志要求听我程某人唱，是看得起我，我从心里感谢大家的这种信任和盛情。无奈今天的戏票早已售出，观众已经等在戏园外面，如此僵持下去，岂不大煞风景，这也怪我们事先考虑不周到，明天专门请同志们来，还演这出戏，一定作专场慰问演出，今天就请大家多多包涵，让出座位请购票观众入园如何？"砚秋这一席话当即得到战士们的热情支持，伤病员们马上秩序井然地退出剧场，《王宝钏》一戏按时开演。军区领导擦了一把汗，赞扬他说得好做得对。他回答说："都怪我事先没有想到这点，战士们为国家立下汗马功劳，不给他们演戏还给谁演呢！"第二天白天场，他又专为伤病员演了《王宝钏》，战士们很欢迎，用不断的热烈鼓掌表示满意。事后，武汉军区设宴款待他，再次致谢。他说我只是做了自己应该做的事，大家何必如此客气呢。

一九五一年十二月，砚秋率剧团在东北各地演出。他在哈尔滨知道贺龙将军将带领慰问团访问在朝鲜的志愿军指战员，当即给贺老总和文化部发电，要求随团前去。从东北赶回北京报到后没过几天就又上路去了。从朝鲜前线回来，听他匆匆谈到此行的观感，他说，有的名角要戏份太高实在不像话，有的仍然像在内地那样抢头牌摆排场，砚秋说："这些矛盾还得我出面去排解，反正我只带了三个人，也没有衣箱，更没有那么多累赘，别的人不愿意去的地方我就去。我一直走到最前沿的坑道去表演，看到那些赤胆忠心的战士怎么不叫你感动，什么劳累啦、苦啦全忘得一干二净了。还是那句老话：我就喜欢军人，跟他们在一块心里总是高兴的。"没过多久，砚秋又率剧团到江、浙、福建前线作慰问演出。临行前他曾对我谈起京剧剧目的改革问题，他说："这次到朝鲜虽然受到战士们的欢迎，那是因为我们是祖国来的亲人，甭管演什么戏都是热烈鼓掌。可是作为京剧演员老给人民演旧戏，心里终不是滋味，你总不能老拿《三击掌》、《骂殿》给他们吧。不行，还是要多排新内容的京剧才行。"

《英台抗婚》——最后的一首歌

说到排演新内容的京戏，砚秋在一九四九年时就想把秧歌剧《白毛女》改编成京剧，后来因为长年奔波在西北、西南和东北各地，总不能静下来集中精力搞，事情就拖了下来。记得西北访问回来后，他几次同马健翎同志研究，计划把马写的《鱼腹山》秦腔戏本改排成京剧。接着又是去西南旅行考察，看了川剧《祝英台与梁山伯》和《望江亭》，很中意，回京后就嘱咐人去买《梁祝》的剧本，晚上没事就独自仔细地读起来，常常读到深夜还不肯罢手。一九五二年，砚秋经过一年多的准备，才把剧团同人请到家里，具体商量排演《英台抗婚》新戏的问题。那时只见他忙得不亦乐乎，从打提纲、改剧本、写唱词、设计声腔、编排身段直到服装道具的制作，全是由他一手操持，说戏完了进入响排就更紧张了，等到正式演出，一算计时间，从改编到排演、演出，不多不少整整花了四十个日日夜夜。《英台抗婚》是砚秋一生中最后的一批戏剧创作之一，也是他在戏剧改革事业上一次勇敢的实践。可惜的是，过早的逝世，使他没有能够完成构思已久的《白毛女》、《鱼腹山》的改编工作，不然……又有谁想得到《英台抗婚》一剧竟成了砚秋的绝唱呢？

平生最激动的事

　　紧张的忘我的工作给人带来了愉快，朋友们的支持鼓励使人感到幸福，但是这中间也常伴随着一种莫名的惆怅和忧伤——这思绪大半根源于对自己的不满足。砚秋不止一次谈到，孩子们进步都很大，"我们年事日高，心有余而力不足，让他们代替我去多做些对人民有益的事，也就等于是我做的了。"可是他很快地就责备起自己的这种"不要强"，表示还要努一把子力，和青年人比赛比赛，看谁进步得快。他也常常谈到"曲高和寡"，有时还无限感慨地自言自语道："学我这一派是很难的，我的徒弟们具备了这个条件，缺少那个条件，都不够理想。说到整理总结表演艺术的经验，我是小辈儿，我上面的许多老一辈儿演员都还没有做，年轻有为的急着要做，排到我这里还早哩，别人都不着急，我自己着急又有何用！唉！其实我会的这些玩意儿也没有什么……"他有时郁郁不乐地闷坐在那里，不停地狂吸着雪茄。

　　一九五六年冬，砚秋随人大代表团访问苏联，在返国途中正巧与敬爱的周总理同乘一列火车。总理是在出席布加勒斯特会议后取道莫斯科回国的。他回到家里就兴奋地对我说："这次出国我个人有两桩喜事，一是在列宁格勒见到了三儿子，还专门和他的同学们联欢了一次。与青年人在一起自己也变得年轻了，我对他们说我不服老，还准备同他们竞赛竞赛。""第二件喜事恐怕你就猜不到了。"他压抑着内心的激动慢条斯理地说，"总理在火车上找我谈话了！总理问我怎么不入党啊？我说我缺点太多不够资格。旧社会养成的个人奋斗，疾恶如仇，容易得罪人，加上生活散漫……总理鼓励我说，缺点是可以克服的嘛，总理还说了好多，他对我程某人是太了解了，连我自己没有想到的细小进步，他都注意到了。我说没有介绍人呐，总理当即表示愿意做我的介绍人。我要好好努力才对得起总理对我的爱护和信任呀。

在北京站下车的时候，贺老总来接代表团，周总理把火车上谈的事情告诉了他，贺老总高兴地走过来握着我的手说，'砚秋，入党要两个人介绍，我愿意做你的第二个介绍人。'这真是我平生最激动的事啊！"

　　一九五七年秋的一天下午，国务院办公室给家里来电话说："邓大姐请你和爱人一起来吃螃蟹。"砚秋答话说请办公室和门卫打好招呼，他马上就去中南海。正在砚秋换衣服的这会儿工夫，敬爱的总理却亲自来家接我们来了。到了中南海，邓大姐、贺老总夫妇都已早在那里了，大家见面特别亲热。入座以后端上来几盘大螃蟹，贺老总先斟满两杯酒，笑嘻嘻地递给砚秋一杯，相视举杯，暗含的意思是祝他成功。席间总理向砚秋打听戏剧界一些名角的近况，还谈了一些别的事情，就忙着催邓大姐说："今晚天桥剧场有戏，你们几位先走吧，我们还有些事谈谈，晚一些来。"说着起身即同贺老总和砚秋一起走到旁边的屋子去了。那天看完戏，回到家里，时间已经很晚了。砚秋和我坐在堂屋，回味这值得纪念的一天，谁也不想回屋去睡。我问他两位老总单独跟他谈了些什么，他说："谈的是关于参加党的问题，我说我现在还不够共产党员的资格。总理问我自己觉得怎样？我说觉得比以前有进步了。两位老总笑了，并说你自己说自己进步不行，得别人说你进步才行呢。"此后不久，敬爱的总理和贺龙同志分别给砚秋写了信，正式同意介绍他加入伟大光荣的中国共产党。现在，这两封信和砚秋的回信都珍藏在革命博物馆内。

人寿比花多几日

　　"一年一度看繁英，游人结队盈春城，突遇恶风尽摧折，搔首问天天无情。原来世事尽如此，何必为花鸣不平？人寿比花多几日，输他还有卖花声。"这是砚秋于一九三六年书赠陈叔通先生诗二首中的一首，道出他对旧社会恶势力摧残人才的悲愤不平，慨叹人生的短促。然而唯一聊可自慰的是，艺术家的天才创造绝非如落花逐流水般地消逝，却能永久传颂于民间。这诗今日读来仍使人倍觉心酸。我总觉得，砚秋的一生，就像在重岩叠嶂重压下从乱石缝隙里挣扎生长出来的一株秋菊，从幼芽萌生时候起即在烈日酷暑和风霜严寒中苦斗着，历尽诸般劫难之后，终于迎来了沐雨和风，虽然得到园丁悉心的培植，但终因精力穷竭而早凋了。砚秋的晚年疾病缠身，经常为心脏病、糖尿病和气管炎所困扰，但是他总是不屈服于疾病，仍然全力地投身工作。当时我劝他要节劳保重，他总是淡然一笑，说："我这算什么，贺老总为革命苦战半生，浑身落下十几种病，他根本没有把这些放在心上，成年价在全国各地视察工作，我这还差得远呢。"一九五八年初，上级决定让砚秋率京剧团访问北欧几国，出发前他为俞振飞、言慧珠说排《百花赠剑》，每天三班倒，没有一天休息，显出很疲劳的样子。一天的晚上，我们坐在沙发上闲谈，他突然说道："也不知是谁出国，坐上飞机没走出多远就突然死了……"我当即很不高兴地打断了他的话头，说："你这个人为什么说这种不吉利的话呢？！怎么竟胡思乱想，说这丧气话！"他思绪重重颇为寡欢，也不再言语了。

次日，我俩一起去新街口电影院看苏联影片《奥赛罗》，砚秋走路已很困难，腿脚发硬不听使唤，总像要摔跤似的。下午，他在西屋里练功，大概忽然想起什么不痛快的事情，无名火冒三丈，据他自己说觉得有一股气涌上来了，胃很难受，想着是不是饿了，吃下一些东西，心口越觉气闷，满头大汗，赶紧唤满善举同志去找大夫。从附近公社医院请来一位女大夫急诊，说是痉挛，注射了一针什么药，感到好些。砚秋不太信服西医，又遣人请来金书田中医大夫，服中药后愈感平复。刚刚好些，罗合如同志来看他，谈了些工作，还说《锁麟囊》这出戏不能再唱了等等。发病的第二天，他又继续感到胸闷气阻，憋得豆粒大的汗珠顺着面颊直流，赶忙把老朋友李养田大夫接来，诊断是心脏病，得马上住院。那时我的两个儿子都在国外，二子也整天在外面忙碌，女儿发病去了天津，身边没有亲人可以商量和帮忙，得快些通知戏曲研究院。田汉、马少波等同志知道后全来了。联系北京医院，派来了救护车。砚秋躺在床上对田汉同志说："我要跟您告辞了！我的病有那么严重，还得住院？"护士用担架把他抬到堂屋时，他又说："杨宝森在头前等我呐。"大家都安慰他说很快就会好的。送到北京医院的第二天，诊断报告说他患了心肌梗塞，需要绝对静养。我一天一趟坐有轨电车去医院看他，每次慢步走上二楼的时候，就听砚秋在病房里不时地长长吁气。问他好些吗，他只是摇头。我说还是去请中医，他连忙制止说："别去！刚来就好像不相信人家医院似的，等看看情形再说吧。"并嘱咐我下次来带鲜花给他隔壁养病的贺老总爱人薛明同志。在这一周内，许多朋友不断来医院慰问探视，砚秋的精神也渐渐好起来，还说他相信会很快恢复，因为带剧团赴北欧的任务还要由他去完成呢，他怎么能躺在医院里，他的岗位不是也不应该是医院。大家听了很欢喜，也多少安下些心。一九五八年三月九日，我的二子去医院探视，回来说他父亲今天病情格外好转，叫他下次去要带些好茶叶……晚饭时分，我刚刚端起饭碗还没有来得及吃，北京医院急电家里说病人紧急，赶快来医院！我知道情况不好，现叫车子来，匆忙赶到医院，医护人员扶我上楼，一再安慰我不要着急。当时我的心乱极了，三步并作两步走进了病房，看见砚秋已经溘然长逝了。医生说仅仅八分钟就完了。我真想放声大哭一场，医护人员说四周的病人都安歇了，不要哭吧，只得强忍着泪守候在他的遗体旁边。头一位赶来医院的是刘芝明同志，他劝我节哀，说了好多安慰的话，并劝我回家去，说一切后事由他同文化部、戏曲研究院负责料理。我实在支撑不住这巨大的打击，从医院回到家里后，便一头倒在床上，再也起不来了。

（程永江　整理于一九八〇年）

风雨同舟日

——忆砚秋同志

吴富琴

从坐科时说起

在坐科的时候，我就同程先生认识，砚秋那时正在荣蝶仙先生家学戏。北京堂会戏都请各班名角外串，班底总找富连成科班担任。我就是在科班外串戏时认识程先生的。记得程在外串戏时唱《武家坡》，扮相和范富喜先生的模样儿差不多。

过去，很多内外行朋友有一种误解，认为嗓子条件不好才学程派，事实是程先生在十五岁（虚岁，下同）那年，嗓子最好，满宫满调，人们都夸奖他唱的像"陈石头"（即陈德霖老先生），所以刘鸿声先生才约他合演。刘先生要唱乙字调，没有一条宽亮高亢的嗓子，是当不了他的助手的。程先生是武生和花旦底子，后来又从陈啸云先生（著名老生教师陈秀华先生的父亲）学青衣，学的都是像《彩楼配》、《三击掌》、《别宫祭江》这类的唱工戏，腔调也都是老的。

程先生也在浙慈馆唱过戏。浙慈馆，说白了就成了"折子馆"。我们科班也常到那里去唱"行戏"，即木器、铁业务行会约唱的戏，都是白天场。当时，不少名角在浙慈馆借台演戏。余叔岩先生倒仓的时候，就常在馆内票戏练嗓。除了浙慈馆，还有吉祥、丹桂两个戏园，程先生有时也在这两个戏园演出，大概是边学边演累坏了，十六岁就倒了仓。

春风直送玉郎归

在程先生倒仓的节骨眼上，荣蝶仙却同上海戏园订了合同，强要他赴沪演戏给师傅挣钱。罗瘿公先生听到此事，就说："荣蝶仙呐，他尽是要钱了。把玉霜弄到上海演戏，嗓子这个样儿，他一辈子就不用再去上海了。"罗先生一方面用金钱赎身，一方面用势力压，弄得荣蝶仙没有办法，才同意程先生提前满师。我记得瘿公亲自把程先生从荣家接回来，还口诵七言诗一首，诗云："柳絮作团春烂漫，随风直送玉郎归……"不久，罗先生又把砚秋一家从天桥搬到北芦草园九号。那时候，我几乎天天去北芦草园，还见到在河南信阳州铁路上做事的程家三哥（丽秋），夏天暑热，我还同砚秋一起光着脊背摇冰激凌呢。

砚秋住在北芦草园九号，每天吊嗓、练功，不再登台。程先生的幼功很瓷实，在武功上有很好的基础。他从荣蝶仙、阎岚秋（九阵风）老师学得很好的蹻功、武功，十三岁曾向著名武生教师丁永利先生学过《挑滑车》，打把子手里头干净、麻利，快。程先生一直很重视武功，记得有一次唱《玉狮坠》，有一场同山大王（由武花面杨春龙饰）武打夺刀，下场时杨说："哎呀！手底下可真快呀！"武花面都这样说可想而知程的武功了。即使到了中晚年的时候，他也从不放松武术的基本功的锻炼，他的艺术创造得益于此极多。在北芦草园时期，程先生尤其注意吊嗓，一般吊嗓总是用高调门，为的是抻嗓子；程用的是低调门，试着唱，蹓嗓子。在倒仓的关键时候，嗓子极脆弱，若急于求成，用高调门来抻，很容易把嗓子吊破，即便缓过来，也会变成尖高乏味的"左嗓子"。所以，程先生用"蹓"的方法试着唱，看情况来长调门。另外，旦角吊二黄易出功夫，所以程先生尽吊《六月雪》、《武昭关》这类二黄戏，有时也吊《玉堂春》、《三击掌》这样的西皮戏，免得把它们忘掉。这样养了两年，到了十八岁，嗓子才有了好转。可是却又生出一种"脑后音"来，这种音对老生、花脸还可以，对青衣小嗓就犯忌了。小嗓要宽亮，以有膛音和水音为最善，唱出来才能流畅秀丽，优美动听。程先生当时的嗓子又闷又窄，再加上"脑后音"，就像有一块东西挡着，既不能拔高，也不能降低，不然就会冒调、荒调。程先生根据自己的条件来变更腔调，以坚强的毅力练出一种"虚音"来，逢到拔高调的时候，就用"虚音"来领，慢慢地低音也找到了，还是利用"虚音"来带低音，最后落到"脑后音"上。这样，一段唱腔经他一唱倒比原来的色彩丰富了，好像忽而"雾里看山"（即用"虚音"稳住"脑后音"），忽而"春光明媚"（以"虚音"领起高音），同样能起精彩动人的效果。所以内行都把他的"虚音"叫作"救命音"。在这两年养嗓练嗓和演出期间，程先生逐步地练就一条高低咸宜的"功夫嗓子"，那时程腔虽然还没有形成，可是已经有了程味儿了。

砚秋除了自己发愤外，还经常到王瑶卿先生家去学戏，王先生给他想出了不少诀窍，使他获益极大。砚秋每天下午向乔蕙兰先生学昆曲，我也常常同他一起去学习。他闲时也不瞎逛，顶多看看电影，或者到城南游艺园看看碧云霞、琴雪芳的戏，因为她们擅长做工。那时我也常陪他一起去。其余时间内就练字临帖、读些诗文。在休养后期，程先生开始登台演出，除了跟余叔岩先生合演《打渔杀家》、《审头刺汤》等戏外，自己也演些唱工较少的单出戏，《穆柯寨》就是他常演的戏。后来程先生曾同我说过，他最不愿唱《穆柯寨》，因为这是他倒霉的时候常唱的。

在庆兴社一道搭班

我十九岁在富连成出科，艺名吴富琴，不久便和程先生一起搭了高庆奎组织的庆兴社演戏，从此开始了我们二人艺术上的合作生涯。程那年也是十九岁，经过恢复，嗓子有了很大进步。在华乐同台合作的还有郝寿臣、侯喜瑞、朱素云、周瑞安、荣蝶仙、张文斌、陈文启诸先生。砚秋开头唱倒第二，有时唱大轴，有时就与高庆奎先生合演。高庆奎先生的调门是很高的，一般都要唱正宫调，可见程先生这会儿的高音是不错的，但他的低音还不稳定，有时会出现"荒调"。为此，他在私下就抓紧练音，克服这个弱点。高四保、高庆奎和连奎爷三位从赶包到独立组班很不容易。庆奎的《哭秦庭》唱得最好，后来他去上海演出，马路上贴着横幅广告，上面就写着一个大字"哭"，成天叫满座，确是大红大紫了一阵子。

程先生除搭高庆奎的庆兴社外，又搭进时慧宝的裕祥社，并经常与庆奎在大轴戏里合演《汾河湾》、《打渔杀家》、《奇双会》等戏。记得程先生第一次同庆奎合作演出大轴昆曲《奇双会》时，正赶上他发烧不适，他硬带着病上台，经过很大的努力，总算把这出戏圆满地唱了下来，但他接着大病了一场。因为这是他第一次傍名角唱大轴。程先生在庆兴社搭班阶段，罗瘿公和王瑶卿先生开始为他编排新戏《梨花记》、《龙马姻缘》，同时贴演《弓砚缘》、《六月雪》、《春香闹学》和《惊梦》等剧。庆兴社，是高庆奎的头牌，砚秋的二牌，赵世兴的管事。戏班的管事就是后来的经励科，一般称他们为老板。王瑶卿先生说过："什么经励科，他只要会说瞎话会骗角儿就成了，反正是好说歹说把角儿哄上台就行了。"确实如此，头牌演员在班社里实际并不当权，一切事务全听管事的调拨，所以常常闹出许多矛盾而主角演员却还不知情呢。后来庆兴社老板赵世兴约了三麻子（王鸿寿）挂二牌，把程先生甩到一边干搁了。砚秋说："老板竟然这样干事啊！"一气之下就脱离了庆兴社。从此一步步走上自己独立挑班的路。

首次赴沪演出

程先生第一次到上海是在二十岁那年，同来的有王又荃、荣蝶仙和我，一共四个人。临离开北京之前，还同余叔岩先生合演了一周。到上海后那时在三马路老亦舞台（后改为惠中饭店，舞台已经早没有了）演出，同台合作的还有先到上海的王又宸先生等。带去的新戏是《梨花记》、《龙马姻缘》。这两出戏基本是用以字就腔的老法制曲，在腔调上变化不大，但程先生的唱法新颖，上海观众还是欢迎的。在老亦舞台打炮的四出全是老戏，头二本《虹霓关》，我扮二本的夫人，《龙马姻缘》里，我扮丫鬟。当时我的嗓子也常常不好。全本《红鬃烈马》这出戏，是向上海同行学习来的，它包括《花园》、《彩楼》、《赶夫》、《寻夫》、《击掌》、《投军别窑》、《鸿雁捎书》、《探窑》、《赶三关》，最后才是《武家坡》。我在头里演《击掌》，那时也没来得及细说戏，打鼓的打了二六，我就跟下去唱了。程先生事后对我说："你成啊，还真有词儿呢"。后面《别窑》是张国斌、陈月梅先生演唱的，他们二位很会表演，后来做了黄金戏院的底包。程先生很喜欢这出戏，当时北京还没有这个《别窑》，他说："富琴呐，这《别窑》满好的，赶明儿你就演这出戏吧。回北京后跟上海要这个戏本子。"向谁淘换的全本《红鬃烈马》剧本，已经记不得了，但从上海回京以后，我就先同周瑞安先生，后同李洪春先生合演过全本中的《别窑》。

上海的文人名士很爱护砚秋，为了欢迎他，特在南园聚会，有南园主人，南洋兄弟烟草公司的创始人简照南先生和甘翰臣、康南海、吴眉硕、朱小兰、袁伯夔等先生出席，并合影留念。

上海演完又去杭州凤舞台作短期演出，在那里第一次认识盖三省先生。那回是荣蝶仙唱《十三妹》，程先生扮张金凤，盖三省扮赛西施，合作得很好。从此以后程先生每次赴沪演出，总要亲自登门拜访盖三省先生，请他出台配戏，或者在中国戏院，或者在天蟾舞台。盖先生在《六月雪》一戏中扮禁婆。"坐监"那一场，盖一出台一句"来啦"，迈步进牢门一股风似的，当时就是一个满堂好。程先生同盖三省先生自此成了老搭档，由此也可见程的敬老爱小的为人。

程先生从上海回北京后，开始自己挑班，由罗瘿公先生作主成立了和声社，荣蝶仙做老板。在两年时间里集中精力排演了许多新戏，像《红拂传》、《花舫缘》、《玉狮坠》、《孔雀屏》、《风流棒》、《鸳鸯冢》、《青霜剑》等，大都是由罗瘿公先生编剧，王瑶卿先生导演的。王瑶卿先生根据程先生的嗓音条件、用"以腔就字"的新法制曲，这时才出现风靡一时的程派新腔。

过去，许多学程派的内外行朋友和一些青年同志都认为，学程一定要学他成熟时期和晚年的本戏，这才算是宗程之正统，而不大注意研究程先生在旧传统剧目方面的创新成果，这是一种误解。程先生能演的旧戏不下百余出，文武昆乱不挡。就拿一九二三年来说，根据王瑶卿先生收藏的连台本戏《混元盒》中一折排演的《刺红蟒》和《琵琶缘》，即是文武开打的戏；《骂殿》是一出以唱工为主的老戏，很久没有人唱了，罗瘿公先生曾说："这个剧本要不是砚秋出来演，在瑶卿的箱子底下都长毛了。"陈德霖老夫子唱《骂殿》是慢板到底，王瑶卿先生给程先生改了快三眼，一唱就红了，因为是人们没有听过的新腔儿。瑶卿先生真是有闯劲，什么戏到他手里都要改，而且一改就好，加上程先生的那股刻苦学习努力创新的精神，爷俩合作得极默契。程先生对同辈演员也很虚心，凡是你的建议提得对，他都能认真考虑予以接受。如《碧玉簪》，原作里最后有将小蕙收房的情节，我在演出过程中对程先生提出："不会把丫鬟小蕙收为养女，非把她收为二房就好了吗？"他很以为然，从此就改成收为义女了。

程先生的戏德很好，对配角的艺术劳动很尊重，即使在台上出现些小疏忽的地方，他都给你兜着，使整个演出能够圆圆满满。一次在上海演《鸳鸯冢》，我扮演嫂嫂。我大概在台上思想开了小差，也许是做的不深刻，程先生在末场王五姐殉情时唱一大段反二黄，在唱完"为痴情闪得我柔肠百转病体缠绵"这句的大过门底下，小声对我说："我要死啦！你怎么不好好哭一通呢"，我才"呜呀呀"哭了起来。这类的事情很多，难于一一列举。总之，打一九二二年程先生首次赴沪演出起，上海滩就有了这么个程艳秋了。定了程艳秋这一个名，从此几乎每年都要到上海演一个多月的戏。

一九二四年，本计划到上海和香港演出，因为罗瘿公先生的病越来越沉重，只得推迟。这一年除在北京三庆戏园演出外，只去了一次奉天，一次天津。八月初在天津大罗天演了十天，从天津回京后，罗瘿公先生病危，他只把《聂隐娘》的剧本写了一半，就撒手病故了。当时，只有程先生守在罗先生病榻前，砚秋亲手把瘿公先生的遗嘱交托给我拿到琉璃厂宝晋斋装裱起来，罗公身后诸事全是砚秋遵罗师遗嘱一手经办的。那阵子，我们都像没有了主心骨一样，心里的难过劲就甭提了。

鸣和社成立的前前后后

罗瘿公先生逝世后，鸣和社成立。开始老板是程先生的老岳父果湘林先生。记得有一次赔了钱，果家三小姐就在家里埋怨，说什么我们老爷子平常没受过这个累，成班当老板累得吃不下饭，都给累瘦了等等。程先生听了就对我讲："还是我自己来吧，赔赚算我的。"他思虑再三，认为还就是梁华亭先生能干，就请梁先生做鸣和社的老板。程先生只管排戏演出，其他什么事若是问他，他就说："你去找梁老板。"那时李洪春先生已经搭了鸣和社。一次，军阀张宗昌请堂会戏，赏下几千元。梁老板与高五爷说咬耳朵的话，让李洪春先生听到了。李先生就告诉我说："张督办赏了多少钱，梁老板说先别拿出来，是不是入了他的腰包了呢？"我为这事去找程先生，程说："你跟我说这个干什么？还跟他要回来？！知道就得了么。"弄得我也无话可讲了。不过梁华亭老板确实真够朋友，他把鸣和社的班底组织得非常齐整，里边有芙蓉草、曹二庚、张春彦、文亮臣、李洪春、郭仲衡、侯喜瑞、郝寿臣、董俊峰、金仲仁、王又荃、慈瑞泉等先生。有程先生挂头牌，梁华亭做老板，金仲荪先生任编剧，再加上强大的阵容，鸣和社就能够连连排演新戏，从而使程派艺术的发展进入了一个新的时期。鸣和社从一九二四年成立到一九三七年改组，前后存在了约十三年时间。

《聂隐娘》的剧本，罗瘿公先生只来得及编写一半，罗公故后不久由金仲荪先生给完成了。鸣和社成立之后的第一出新戏是《碧玉簪》，接着就创演了《聂隐娘》和《文姬归汉》，那已经是一九二五年间的事了。金仲荪先生曾对程先生谈及他的家乡金华有一出很不错的戏，这就是越剧《三盖衣》，以后称为《碧玉簪》。程先生拿这出戏的本子去请教王瑶卿先生，王大爷说这是天桥演的戏不愿意管，这样程先生就自己动手设计唱腔身段。从

《碧玉簪》开始，到《梅妃》、《文姬归汉》、《荒山泪》、《春闺梦》、《亡蜀鉴》、《锁麟囊》等，都是他自己创的腔。他一方面接受了王瑶卿先生的"以腔就字"的制曲方法，一方面又吸收老生的曲调和唱法，而且向大鼓、梆子汲取养分，丰富自己的唱腔。"以腔就字"是程腔的核心，学程派的必须明了这个道理。程先生讲究先字后腔，两者并重，不能偏废。管腔不管字，必会倒字，腔虽悦耳，不能达意，等于白唱；管字不管腔，字音正了，曲调生硬乏味，也不能感人。唱程腔有个基本公式是：吐字——行腔——归韵；要做到吐字真，行腔稳，归韵准。程先生对音韵学很有研究，熟练地掌握了唇、齿、牙、舌、喉五个发音器官的性能，吐字特真切；在行腔时把每个字音都寄托在一定的发音部位上，不致把字音通过腔调而唱化，在最后一定把字的后韵收住——这样才能达到字正腔圆。比如《大登殿》的"走向前来用手搀"一句，"搀"字在吐音时，必须先吐字头的'ch'音，接着再吐字尾的'an'音；这个字头与字尾不可混在一道吐出，否则就显得浊笨无光；也不能把它们截然分开，因为那样会显得字音的组织不完整。"搀"字吐出在行腔时，要保持字尾的'an'音，最后收韵时一定要把'an'音往外一送，张口一收，同时把舌尖抵住上膛，这就准了。如果在收韵时不把'an'音一送，就舌抵上膛、闭口一收，那这句词就变成'甩手抻'了。程先生在收韵时送字的尾音和梅兰芳先生收韵时顿字的尾音不同，程先生是徐徐一送，梅先生是加重一顿，这是两种收韵方法。程先生跟我这样说过："我不是有什么特别新腔，主要是悉心掌握四声、五音的规律，经常唱，经常练，腔就有了。"这完全是熟能生巧、巧能生精的道理。而且程先生永不满足于自己的成就，一段唱腔每唱一次必有或大或小的修改，我们听他前期唱的《锁麟囊》和后期唱的就有很大的不同，是越改越好了。程先生的唱工很讲劲头，他常讲："旦角二黄腔的基本旋律偏于悲凉，西皮腔趋于明快，因此唱二黄腔必须棱角露，使其悲凉幽怨的本色若隐若现，唱西皮腔则外显柔和，锋芒内敛，这样才能达到刚柔相济、疾徐有致的效果，也就圆润悦耳了。"所以，程腔的二黄要刚，西皮要柔，在调门上只用六字调，嗓子用一半、藏一半，既要顾腔，又要找味儿，才更加增强了音乐的表现力。程先生在念白上下过很大工夫，俗话说'千斤话白四两唱'，他不仅讲究四声韵律，吸收老生的念法，多用湖广音，而且在日常生活中也注意研究各地人的讲话，以丰富旦角的念白。除正字以外，他还极考究口风，牢牢掌握住吐字准确、口风严谨这两个特点。有一次我和程先生演《青霜剑》"灵堂"一场，姚妈妈说媒下场，申雪贞假意允婚，为的是替夫报仇，这时他扮演的申雪贞向我（扮刘表姐）说一段白口，其中有："小妹知心的人只有姐姐一个，我要将端儿拜在姐姐名下，以为义子，替我抚养成人。以后倘有出头之日，都是姐姐所赐，不但小妹感激终身，就是先夫在九泉之下，也是感你的大恩大德呀！'这里面的"小、心、姐、将、拜、在、子、替、抚、成、倘、出、头、都、所、赐、不、但、身、就、夫、在、泉、大、德"这二十五个字念得非常有劲，喷口很足，只见他双鬓垂着的两绺白绸子"噗噗"作响，如风吹的一般，很生动地表现了申雪贞坚决复仇的心情。程先生幼功磁实，武功根基极深，他在二十一岁学武术，把拳脚、剑法上的窍门全吸收到戏里来了。像《春闺梦》的"出梦"，有许多水袖功夫，看起来很别致，也很繁难，这都是从太极拳里化出来的。《聂隐娘》里，他扮聂隐娘，我扮李十二娘，我们有一套"双舞单剑"，与老路子不同，这就是根据武术中的剑法编制设计的。程先生的水袖功夫堪称一绝。余叔岩先生曾经对他说过："别瞧简单的一下抖袖身段，做好了可不容易。这一抖袖浑身骨头节都松开才行。"程先生就根据余先生这个道理，参考武术中的"三节六合"的动作规律，把抖袖的劲头放在肩、肘、腕上。程派的抖袖不用胳膊甩，也不用膀子抡，而是先从肩上运劲，再把劲发于肘，然后及于腕，这时袖子抖起来才美观，达到古人讲的"长袖善舞"的境界。而且他是根据自己身体条件和剧情及人物性格去设计角色的身段，虽然他在水袖上有这么深的研究，但是从来没有单纯卖弄过。他曾说："我练三百遍水袖，也不准在台上用一次。"现在有人学程派的水袖，把水袖攥在手里往外弹，试看《六月雪》这出戏，要是攥着水袖，可多难看呀；有人演《锁麟囊》"找球"一场，也是把水袖攥在手里，程先生从来没有这么做过。

以上我所谈的主要是程先生的表演艺术，即唱念做打方面的造诣，更重要的还是程先生的寓教化于戏剧的思想。他从来就反对把戏曲当作玩意儿，当作阔佬们消闲解闷的东西，而是有所感有所为而演。那时正是军阀混战民不聊生的年月，戏班自然也深受其苦，这个那个的苛捐杂税多如牛毛，什么营业税、娱乐捐、票税等等，名目繁多，不堪其害。在这种情况下，程先生就跟金仲荪先生商量，问他中国历史上有没有像现在这样多的苛捐税吏的朝代，金先生就举出明代杨嗣昌当政时的史实，程先生嘱托金写一个剧本。《荒山泪》完全是根据程先生的主意编撰的。第一次在中和园首演《荒山泪》的时候，散戏后一位税务局的人边出场门边说："哎呀！这戏完全是骂局呀！"《春闺梦》、《亡蜀鉴》这些戏的编演也全是如此。《锁麟囊》是程先生请翁偶虹先生编撰的。那是他在青岛演出后，在济南遇到大洪水，亲眼见到老百姓颠沛流离，妻离子散的悲惨情景，深为感伤，这才嘱翁编写这出戏。常言道：见其画如见其人。程先生则可以说是"观其剧如见其人"，不认识程的高尚人格和他对旧社会不合理现象的强烈的反抗精神，就不能真正了解程派艺术。

"抗"的性格

天津《庸报》的主笔叶荣舫办了一次四大名旦合演《四五花洞》的活动，说是为了纪念不为营利，并且声言在先，此戏灌制唱片绝不卖钱，可是他自食其言把唱片卖了。后来叶某又想出什么点子想敲程先生的竹杠，大概是以什么名义赴天津唱义务戏。程先生为此同叶某在长安戏院后台辩论起来，程说："这不成啊，我们已被中国戏院约了去，不能先唱义务戏。如果你想先唱义务戏，你去跟中国交涉。"叶说："我不问别的，就问你唱不唱？"程先生答："中国答应了你，我就干，你得跟中国戏院去谈。"叶某还一再追问程答应不答应，并大言不惭地说："敝人对剧界是很帮忙的，四大名旦合演《四五花洞》……"程先生当即说："那会儿你帮什么忙啊？说的唱片是纪念品，却卖了钱，一个子儿也没给任何人……"结果不欢而散。事后，程先生说叶某对戏界帮忙是有企图的，他是为了捧坤角吧。据闻果然哪位坤角以后嫁给了他。

另一次是伪警察局二区署长找我谈办义务戏的事，点着名要唱硬戏码《红拂传》。我把这事告诉程先生，他说："你答应了吗？"我答："我只说把话传达给你本人。"程先生说："这戏我不唱啊！义务戏唱《红拂传》，我们就甭演营业戏了。"我照此回话。不久，程先生赴天津演出，伪警察局长专门追到天津，又一起接程回京，在火车上拿话套程先生，说什么"您顶好唱《红拂传》，报纸已经登了，不演对观众不合适"。程先生说："告诉你我不唱嘛！这是我们营业戏、看家戏，一年不准唱几回。"他们不甘心，依然耍手段，想套程先生唱《红拂传》，程火了，说："这是干什么？我说不唱就绝对不唱，要不然到了北京，我马上买车票还回天津！"这些人没了办法。等到了北京，他们还是耍圈套，最后虽然贴了《三娘教子》、《牧羊圈》等戏码，他们仍不死心，还是再三要求改为《红拂传》，砚秋说："我说不唱就不唱！"程先生只要认定了这义务戏是骗人坑戏班的，不管多大的义务戏都抗。那时候，灾荒连年，民不聊生，有一些所谓专吃赈灾饭的"善虫子"，动不动就巧立名目烦戏班唱义务戏，结果是义务戏成灾，眼看银元往他们口袋里跑，艺人受剥削，灾民得不着好，"善虫子"

们却大发国难财。为了这不公平的事，北京京剧公益会开会进行讨论。程先生从来没去过公益会，因为是开这样内容的会，他却去了。在会上，傍周瑞安先生的武二花刘春立激愤地说："我们要吃饭，不是专唱义务戏的，尽唱义务戏，我们艺人就别吃饭了！"程先生在一旁对我说："这话说得真有劲，我赞成！"

砚秋生就一副孤标傲世的性格，对恶势力从不屈服，大家都知道的日军占领期间的北京车站事件，就充分显示出了他的凛然不可侵犯的崇高品格。今天回忆起来，仍然令人起敬。作为砚秋的老同事，追述了他的艺事、为人，以此寄托我深切的怀念。看到程派艺术后继有人，得到发展，我也感到十分欣慰。

（程永江　整理）

情深谊长忆砚秋

刘斌昆

初次结识于上海正谊社

一九二五年，我闲居在上海。当时，经常听得内行们说起，有个程艳秋（当时还没改名砚秋），唱青衣的，唱得很好，不输给梅兰芳。我有个好友戴幼辰，是产宝福的学生，唱老生的，和我二弟刘韵芳是师兄弟。他满师后就倒了嗓，一直在北站虬江路附近的正谊社票房当教师。他也经常跟我说起程先生如何如何的好。当时砚秋在社会上已经声誉很高，他的戏，票价要卖到大洋一元多。我很想去见识见识这位有口皆赞的名角儿的戏，可惜当时我已有一年多没搭着班子啦，饭碗还没着落呢，哪来余钱去买戏票啊。我告诉戴幼辰，我没见过程先生，但很想见见。戴幼辰晓得我正穷得发愁，没钱上戏园子。但他很理解我的心情，一直留心着机会。

这年秋天，戴幼辰跑来对我说："大哥，机会来了。程艳秋从香港回来，在丹桂第一台（今福州路浙江路口的青莲阁）演出。票房今天请他吃晚饭，您今天就跟我一道去票房玩玩，可以见到程艳秋。不看戏，见见这个人也好。"我一听能见着程先生，很高兴，郑重其事地穿了一身灰色派力司呢大褂，随戴幼辰到了正谊社。

喝了一杯茶不到，程先生来了。这天，他也是穿一身派力司呢大褂，带点草米色，脚着缎子鞋。大伙儿一见，忙着站起来。程先生很客气地对着大伙儿抱拳拱手招呼。招呼完了，戴幼辰向程先生和我招招手说："来，来，来，我给你们两位介绍介绍。"我连忙凑上去，和他互相拱拱手。程先生一听我叫刘斌昆，以为我是俞振庭的斌庆社出身，问我："您是不是斌庆社的？"我告诉他说："不是的。我是从徽班出来的，是曲阜大成殿科班赵侗顺赵老师的手把徒弟。"他听了，点点头说："哦，哦，哦，那您一定是很高明的。"我忙说："我刚从师父门里出来，也没有什么了不起。"一会儿，酒席摆好了，一共三桌，大伙入席。程先生是第一桌，陪客是正谊社的社长和一些唱青衣唱花旦的。我和戴幼辰坐的是第三桌，记得这天吃的是鱼翅席。

京剧有句行话，叫"饱吹饿唱"。这晚，程先生还有戏要上演，所以，他没等酒席完，就起身告辞，坐小汽车赶到戏院去了。

这是我第一次认识砚秋，他留给我的印象很好：彬彬有礼，平易近人，而且是个有心人。

在北平两益轩重会

后来，我们由天津到北平，和砚秋又见面了。

在北平演了几场戏后，梅兰芳先生的管事李春林先生为了表示欢迎移风社北上，在回族馆子两益轩宴请移风社。这一天，移风社的社长周信芳和主要社员周五宝、刘韵芳、王兰芳、赵云卿、杨寿山、钟喜久、王瀛洲、我，还有鼓师张世恩、琴师孙奎元都出席了。李春林先生还请了北方的一些名角儿做陪客，有高庆奎、荀慧生、尚小云、芙蓉草、蒋少奎，我的师兄曹二庚，还有就是程砚秋先生。李春林先生和移风社成员先到了两益轩。接着陪客陆续而来，来一个，李春林先生就向我们介绍一个。程先生见到我，就拱拱手说："看了您的《下山》，很好，很好。"我晓得他看了移风社的戏，忙说："不行，不行。您多指教，多指教。"程先生说："您太客气了。"说到这儿，他略一思忖说："我看您，很眼熟。"我说："咱们见过。"他问："在哪儿啊？我已然记不起来了。"正谊社匆匆一见，至此时已经事隔七八年了，何况我随移风社北上之前，他又从没有看过我的戏，印象不深，记不起来，是很正常的。但他竟一点也不虚伪地打哈哈，态度如此直率，倒使我对他又增了一分敬意。我也就如此这般地告诉他在上海正谊社票房见过面。经我一提，他就记起来了，连声说："对，对，啊呀，您还真记得住。"

打这次重会以后，我和程先生建立了友谊。

同台合演《锁麟囊》

在我和程先生的友谊中，最令我难忘的是他邀我合作，同台演出程派名剧《锁麟囊》，他饰小姐薛湘灵，我饰丫头梅香。

第一次同台，时间是在一九四〇年秋天，地点在上海黄金大戏院（今大众剧场）。这年秋天，程先生率鸣和社从北平南下到上海，这时他的名字已由艳秋改为砚秋了。他和黄金大戏院订了四十天合同，并带了一出新编的本子《锁麟囊》。因为这个本子是第一次上演，程先生郑重地研究了配戏的演员，黄金大戏院的经理孙兰庭等也参加了研究。程先生提出要我饰梅香。记得谈这事的那天晚上，我演开锣第二场戏，演的是《丑表功》，盖三省先生的彩旦，饰老鸨；我的三花脸，饰王八。戏一完，孙兰亭到后台来找我，说："刘爷，完了戏，请您不要走，到前台经理间来吃夜宵。"我去了，一看，程砚秋先生坐在那里，芙蓉草、顾珏荪（小生）、吴富琴（鸣和社的二路青衣）也坐在那里。一会儿，夜宵来了，是晋隆西菜馆送来的西菜，有牛排、鲍鱼汤、炸明虾、油烹鸡等。大伙儿一头吃，一头研究。孙兰亭说："程先生要演一出《锁麟囊》，这个戏是新写出来的，在北京还没唱过。这次程先生要在这儿第一次演这个戏，阵容要强一点。"说到这儿，孙兰亭用手指指芙蓉草和我，继续说："所以，要烦您两位，赵桐珊先生、刘爷参加。赵先生担任赵守贞，刘爷担任梅香。今天就把单本给您两位一人一份。"夜宵后，大伙继续坐在经理间喝茶。孙兰亭作了具体的日程安排，说："从后天起，下午请到经理间来，大家对词，先案头工作。辛苦几天，就要排练了。排练的时候，我们预告就出去了。排练几天，再休息两天，然后就上演。"交代完毕，大伙儿就分头休息去了。

接着，进入排练。砚秋是荣蝶仙老先生的手把徒弟，演戏很认真，我早有所闻。鸣和社的棒角儿挺多，光丑角就有曹二庚、李四广、慈少泉（慈瑞泉的儿子），程先生还是要请我饰梅香，这是看得起我，我焉有不卖力之理？这一天，下午两点排练，我一点就到了。这天程先生没来，是他的总管事高登甲老先生抱的本子，高和大伙说："各位老板，各位先生，这个本子，程先生是头一次演出，在北平都没演，是特地到上海来上演的。希望大家大力协助，严肃认真地排练，演出水平来。最好是把这本子嚼烂了，嚼得滚瓜烂熟。"

高老先生抱本子，很尊重演员。排练当中，如果有人错了词或漏了词，他从不加以责备，让人下不了台。他纠正的办法很巧妙，就是先念一遍正确的词儿，然后和气地带着征求意见的口吻，提醒对方说："这个词儿，大概是这样的吧，是吗？"对方听了，不伤自尊心，很乐意接受。高老先生抱本子这么耐心、细致、巧妙，我很佩服他，他也和我很讲得来。练完戏，我时常留下和他聊聊。第一次排练，我留下问高老先生："怎么程先生有事去了，让您抱的本子？"高老先生告诉我说，"您不知道，程先生这个人，就是什么都认真。他对人的要求，错一个字也不行，一定要大伙儿背熟了。所以，今天我先来跟大家走一个过，谁背熟，谁没有背熟，我就知道了。招呼打在头里，我不先打招呼，交代清楚，是我的责任。"听了这话，我说，"哦——程先生对人要求那么高哇！是应该这样。"高老先生说："嗨，程先生的事儿可多了，赶明儿我有空，说给您听。"从高老先生的工作，我看出了鸣和社的社风，就是这么严肃、认真、耐心、细致。往后，我参加排戏也越发认真了，每次早到一小时，练完了，再留着待一会儿，征求意见。程先生的事儿，我也更感兴趣了。当时我就和高老先生敲定，我准来听他说程先生的事儿。

演出前，一共走排了三次。第三次，程先生来了。他很客气，向大伙拱手打招呼说："各位排练了好几天，都辛苦了。演出，靠各位了。"表示慰问。走排结束，我照旧留着没走，请程先生提意见，提要求。他也是很客气地肯定、鼓励。后来，我了解到，程先生虽然对演出、排练极为认真，但对合作者从不板着面孔煞有介事地提这个那个的要求，总是事先由高老先生打招呼。程先生性情温和，待人和蔼客气。每次南下归北，到北平的头几天，他总要到演员家里道辛苦慰问，看看他们家里的米、煤，短缺不短缺。

第三次走排后，就上演了。过去，京剧上演传统剧目，事前没什么排练不排练的，连对词都不搞。只有新编的戏才排练，但也只是走排，不搞什么彩排。如果这戏你不会，就另请能者。《锁麟囊》是大戏，演出时前面没有开锣戏。戏编得又好又新鲜，但主要是程先生精湛丰富的表演、独特雅致的声腔艺术，很快地就把上海观众的心紧紧地抓住了。黄金大戏院，每晚观客盈门，连演十场，十场皆满。十场演毕，改演了一天《玉堂春》，这下可热闹了，戏院马上接二连三地收到观众的来信，都是要求恢复上演《锁麟囊》。于是，再加演十场，依然座无虚席，盛况不减。第二个十场结束后，改演《牧羊圈》、《荒山泪》、《红拂传》、《春闺梦》、《六月雪》、《青霜剑》、《四郎探母》，插演了一个星期。又应观众要求，再演了五场《锁麟囊》。这五场，程先生作为对上海观众的临别纪念演出。演出非常成功，程先生载誉离沪北上。

行家伸伸手，便知有没有。自和砚秋结识以后，我晓得他功底很好，也了解到他小时学艺，文武都唱，唱打都很精彩，见功夫。耳闻不如目见，这次同台演出，那真是一次令人难忘的程派艺术欣赏。

那年，我俩都快四十岁了，身体开始魁梧了。砚秋的个头更大，怎么来表演一个行将出阁的小姐呢？我着实地为他担着点心。但是，他一出场，就打掉了我的多余的担心。在舞台上，他综合采用腿功、步法、眼法、指法和水袖等各种表演方法。他出场蹲步沉腿，身体显得矮了；又是含胸、拔背、垂肩、坠肘，加上垫着护领，就形成了美人肩，身体缩得小了，形象进一步秀气了。轻移莲步，唱四平调："怕流水年华春去渺，一样心情别样娇，不是我苦苦寻烦恼，如意珠儿手未操，啊，手未操。"这四句唱四个步法。第一句，出场，轻走一步接唱第二句。第三句边唱边走三步，这三步是蹲脚慢步，很难走，没有很厚实的腿功就走不开。程先生在这三步里，把太极拳和旦角的武功，不抬腿的鹤形步以及交际舞的舞蹈动作糅合在一起，走得很轻飘，很美。我饰梅香手托着他，一点不感到分量。这三步走了，已经到了台中间。接下去，梅香拿着囊，念："小姐，你看锁麟囊。"薛小姐看锁麟囊，又是三步。程先生继续唱四平调："仔细观瞧……"边舞动水袖。一般青衣的水袖都是一尺余，程先生的水袖是特制的，长二尺多，又大又宽。这么宽大的水袖，程先生要来，运用自如，真见功夫。他水袖一舒展开，显得非常宽大，再一收拢，两下一对比，配上原来的蹲腿沉步美人肩，一唱一做，就塑造出了一个秀丽婀娜的形象，一位娇惯、任性的闺阁小姐生动地展现在观众面前。在程先生生动的表演面前，观众已经忘掉了他原来的个头。我换着他出场，在一旁看得甭提有多真切清楚了。这种对比法的运用，在京剧表演中是个创造。程先生就是这样根据自身的特点，从各方面不断创造，从而形成程派艺术体系的。程先生看锁麟囊时的具体表演，是左看一下，右看一下，随着右一个，左一个微侧身子的翻动水袖，三步三翻，波浪起伏，美极了。可惜第一次演出，我事先不知道有这三步三翻动，所以没有动作配合上去。第一场演下来，我领教了程先生的武功底子，也领会到他烦我配梅香，技术上的考虑是晓得我也有点武功底子。梅香是个丑丫头，作用是衬托薛小姐。我决计要起好这个衬托作用。第二天演出，当他唱完前四句后，我就拿着锁麟囊预先后退几步，当他载歌载舞这后面三步时，我也配合地迎着他走三步，两人一起一伏，他的表演显得更精彩了。台下掌声、喝彩声大起。这天戏一完，程先生向我称谢，说："刘先生，我们凑得很严。您怎么想出来的，凑这么三步。"《锁麟囊》主要是程先生的戏，我不过这么小小配合了一下，程先生就来道辛苦称谢，可见他待人之宽厚，对演员劳动之尊重。

《春秋亭》一场，程先生是大段唱腔，〔西皮二六〕、〔快板〕、〔流水〕，一共有五十六句，但他唱来回肠荡气、从容不迫。他的声腔、喷口、气口之运用，简直达到了出神入化的境地，上海人的说法叫没话头（没法形容）了。他发音时，在喉咙里用小疙瘩腔，像滚珠似地婉转而出；喷口，则像弹簧一样把一个字一个字弹出来，一句一句，清音细脆。〔流水〕一段中"忙把梅香低声叫"，这一句，一口气唱了二十板，"叫"字的拖腔，委婉低回，腔里有腔。他的气口打远，把声浪打出去，打得很远。后来在天蟾舞台演出，能一直打到三层楼外，唱得连三楼的角角落落都听得很真切，可见程先生的青衣基本功之深厚。他唱时，台下鸦雀无声，唱到妙处，突然爆发雷鸣般的掌声，又一下子戛然收住。掌声骤起骤收，整齐极了。一场戏总要这样反复多次。程先生的唱像磁铁一样，把我也吸住了。头两场演出，我怕配合不好，还有点紧张，顾不得欣赏品味。第三场演出时，我已熟练了，就在旁边精心地听。"梅香"站在"薛小姐"的轿边，得天独厚，听得比第一排都清楚，都过瘾。我是听得心甜魂醉，差点儿忘神把台词都给忘了。程先生的唱腔萦萦如丝，余音绕梁，音断意不断，听后真是别有一番滋味在心头。

程老太太教子有方，程先生恪守母训

我非常佩服程先生的表演，想找个机会和他长谈。同台演戏时，当然没法交流，散场后，已经夜深，大家吃点东西，喝点茶，就休息了，也来不及交流。只有早晨去，才能作长谈，但早晨去，我又怕扰了他的睡眠。然而，没向程先生请教，好像是一桩心事，总觉得放不下。所以，一天早上九点钟，我斗胆去宿舍拜望程先生。宿舍在朱家桥，即黄金大戏院老板金庭荪的老公馆。凡北方来的角儿，都下榻在老公馆。

这天，程先生没见到，碰见了高登甲老先生。高老先生示意我程先生尚未起床，把我让进了他的房内去聊天。我请高老先生告诉我有关程先生的事，他说了两件事，一件是体贴他人，毫无架子。他说："程先生这个人真好，很体贴人。昨儿晚上休息，他睡的床，床头不牢，脚一头的床搁脱位，床滑落了。但他没有惊动跟包（服侍他的人），就这样头在上脚朝下地睡了一晚上。今儿一早，跟包进房时发现这个情况，就对他说：'程先生，床坏了，您就喊我们。您怎么不喊我们，就这样睡了？'程先生不但毫无责怪之意，却反问：'我这样睡了一宵，不是也很舒服吗？我把你们喊起来，你们一忙和,大家都睡不着。(现在)这个样子,大家都睡得很好。'您看,程先生多体贴人。"我听了,不禁说:"像这样的角儿,对待底下人这么好,真难得,不愧为四大名旦之一。"想不到我这几句话又引出了程先生的另一件事。高老先生说:"您佩服他呀!我还说桩事情给您听听。程老太太家教带有古训,像孟母训子一样。"我很感兴趣,高老先生就把故事告诉了我:

程先生成名后,到江南来过几趟,回北平后买了房子。程老太太摆酒请客,答谢那些帮程先生编剧本的、说话的先生。一桌酒席,旁边又摆了个小桌子。小桌子上摆着一盘酱菜、一盘窝窝头、一碗小米粥。程老太太请客人上酒席,命程先生在小桌上吃。她对程先生说:"御霜(程先生的号),你坐到那边桌上去吃噢,这边席上是诸位先生坐的。你今天就吃这个酱菜、窝窝头、小米粥。为什么要让你吃这个?现在你成了角儿,我让你吃这个,是要你别忘了它。你可别忘了过去的日子啊。"程先生对母亲很孝顺,连声答应:"是,是,是。"就坐着吃他的窝窝头。来客见状,没有一位不佩服老太太教子有方的,也没有一位不赞扬程先生孝顺母亲,恪守母训的。

听完了这个故事,我很自然地想起《打侄上坟》一戏中的一句词,叫"活着你不孝,死了瞎胡闹。"不孝父母的人太多了,程先生成名之后竟能如此,实在令人可钦可敬。

我和程先生友谊的发展

程先生回北边半年之后,黄金大戏院又请他来上海,订了四十天合同。这四十天中,演了二十几场《锁麟囊》,仍旧邀我陪饰梅香。除《锁麟囊》外,程先生演的戏,没有我的任务。这次,我们已经是老搭档了,友谊有了发展。我时常去老公馆看他,有时他去打拳而未碰着,碰着就叙谈叙谈打拳呀、演戏呀等等。

程先生的演戏态度很认真，很谦逊。凡演出，程先生不管他自己的上场时间到了还是没到，除了演《锁麟囊》外，他的大轴戏都是放在第三场，但只要开锣第一场一开演，他就来了，从不迟到。来了后，就在上场门坐下看戏，一直看到他要化装了才进后台。我作为黄金大戏院的基本演员，被安排演开锣第二场，或是和盖三省合作演《丑表功》、《丑别窑》，或是和韩金奎、赵志秋合演《花子教歌》。所以，程先生看了我的一些戏。我们碰到一起聊戏时，总是我谈谈他的戏，他谈谈我的戏，这样来互相交流。程先生看旁人的戏，都很认真仔细，批评鉴赏的能力很高。我记得他曾问我："刘先生，每次我都看您的戏，您的一切动作，好像很顺，您练过什么功夫吧？"我告诉他："是练的丑角的基本功，这些基本功，都是老师的教导，我都是运用老师的基本东西。"我也问他："程先生，看上去，您也有武功底子？"他告诉我说："是的，动刀动枪的戏，我也演。跟老师学戏时，文武都唱。譬如《虹霓关》，前演东方氏，和王伯党开打，后演丫头。其他《穆柯寨》什么的，也演过。您倒看得出我有武功底子哪。"我一听，传说的程先生文武功都好确是实有其事。我说："我看您在台上，腿底下功夫好，跑圆场，一阵风似的，全是腿功。所以知道您用过功。我看您上面云手和下面转手，上下手合，估计您的基本功也是很厚的。可能您用过很大的功，还说不定吃过很多苦头呐。"程先生点头称是，直率地告诉我："我小时候学戏、练功，是吃过苦的。"我说："您现在成名了，这真是功夫不亏人，功夫不饶人哪。"后来我了解到程先生练功时大腿还受过伤。"碰翘"时，还让老师打过。

我记得还有一次，我去老公馆，程先生对我说，听说我会弹古琴（七弦琴），并告诉我乐队有位老先生也会弹古琴。我说："好呀，我回家去抱一张古琴来，向这位老先生请教请教。"这天，程先生兴致很高，连声说好，并把那位老先生请了来。我把琴抱来后，请那位老先生先操，他很谦虚，一定要让我先操。我不再推让，操了一曲《醉渔唱晚》。接着，老先生操了一曲《长门怨》。程先生连连拍掌赞好。因为晚上还要演戏，就散了。不料这一别，程先生回到北平，就卸装归田，不再唱戏了。

一套英国桃木家具

抗战胜利，程先生恢复了舞台生活。一九四六年春，应宋庆龄先生的邀请，他来上海为中国福利会义演四场。这时，我俩的友谊已很深了。他每次到上海来，一下火车，就打电话给我，随着电话，人就坐着车子来了。他来时，我曾问过他："我听别人说，您到青龙桥种田，不唱戏。到底有这么回事吗？"他摇摇头说："这个事情，都过去了，不值一提。反正他们也没伤着我。"肯定了曾经发生过的这回事。接着，他摇摇手说："我还要到乐老师（震旦大学教授乐焕之）那儿去啦。"说着就告辞了。

这年冬天，天蟾舞台（今劳动剧场）邀请程先生订了四十天合同，中间演了三场《锁麟囊》，并从黄金大戏院把我借了去，仍饰梅香。到旧历春节（一九四七年二月），又续演了四十天。演出结束，他要回北平，临走前，程先生要送我钱，我不肯收，他就自己坐着车子开到重庆南路我家，亲自把钱送来，我仍不要。程先生说："您要不收，就是看不起我了。您要嫌少的话……"我见程先生如此诚心诚意，情真义重，晓得盛情难却，恭敬不如从命，不好再让了，就急忙打断他的话头，连声说："好，好，好。"收下了这笔钱。我用这笔钱买了一套英国桃木家具，作为我和程先生之间的友谊的纪念品。

赴朝慰问期间的交往

一九四七年一别，直到一九五三年赴朝慰问，我俩才又见了面。在北京集中时，先见了一面。到了丹东市接待处又寒暄了一番。记得那天是听慰问团团长贺老总讲注意事项。到朝鲜新义州下车时，又碰了面。在平壤，同住在一个医院里。后来又一起到志愿军后勤慰问，后勤设在一个铜矿山的山肚里，里面有个剧场，我们即在这个剧场慰问演出。程先生演的是《三击掌》，是沈金波还是我家老二刘韵芳陪他演，我忘了。我陪梅兰芳先生演《贵妃醉酒》。完了戏，夜深了，程先生和我都好运动，就结伴上山打拳去。他打的是太极拳，我打的是少林拳，他还教我打太极拳。演了五场，打了五场。

一天打完拳，我俩边说边走地回住处。山上，又是冰，又是雪，我们只顾着聊天，一个不小心，从山上滑了下去。我们刚滑倒，就有两个志愿军跑过来，将我们扶起，还问："同志，摔着没摔着？"程先生忙说："没摔着，没摔着。"其实，因为我俩没穿棉袄，摔得够呛，他比我摔得还厉害。我奇怪地问："怎么这么巧？我们俩刚摔倒，你们俩就来搀啦。"一个班长说："你们是祖国来的亲人。你们俩出来打拳，排长看见了，就派我俩暗地保护你俩。我们跟着你们，已经好半天了。"我们两人回到住处，商量说，好了，给人家添了麻烦，还派人来保护。咱们别打拳了。第二天领导分头找了我们，领导对我说："现在外面很乱，南朝鲜特务很多，不要出去了。"

打那儿起，我俩不再外出打拳了，有空就一起谈谈戏。程先生很夸奖我家老二，说这个老生有货色。有时我们一起到温泉去洗澡，总是他先招呼我。温泉离居处十几里地，由干部陪着乘吉普车去。后来分队，程先生与梅先生、马连良他们为一队，上海京剧院为一队，这样我们就分手了，直到回到丹东，两队会合，大家重又住在一道。

深远的艺术眼光

离开丹东后，我们一队先到北京，他们一队应鞍钢工人的要求，去鞍山慰问演出之后才回北京。大家在北京小结、汇报演出期间，我和程先生重叙旧谊。

一天，程先生请我和老二上他家吃饭。程家在报子胡同，到时，派人用车子把我们接了去。他特地到全聚德去买了两只烤鸭，边吃饭，边聊天，他跟我家老二蛮谈得来。吃好饭，泡茶继续聊。他问起我，三花脸的基本功有哪些。我说："我稍微走一些给您看看吧。吃饱了，也走不全。"接着说声"献丑了"，就在程先生练功的地方走了一些小丑的基本动作，像抹不倒（不倒翁）、大推磨、左右捻捻转、老人步、醉步、鹤步、方巾丑的台步等。程先生说："真想不到，我还没见过三花脸有这么多东西（基本功），您还没走全哪。"其实，我这些不过是引玉之砖。我问程先生："您的《锁麟囊》怎么唱得如此动听，让人听了舒服。您的喷口、发音，抑扬顿挫；气口，非常打远。我喜欢借用别的剧种，借鉴别人的东西，补自己的不足。您的气口，借鉴不借鉴哪？我为什么要问这个？因为您年轻时候《贺后骂殿》的唱片，我听了，非常好。您在年过半百后，气口还那么好，不知是怎么运用的？"程先生毫不保留地告诉我，那是在一九二八年，他到武汉，向汉剧李彩云老先生学的。他说："我年轻时候到武汉，常常去听汉剧。汉剧有位老先生，叫李彩云。他是老前辈，那个时候已经快六十岁了。我听他唱一出《落花园》，特别是其中反二黄那一段，运用声腔、气口，抑扬顿挫，喉音打远，非常好听。没有事，我就去听李老先生的戏。我拜李老先生为师，把这位老先生运气的方法、唱法拿了过来。"他还对我说："我现在喝酒，声带有点打折扣，厚起来了。我学这位老先生的唱法，就是要在中年、晚年时借鉴，运用。唱《锁麟囊》时快四十了，跟唱《贺后骂殿》时不一样了，就借用这位老先生的喷口、气口。我借鉴人家的唱法，跟您一样，都是取长补短。"我听了后，对程先生艺术上精益求精，而且艺术目光那么远，二十几岁时就已经想到了中年以后的事，真是赞叹不止，钦佩极了。

最后一面

一九五六年秋天，程先生来上海，在天蟾舞台演出《祝英台抗婚》。我和周信芳一起到后台去看他，他正在化装，就没有打扰他。我们两人在上场口看了程先生的演出。这一年冬天，我参加赴苏演出。在基辅演出时，正巧程先生随经济代表团到东西欧访问打此经过。在大旅馆的理发室里，我和程先生见了一面，没想到，这竟是最后一面。

自和程先生结识以后，我俩的友谊有三十年了，历久不衰，有增无已。程先生不论是表演艺术，还是为人品行，在二百年的京剧史上都是第一流的。如果天假其年，他会作出更大的成绩。

（罗义俊　整理）

御霜簃的人品和戏品

俞振飞

　　御霜，是芙蓉花的别名，又称拒霜。这一锦葵科落叶灌木，秋月开花，有红有白，深浅不一。它外貌娇艳，素质坚强，不怕寒霜，所以得了这个嘉名。曹雪芹在《红楼梦》中写晴雯一生喜爱芙蓉，实际是用花来象征人物的高洁性格，这样以物拟人的艺术手法，可使人物形象更加鲜明突出。

　　由此来看，当初程砚秋同志以御霜簃名其书斋，是具有深意的。不论以砚秋同志的身世和为人说，还是以砚秋同志的艺术成就说，确是切合于这个别署的，也就是说，砚秋同志的人品和戏品，都像芙蓉一样，高洁、坚强，在迎着寒霜激烈搏斗之中，更见其艳光四射，迥出尘表。

　　我和砚秋同志相识极早。记得是一九二三年秋季，砚秋同志初次来沪演出，立即声名大噪。湘潭袁伯夔大书一联，悬挂在舞台左右："艳色天下重，秋声海上来"（有人说此联是步林屋撰赠，但我的记忆是袁所制）。当时，砚秋同志尚用"艳秋"之名，联首嵌此两字，非常工稳，一时广为传诵。正在此时，砚秋同志要演一场昆曲《牡丹亭·惊梦》，经人推荐我这个票友为他配演了小生柳梦梅，这就是我和他在舞台上第一次合作，也是二人订交之始。他演完回北京，次年春季结婚。一九二五年至一九二六年间，他又来上海，在大舞台有三天义务戏，演的是《奇双会》、《玉堂春》、《红拂传》，又是我配演了赵宠、王景隆、李靖三角。他感到这次合作，极为融洽，竭力邀我去北京下海，但我由于父亲阻止难以从命，只得婉言辞谢，未成事实。一九三〇年秋，砚秋同志又来沪演出，闻悉我父亲已于春季去世，就向我坚决要求，要我一同北上合作演出。在此以前，我曾向南方小生教师蒋砚香先生学过一些京剧，但自知很不够格，既然要下海演戏，必须经过正规的学习和锻炼才行。砚秋同志让我提出条件，我只提一条：要介绍我拜程继先先生为师。这个条件看来简单，却非易办到，因为程老先生向来不收徒，能否破例，是难有把握的。可是砚秋同志听我一提，就满口应允了。由于我曾和袁寒云合演过两回《群英会》，袁对我有所了解，而他和程老先生是把兄弟，交情非浅。于是砚秋同志通过袁寒云向程老先生进言，又经砚秋同志的竭力推荐，竟蒙程老先生慨然允诺，我才得立雪程门，拜师学艺，正式下海。我的投身于舞台艺术，完全是由砚秋同志一手促成的。

一九三一年，我参加了砚秋同志的剧团"鸣和社"。次年，因事南归。从一九三三年重赴北京起，直到一九三八年，和砚秋同志合作前后达六年之久。我先陪他演出一场《奇双会》，引起了程继先老师的不满。当时程老师在程剧团是主要小生，凡演此剧，总是他的赵宠，别人是不敢染指的。经过这次波折，砚秋同志就和我们师生约定，传统戏都由程老师演，其余新编小本戏一概由我担任。回忆六年之中，我配演过的本戏不少，有：《玉狮坠》、《红拂传》、《春闺梦》、《花舫缘》、《风流棒》、《鸳鸯冢》、《赚文娟》、《青霜剑》、《金锁记》、《碧玉簪》、《聂隐娘》、《梅妃》、《费宫人》、《沈云英》、《文姬归汉》、《硃痕记》等等。其中有三出戏可以一提：一是《红拂传》中的李靖，程剧团原由老生扮演，经我建议，按照昆曲《双红记》之例，改归小生应行，二是《费宫人》中的崇祯，我是用老生大嗓子演的，三是《春闺梦》"梦境"一场，砚秋同志和我一起琢磨，运用了昆曲《惊梦》的许多身段动作，比较恰当。

抗日战争胜利以后，那时我已退出程剧团，但砚秋同志两次来上海演出，还是我陪他演了几场戏。一九四七年，在大众剧场，演的是《奇双会》和《红拂传》；一九四八年，在天蟾舞台（今劳动剧场），演了《锁麟囊》和《女儿心》。全国解放后，一九五八年一月，我和言慧珠到北京，参加出国剧团，剧目中有《百花赠剑》，这个戏就是《女儿心》中的一场。那时砚秋同志的健康已有问题，但还不辞辛劳，每天抱病来给慧珠辅导。谁料我们还没有出国，砚秋同志竟于三月九日，骤因心肌梗塞而溘然长逝了！虽说早知他有病在身，但凶讯乍到，还是不敢置信。这样一位名闻国际的杰出的表演艺术家，竟被病魔过早地夺去了生命，使我们戏曲舞台上，陨落了一颗光辉熠熠的巨星，真是莫大的损失呵！我想到平生知己，从此永诀，更禁不住怆然泪落，神伤不已！

砚秋同志离开人世已经二十多年了，可是他的音容笑貌，时刻在我的怀念之中，回首前尘，种种情景，还是如在目前的。

梅兰芳同志生前，对砚秋同志特别器重，多次和我谈起砚秋同志的学艺经过。砚秋同志幼年家境贫寒，进荣蝶仙的门学艺，后来由罗瘿公筹集了一笔钱，向荣家"买满师"，再拜兰芳同志为师，同时向王瑶卿先生学唱。每天下午，他去梅家学戏，晚上完了戏，步行到王家去，无间风雨，绕道而往，以锻炼意志。他沉默寡言，极守规矩。王先生在屋子里教别人唱，他经常蹲在窗外水缸边，一字一句地暗暗跟着学。梅先生每次谈到砚秋同志这种艰苦奋斗的精神，总是教人听了，大为感动。

王瑶卿先生精通声律，见到砚秋同志的嗓音不同于一般，特别为他创造一种幽远哀怨的新腔，这就是以后"程派"歌唱艺术的特殊风格。这种唱腔首先被运用在《贺后骂殿》中，砚秋同志初次到沪，此戏一唱而红，第二次来上海，演出《金锁记》，更受欢迎。于是"程派"唱腔在广大观众中扎下了深厚的基础，风行全国，脍炙人口。其后排演《文姬归汉》，王先生更是呕尽心血，把"胡笳十八拍"原词谱成〔二黄慢板〕；《锁麟囊》第十三场的〔二黄三眼〕和〔西皮原板〕，垛句特别多，尤其是大段〔二六〕，也都是王先生帮着设计的唱腔。王先生热爱学生，尽力扶植，而砚秋同志则用无比崇敬的心情来尊师。我以为，这不仅是过去的一种佳话，即使在今天，也还是非常值得提倡的良好风气吧。

有一种看法认为，"程派"唱腔只适宜于悲剧。这个评价，当然是不全面的，但砚秋同志所演的戏，较多的是悲剧，在这些悲剧中，的确更能充分地发挥"程派"唱腔的表现力，这也是事实。且不说他的大量唱腔如何深邃曲折，扣人心弦；记得他演《青霜剑》，我配演被人陷害致死的董昌，第七场"问斩"下来，站在幕后看戏，看到第十一场，申雪贞被迫改嫁，与端儿分别，他含泪强笑，安慰孩子："待我过两三日再来接你"，接着一个"哭头"，紧连"扫头"，如三峡啼猿，如长空唳雁，真是声泪俱下，惊心动魄！随后在乐声中，上轿而去。砚秋同志的精湛演唱，感动得我这个"董昌"，在台侧满颊泪水，几乎呜咽起来。

砚秋同志在荣蝶仙家时，荣要他天天跑"圆场"，稍有不合，挥鞭就打。砚秋同志忍受责罚，勉励自己，通过勤学苦练，硬是学到了扎实的真功夫。《青霜剑》中"祭坟"一场，幕内唱〔倒板〕，手提两颗仇人的头颅，上场唱〔回龙〕，走三个圆场，一个比一个快，接着走S字形唱三眼，脚步既快又稳，哪里是一般演员所能赶得上的？！至于他的水袖技巧，更是变化多端，十分优美。

一九三七年，法国定于八月中在巴黎举行世界博览会，很早就预邀砚秋同志前往演出。当时，京剧《王宝钏》有了外文译本，在国际上颇受赞赏，砚秋同志决定排出全剧带去，要我按照小生路子，扮演"别窑"中的薛平贵。后面挂胡子唱大嗓，一直到"登殿"为止。他又鉴于梅先生出国时，演出昆曲，博得很大声誉。因为昆曲不用大锣大鼓，笛子的声音比京胡幽雅，更易为西方观众所接受。因此他同我排练了几出昆曲，如《惊梦》、《水斗·断桥》、《藏舟》、《琴挑》等。砚秋同志对这次出国十分重视，在北京花了一年多时间，进行准备工作。然而由于"七七"抗战开始，巴黎之行没有实现。但我至今忘不了，在这段时间中，我们两人探讨昆曲，最为热烈，每天在我寓所我吹他唱，从下午直到晚上，往往兴犹未尽。从他的京剧唱法来看，音量由小放大，头、腹、尾分得清晰，和昆曲的"橄榄腔"正好吻合，在技巧运用方面，可称异曲同工。他和余叔岩先生是亲戚，经常一起研讨音韵，唱念非常注重四声、阴阳、吞吐、收放。所以他不仅爱唱昆曲，而且唱得规矩纯正，韵味醇厚，不可多得。

砚秋同志艺术态度的严肃认真，是一向著名的。程剧团后期，周长华同志为他操琴，每天上午要去程家研究唱腔，吊嗓练功，从不无故间断。演出时，砚秋同志一到后台，绝不接待外人，立即进入楼上专室扮戏（楼上另一间是程继先老师、王少楼同志和我三人的扮戏所在，其余演员都在楼下），化装完毕，静候登场，这和西方演员的培养情绪，进入角色是同一精神。他对乐队要求很严。早期是穆铁芬的琴，锡子刚的三弦；后期是白登云的鼓，周长华的琴，人选十分整齐，衬托帮垫，循规蹈矩，没有人乱加发挥，出现喧宾夺主的情况。大锣、小锣、鼓，都按砚秋同志的调门定制，以求统一协调。他更注意同台演员的阵容，老生有贯大元和郭仲衡，此后则是王少楼，花脸有侯喜瑞老先生和苏连汉，二旦有吴富琴和赵桐珊，老旦有文亮臣和李多奎，小丑有郭春山、慈瑞泉、李四广、曹二庚，小生有程继先老师和我，基本上是两套班子。这样，可以按照戏的要求，搭配适合的演员，收到更好的辅助之功。

舞台艺术的不断改进，是砚秋同志一贯关心的问题。京剧舞台上不用门帘，废除"饮场"，都是他首倡的。后台管事高登甲先生是他的得力助手，起了很大作用。比如《红拂传》一剧，砚秋同志希望我仿照昆曲中的"三脚撑"戏，为"风尘三侠"改动一些舞蹈身段，先给我看剧本，进行设计，然后由高登甲帮助安排。又如《春闺梦》，虽有战争的背景，但并无开打场子，而是用锣鼓来表现作战的气氛，这个新鲜意图是砚秋同志亲自定的，都由高登甲安排了场子，经过很多次排练，完全达到了预期目的。后来在上海排《女儿心》，因为昆曲有《凤凰山、传花、赠剑、点将》，砚秋同志打算演皮黄而用昆曲身段，载歌载舞，加强气氛，他要我一同研究，按照昆曲的路子，再加以变化，从此定下了京剧《百花赠剑》的新路子。

砚秋同志大胆而又谨慎地改革表演，同时又认真整顿剧团，使京剧艺术不断出现新的面貌，说明他具有何等坚定积极的事业心！

砚秋同志卓越的艺术成就，都是从他数十年苦斗中得来的。他演戏一丝不苟，精益求精，把戏曲表演作为一项崇高的事业来对待。他在所著《我的戏剧观》一文中说过："也许有人说是为吃饭穿衣，难道我们除了演玩意儿给人家开心取乐就没有吃饭穿衣的路走了吗？……我们要和工人一样，要和农民一样，不否认靠职业吃饭穿衣，却也不忘记自己对社会所负的责任。工人、农民除了靠劳力换取生活费用之外，还对社会负有生产物品的责任，我们除靠演戏换取生活费用之外，还对社会负有劝善惩恶的责任。……如果我们演的戏没有这种高尚的意义，就宁可另找吃饭穿衣的路，也绝不靠玩意儿给人家开心取乐来吃饭穿衣！"他这些话是早在三十年代说的，而观点的鲜明、正确，到今天还值得我们读一读，学一学，很好地领会领会。毋庸讳言，砚秋同志幼年困于生计，学戏确是为了吃饭穿衣，但他后来就树立了这样的戏剧观，所以他一生不演坏戏，不为衣食而丢掉高尚的"戏品"，而且随着时代发展，艺术上锲而不舍，继续前进，达到了更高的造诣。

古人云：文如其人，书如其人。砚秋同志则戏如其人，他的人品和戏品是完全统一的。抗战时期，他在北京车站上，奋击伪警，后来干脆到青龙桥畔去度耕读生活，坚决隐居不出。解放后，他接受党的教育，更提高了觉悟，成为一名光荣的无产阶级先锋战士。砚秋同志的人品是崇高的，是永远为戏曲界所景仰的！

我已年近八旬，良师益友凋零殆尽。十年动乱之余，块然独存，缅怀故人，弥增怅触。赋诗一律，借以纪念砚秋同志：

绝艺当年享盛名，繁弦急管播秋声。

扬舲海上霏珠玉，执耜山中效耦耕。

白首襟期同啸傲，素心交谊感平生。

御霜标格今安在？垂老更知惜旧盟。

一九八〇年六月，上海

"惊才绝艺，一代伶工"[*]

侯喜瑞

我与程先生相识，是三十年代初期的事情。当时他在顺德罗瘿公先生等有识之士的赞助下，艺术上逐渐成熟，在观众中崭露才华，颇有名声。我应程先生之邀，在他主持的鸣和社与秋声社搭班唱戏，曾五次随砚秋先生赴上海演出：记得第一次是在丹桂舞台，第二、三、四次是在共舞台，第五次演于大舞台。程先生以他惊人的天才、绝响的技艺，创立了别具风韵的"程腔"。无论是改革传统剧目，或排新剧，他演的人物多是在重重压迫之下坚贞不屈的善良妇女形象，犹如在飒飒秋风中挺立的菊花，傲然怒放，这也正是砚秋先生品格的写照。他以台下勤奋的习练，台上精湛的艺事，真挚的感情，表演的细腻，唱腔的婉转，在观众中博取赞誉，也给我留下深刻难忘的印象。

砚秋先生主持的剧团鸣和社与秋声社，人才济济，阵容齐整，剧目丰富，独树一帜。他演戏的态度认真严肃、一丝不苟，从不懈怠，他对全剧社无论主演、配演乃至群众演员都严格要求，配合谨严，决不马虎。在私下

---

* 这是田汉为砚秋先生题诗的节句。

里，我们彼此切磋技艺，关系融洽，团结和睦，亲切相待，因此剧社的演出，台风正派、搭配严谨，受到内、外行的一致赞许。

鸣和社与秋声社的演员，都是当时有声望、艺术造诣很高者。我同程先生合作数十年，参加演出的剧目有《红拂传》（即《风尘三侠》），程先生演红拂，郭仲衡和俞振飞先后扮演过李靖。我原演杨素，郝寿臣的虬髯公，后来我演虬髯公，由蒋少奎演的杨素，《费宫人》（即全部《贞娥刺虎》），程先生的费贞娥，我的李虎；《文姬归汉》，程演蔡文姬，我演曹操；《弓砚缘》中何玉凤和张金凤，程均演过，我的邓九公，《牧羊山》（即全部《珠痕记》），程演赵锦棠，我的李仁，另如《风流棒》、《春闺梦》、《沈云英》、《花舫缘》、《玉狮坠》、《聂隐娘》、《梅妃》、《荒山泪》诸剧，也都合作演过，直至解放以后，程先生应北京电影制片厂之邀拍摄戏曲艺术片《荒山泪》时，我有幸扮演了杨德胜，与砚秋先生共同在银幕上留下了艺术形象，是为我们永久的纪念。

程先生在几十出戏中，塑造了许多绝不雷同的艺术形象。别看他后来身体胖了，年轻时的扮相可是非常俊美、秀丽的。由于他从小就练武功，对武术很有根基，因此能文能武，成功地塑造了如红拂、何玉凤、聂隐娘等女中豪杰、巾帼英雄。不同的艺术流派的主要标志，表现在唱腔上的风格迥异，它们在唱念表演的艺术处理，特别是声腔音韵的运用上，有各自的想法和设计、安排、运用，从而形成独具特点的艺术品格。砚秋先生根据自己的嗓音条件，另开道路，在"字儿、劲儿、味儿"上下功夫，苦心钻研，特别讲究"字"的四声韵律，为旦角唱念艺术，创出了一条新路，是为后学之楷模。程先生的唱念，吐字清晰、嘴皮子有劲，轻重疾徐适度，抑扬顿挫分明，以字行腔、以腔抒情，抓住这个人物之情，在低回委婉中寓有刚健，缠绵悱恻中蕴涵着不屈。听他的唱，韵味隽永、醇厚、柔中有刚，有一股犀利刚劲、锋芒逼人的力量，入耳萦怀，感人肺腑，使人久久不忘。

砚秋先生热爱戏曲事业，在艺术上对己、对人都非常严明，他常说："咱们唱戏，要对观众负责，演员既以此为业，就必须事事认真、处处琢磨，力求合情合理，否则观众就不要看了！"他演《汾河湾》中柳迎春进窑、出窑就非常讲究、认真。因柳迎春住的是寒窑，又矮又小又窄，进窑时，他是先矮身然后蹲下，两手在胸前与背后分撩水袖，左脚进去后，以此为轴心，右脚一个类似"扫堂腿"，腰里使劲，带动身躯，把下身系的腰裙，像一篷伞状撒开，右手顺势与左手合并将窑门关上。这个短暂的身段，程先生走的干净利落，身上、脚底下、手臂、水袖、头上的线尾子，各司其职，纹丝儿不乱，堪称一绝，观众总是报之以热烈的掌声。再如《红拂传》中"店房"一场，程先生演的红拂，因仰慕李靖的才华和抱负，遂女扮男装追随之，两人见面后情投意合，结为夫妻，奔至旅店投宿。我演虬髯公，是个性情鲁莽、豪爽的侠客，暗访李靖与红拂（彼时虬以为红拂是男），赶至店房，径直奔入红拂内室，往上场门斜床上侧身一卧；红拂此时在下场门梳妆台前理妆，虬髯公始发现屋内有一女子梳头，大吃一惊，红拂从镜中看见一大汉闯进房来，大模大样枕卧侧床，程先生演的很精彩，先是一惊，耸肩长腰提神，表现她从镜中发现异端，转回头来看虬髯公，我二人对视良久，虽然没有话白，程先生的两肩、眼神里满是戏，很传神。就这么个不被人注意的小地方，砚秋先生从不放过，可见他表演上认真、细腻到何等程度。

戏曲界常说："功夫者，工夫也。"是说台上精湛的技艺，扎实的功夫，来自平素的勤学苦练，花了时间，费过气力，下到工夫，到了台上才能运用自如、纯熟精到。就拿他在《碌痕记》中演的赵锦棠来说吧，其中有一段念白："婆婆啊！侯爷里面传出话来：打碗之事，一概不究，或老、或少，进席棚答话，答话已毕，还要周济你我。还是婆婆你，你……进去吧！"程先生念的口齿清楚、情感激切，一字一句传入观众耳中。又如赵锦棠念："报，贫妇告进——"在众人"哦——"的堂威声中，她以袖掩面，小心翼翼地走了一个小圆场，然后跪下，程先生进门时浑身抖动，眼神紧张，把受欺压的贫妇胆战心悸的思想感情，表现得淋漓尽致，当赵唱〔西皮慢板〕"配儿夫名叫那朱春登（哪）"时，我演的中军李仁喊出："看刀！"然后拔出刀来，欲砍赵锦棠，赵拉住我的胳膊，眼瞪着刀，在"搓锤"的锣鼓声中，赵走跪"蹉步"，因程先生的基本功素有根底，动作优美而富有感情，我们合作默契、各知心劲儿、快慢适度、相得益彰，台下总是掌声四起，可见程先生功夫过人，表演逼真，才能赢得如此效果。

程先生酷爱武术，对太极拳尤有研究，每日习练，终年不辍，且运用到戏曲身段中。在《红拂传》中有两处：一是见杨素时，红拂有一段舞蹈，手拿红色拂尘（京剧界叫做"蝇帚"）加水袖，连唱带舞，乍看没什么惊绝之处，可是这里"深沉"大了（按：指艺术造诣）。咱们有句行话说，"身段是车，唱是辙"，因古时候大车是木轮子，走土路很费力，土路上车来车往就压出两道深沟儿来，这就是车辙，车在辙里顺利前往，离了辙寸步难行，拿这来比喻唱和身段的关系，我看到一些演员在舞台上有载歌载舞的场面时，唱和身段总是配合不好，看着不顺溜、不漂亮，听起来气喘吁吁，面无表情。程先生这段戏，唱的婉转悦耳，气匀有情，舞的飘逸潇洒、婀娜娉婷，真是轻歌曼舞、端庄流丽、神完气足。二是他的舞剑，那时京剧舞台上，虽有一些舞剑的戏，但多是木制或竹制，表面涂银粉的剑，程先生自幼习太极，武术底子厚，臂力过人，有一身真功夫，在《红拂传》中首创舞一对真剑。我和俞振飞先生分饰虬髯公与李靖，在台上看红拂舞剑，两道闪烁的寒光，似银蛇飞舞，把红拂的侠肝义胆、飒爽英姿表露无遗，精彩极了。

程先生在艺术上刻意求精，从不马虎，对配角乃至群众角色都是严格要求。与他合作演戏，如果有不合适的地方，他总是心平气和地给你提出来商量研讨，下次再演时，他一准在台边注意观察，力求完美。我扮演过许多配角，我在台上不抢戏，但争着做戏，该你表演的时候给你亮出来，我不抢，你表演完了，该我了，那就得演出人物的身份、意思来，配角儿不小，得按中间的唱，既不能胡来，更不许唱砸了、演错了，这就叫"人抬戏，鸟抬林"嘛！所以，程先生愿意与我合作，我给程先生配戏，他都是比较满意的。

（陈国卿　整理）

"淡极方知艳　清疏亦自奇"

翁偶虹

"淡极方知艳，清疏亦自奇"，这是程砚秋先生为陈叔通先生画菊题诗中的两句（见《程砚秋文集》第247—248页），也是程先生人品情操与艺术风格的写照。

我和程先生交往多年，他为人恬静、谦和，与之相处使我油然而生钦敬、愉快之感，正所谓"与君子交，如入芝兰之室，久而不闻其香，即与之俱化矣。"不只是程先生本人，就是你到程先生领衔的秋声社演出的后台去，也显得那样恬静，与其他班社的气氛迥异，连他的老搭档文亮臣、张春彦、曹二庚、吴富琴诸先生，也都是那样安详、谦和，而他的戏更是如其人，散发着深谷幽兰的清香。可见，程先生为人的品格，其精神面貌，不仅感染着他的朋友、他的同业，也溶入他的戏中。

我记得，他家的书房里，挂着一块题为"雅歌投壶弹棋说剑之轩"的横匾，绿色的沙发套，映衬着周围的书橱，也是一派恬淡的气氛。冬天，还要摆上十几盆梅花桩盆景，其用意在于观察梅枝的百态千姿，以为构思身段的借鉴。我每次去程宅，都是谈编剧，很少涉及艺术以外的事。有时，程先生同我竟对坐无语达一两分钟，但他谈起艺术来，则又滔滔不绝。程先生是从不海阔天空地瞎聊的。另外程先生也和梅兰芳先生、余叔岩先生一样，爱好养鸽子，用它练眼神。

我和程先生相交，还有一段文字因缘。一九二五年左右，程先生首演《文姬归汉》于北京前门外鲜鱼口内的华乐园（现大众剧场），我有幸看了这场戏。演出极精彩，备受观众欢迎。程先生的朋友们在报上征求对于《文姬归汉》一剧观感的诗文，当时我虽不认识程先生，却出于对程先生此剧由衷的喜爱，写了一篇骈体文《文姬归汉序》，署名麟声，寄给《黄报》文艺版，被刊用。数年后，焦菊隐先生为创办中华戏曲学校，曾请一些当时的剧评家吃饭。程先生和我都在座，由焦先生引见，得以相识。席前谈及此事，才知程先生已将拙作收入《霜杰集》中（该集为木版仿宋字，专收对程先生所演新剧的评论。在每本新剧本事之后，附有评论该剧的诗文）。程先生还说我的姨父梁惠亭（京剧花脸演员）与他的蒙师荣蝶仙认识，也曾提起过我，故对我有印象。但此后与程先生交往并不多。一九三五年金仲荪先生任中华戏曲学校校长。翌年，我也到该校任文化课教员，随后又任戏曲改良委员会主任，就常同程先生往来了。后来又与程先生合作，为他先后编写过六个剧本。

我给程先生编的第一个剧本是《瓮头春》。这是写女子谋求职业之难的古代悲剧故事戏。程先生看了剧本，认为很有意义，但提出他上演的剧目中悲剧太多，观众反映看了他的戏总是抑郁而散，所以希望他演一些能使人轻松愉快的剧目，以调剂口味。因而没有排演此剧。

编写《锁麟囊》剧本是在一九三九年。有一次程先生拿出焦循的《剧说》，指着卷三上引自《只麈谈》的一段故事，问我能否据以编成一出戏。我答应下来。原故事中没有人名，也无锁麟囊，只说富女解荷包赠与贫女。我同程先生商量，为了舞台形象的鲜明，根据南方某些地方嫁女绣锁麟囊以期"早产麟儿"的习俗，即取名《锁麟囊》，剧中人名亦全系我的杜撰。又将富女家败的原因改为水灾所致。当初我写此剧的立意，是以塑造富女薛湘灵乐于助人的善良性格为主，同时又以揭露社会病态为烘托的，目的是为了寓世态炎凉于轻松的喜剧气氛之中。当然，限于那时的思想水平，不懂得阶级分析，并未考虑贫富对立的问题。不过我写的赵禄寒（贫女赵守贞之父），也是个落魄的知识分子，并非劳动人民。第一稿写成后，程先生认为主线立得不错，并说：这段故事本来没什么戏，您能找出戏来而且写得像真事，殊属不易，在艺术上也有些新手法。程先生对原剧本的结构未作大的改动，唱词的百分之八十都是原词。念白（如一些小花脸的词儿）则有所删节。程先生对剧本比较满意的有以下几点：

第一，薛湘灵的出场，未见其人，先闻其声。先写许多仆人献花瓶、献绣鞋，利用薛湘灵在后台"搭架子"，渲染其骄纵的性格及临婚的气氛，并将薛母引上，收到了先声夺人的戏剧效果。

第二，"春秋亭"一场，薛湘灵由〔二六〕起的几段〔快板〕唱段，安排得合适。

第三，结尾一波未平，一波又起。赵守贞在询问薛湘灵的过程中，从未提及薛是其恩人，始终没抖搂"包袱"，因而引出薛母和薛的丈夫周庭训对湘灵穿着华丽的怀疑，在团圆之中又发生新的矛盾。最后才由赵守贞点破，再以薛湘灵的一段〔快板〕作结。

下面，再谈谈程先生在该剧的表演艺术上的精心创造。

在《锁麟囊》一剧中，程先先突出地以唱为主，辅以表情、身段来塑造薛湘灵的人物性格，表达其思想感情，创造了一个完整的音乐形象。程先生认为唱词既要符合京剧声腔、板式的规矩，又要敢于变格、破格，打破每句"二、二、三"或"三、三、四"的字数限制，才能出新腔。即所谓由字（四声音韵）生腔，由节（板式节奏）生腔，破格不逾其矩，万变不离其宗。这一点，王瑶卿先生亦与程先生看法相同。因此，王、程二位对我在

《锁麟囊》中写了一些类似长短句的唱词是很赞同的。例如末场薛湘灵唱的"在轿中只觉得天昏地暗，耳边厢，风声断，雨声喧，雷声乱，乐声阑珊，人声呐喊，都道是大雨倾天"，"轿中人必定有一腔幽怨，她泪自弹，声续断，似杜鹃，啼别院，巴峡哀猿，动人心弦，好不惨然"，"还有那夜明珠粒粒成串，还有那赤金练、紫瑛簪、白玉环、双凤鋈、八宝钗钏，一个个宝孕光含"等句，程先生都据以创出了抑扬错落、疾徐有致、婉转动人的新腔。程先生既是一位戏剧家，又是一位音乐家。由于他总是亲自设计唱腔，并与身段联系起来，从表演整体上考虑，反复推敲，使之严丝合缝，所以，他对唱腔所表现的内在情感吃得很透，传达词意，声情并茂，熔唱腔与身段于一炉，并且与舞台节奏的进行熨帖一致（一段唱腔设计出来后，程先生还要给琴师说腔，共同切磋，甚至提供过门，再由琴师加以补正）。比如当赵守贞之子卢天麟要新来的女佣薛湘灵为其剪个绿纸马时，湘灵忆起已经失散了的、也曾向自己要过绿马的儿子，相形之下，百感交集。在这里我原来安排了一大段〔二黄慢板〕，以抒发其感伤的情怀。但程先生考虑到这时观众的心理，是急于想知道赵守贞是否能认出薛湘灵就是自己朝夕未忘的赠囊恩人，如果唱一段长长的慢板便显得冗赘了。于是把这一段分割开来，前两句仍唱〔慢板〕，下面转为〔快三眼〕，一直唱到底。经过程先生的巧手剪裁，不仅充分表达了湘灵当时抑郁沉重的心情，也适应了观众的心理，使舞台气氛更加明快。程先生对艺术精益求精，一丝不苟的创作态度，令人极为钦佩。就我所知，程先生为了设计《锁麟囊》的唱腔，整整花了一年的工夫。他时常到当时极为清静的后海、积水潭一带去散步，默想唱腔。有时遛弯儿还顺便到我家，给我哼唱，征求意见。一年后，程先生又请王瑶卿先生用了半年时间对其唱腔进行厘正，才进入排演。

程砚秋先生在表演上的精心设计，可以末场赵守贞盘问薛湘灵时的"三让座"为例。这也是我原本所无的。在初稿上，基本上是一问一答。照此演来，舞台气氛就显得沉闷。程先生安排了"三让座"的舞台调度，使得这场戏立时"活"了起来，赵守贞的激动与自持、薛湘灵的疑虑与惶恐、丑丫鬟的不服与妒忌，三个人物之间的关系和各自的内心活动，历历如绘地呈现在观众眼前。一个细节的加工，却在艺术上产生如此强烈的感染力，真可谓画龙点睛，匠心独运了。这也使我深深感到，由于程先生在舞台上积累了丰富的经验，掌握了渊博的戏曲艺术知识，所以是最了解观众，也是最懂"戏"的，剧作者如果能够重视演员的创造，与之密切地合作，虚心向他们学习，是会提高剧本创作和舞台演出的质量的。

此剧首演于上海黄金大戏院，成绩颇佳。由于该戏院是包银班（配角演员每月拿固定的薪金，不必再搭别的班），故可以在白天进行充分的排练。我当时在京，程先生曾将戏单寄我。除程自饰薛湘灵外，记得演出的阵容是：芙蓉草（赵桐珊）饰赵守贞，刘斌昆饰梅香，张春彦饰薛良，曹二庚饰丑丫鬟（后名碧玉），孙甫亭饰薛母，顾珏荪饰周庭训。琴师为周长华。回京后，又在长安戏院连演了两场，我全看了。阵容是：吴富琴饰赵守贞，张金樑饰梅香，张春彦饰薛良，曹二庚饰丑丫鬟，孙甫亭饰薛母，顾珏荪饰周庭训，李四广饰胡婆，陈少武饰赵禄寒，慈瑞泉、慈少泉父子分饰老、少傧相，韩福元、李盛芳分饰程俊、胡杰，赵春锦饰卢仁，沈金波饰卢天麟，符玉恭饰周大器。

程先生对于唱腔是决不一经上演就一成不变的，随着他对剧情体会和对人物性格认识的加深，不断有所变化，有所改进。他的《锁麟囊》唱腔，就是常演常新，大同小异的。如"春秋亭"一场，薛湘灵唱"休要噪，且站了，薛良与我再问一遭"一句，原来"薛良"二字是行腔唱出的，后来程先生感到这是对薛良的呼语，故改为半念半唱，就更符合情理了。

程先生演出《锁麟囊》后，许多旦角演员如童芷苓、李玉茹等，也纷纷上演此剧。我还曾看到过一张电影演员胡蝶在香港拍《锦绣天堂》的海报，上面注明据《锁麟囊》改编。有人说京剧《锁麟囊》是根据电影改编的，那是本末倒置了。

我认为《锁麟囊》演出的成功并成为保留剧目流传至今，首先应归功于程先生的艺术创造。戏曲是以表演为中心的艺术，没有优秀演员的精心创造，剧本再好也很难在舞台上立得住、传下去。所以我说，没有程砚秋先生，也就没有《锁麟囊》。

一九四一年，我又为程先生编了《女儿心》一剧。剧中采用了一些昆曲的大牌子。程先生拿到剧本后，曾特意让我把它们唱出来。并非他有意考我，而是为了听听这些曲牌表现的气氛如何，可见其态度的严肃认真。这里还有一段插曲，足以说明程先生戏德之高尚。那时，李世芳正排《百花公主》，拟在京演出。《女儿心》和《百花公主》是同一题材。当时双方都不知对方在排此戏。世芳是梅兰芳先生的高徒，对程先生也极尊敬。后来，世芳听说了，就对程先生说："我哪儿演得过您呀。"程先生慰勉他道："你尽管排你的，我这出戏到上海去演，决不在北京演。"故这出戏程先生始终未在北京露演过，全是在上海排、上海演的。程先生这种奖掖、爱护后进的精神实在令人敬佩。

程先生排演此剧的目的之一，是为了丰富他的戏路子。程先生在戏中扮演百花公主，扎大靠，戴翎子，使双戟，不同于他演的其他剧目。该剧亦首演于黄金大戏院，我未看。直到抗战胜利后，我应聘为天蟾舞台的住班编剧，才在上海看了程先生的演出。记得阵容为：俞振飞饰江六云，袁世海饰巴腊铁头，芙蓉草饰江花右；戏里的几个丑角是由刘斌昆、曹二庚、盖三省、李四广、慈少泉、梁次珊等分别扮演的。剧中用了十六面百花旗，场面很大。

抗战胜利前，我还曾为程先生编过《通灵笔》，是写提倡妇女识字的，但未排演。抗战胜利后，又为其编了《楚宫秋》，写马昭仪的故事，是王瑶卿先生提议编的。程先生可能在外省上演过（我未看过演出）。解放初期，我又给他编了一出《裴云裳》，写隋末起义女领袖的，后因他排《祝英台抗婚》而未演。

最后，说说我所知道的有关程先生的一些情况。

程先生对于同行，无论声望高低，都非常尊重。如他每次在上海演出期满后，总要亲自到芙蓉草、刘斌昆等先生的家中看望，道谢。故大家都乐于与之合作。

程先生很欣赏余（叔岩）派，他吊嗓时，有时也唱几段余派老生的唱段。解放后，程先生喜欢与宗余的杨宝森先生合作演出，他认为程派青衣与余派老生在格调上是相近的。

程砚秋先生曾说，艺术贵在彼此的默契，这样才能一拍即合，相映生辉。编剧与演员之间如是；演员与演员之间亦如是。只有对艺术有共同的认识，才能志同道合，相辅相成。记得他还对我讲过，有一次他与马连良先生在新新戏院（现首都电影院）合演《宝莲灯》："演到'二堂舍子'一场，我们越演越爱演，简直都不愿意下来了。"戏剧艺术上，彼此的交流、配合、默契是至关重要的，程先生上述的经验谈，不是对我们今天的中、青年演员也有着极为可贵的启示吗？

老病缠身，记忆日衰，勉力为之，以纪念程砚秋先生。

（一九八〇年七月三十日朱文相记录）

忆砚秋几个剧目的艺术创造

李洪春

每当我听到砚秋生前的录音唱片时，很自然地就想到我与砚秋相处的日子和他的表演艺术。

砚秋原名艳秋，字御霜，行四，北京正黄旗人。他比我小六岁（一九〇四年生），是我的盟弟。在四大名旦中，他的年纪是最小的，也是去世最早的，亡年才五十四岁。他当时正处在艺术上炉火纯青的时期，却过早地与我们永别了。使我们失去一位优秀的京剧表演艺术家。

砚秋自幼父亲早死，因家境贫寒，写给我师兄荣蝶仙（在长春科班时叫荣春善）学戏。开始由我师弟荣春亮教他武生，一出《挑滑车》下来，见他不够学武生的条件，就改学青衣、花衫和刀马旦，仍由荣春亮给他教把子功。由于变音"倒仓"，经罗瘿公先生赎身并介绍他拜在王瑶卿先生门下继续学习旦角。王先生启发他根据自己有"脑后音"的特点，要创造自己的唱法。后来又拜梅兰芳为师学艺，梅兰芳同样根据他的特点，帮助他创造自己表演的路子。

一者是良师教导有方，二者是自己勤学苦练，所以他的"程派"唱腔，不但在四大名旦中，风格迥异、独树一帜，就是在承先启后的旦角表演艺术中，也有了很大的影响。他除了字音纯正、韵味醇厚、声腔动人、意境深邃外，在表情眼神、身段步法、水袖指法等方面都有自己的创造。这些又都是为剧情内容、人物身份配合唱腔而设计的。如果说王瑶卿先生发展了青衣、开创了花衫的表演艺术，那砚秋更是在这基础上又向前发展了一步，尤其是唱腔和水袖的运用，更是卓然不群，有其独到之处。为京剧事业作出了贡献。

砚秋初次公演的剧目是《硃砂痣》。那是在北京崇文门外大市的浙慈馆演出的。其中的主要演员郭仲衡、王又荃等都是春阳友会（北京最有影响、最大的票房，他们艺术高超，不少人下海做了正式演员）的名票，从此他们就成了他多年的、得力的老伙伴、好伙伴了。

在我同他搭班演出时，他只有二十几岁。那时他的嗓子并不是像现在人们所熟悉的那种沉郁含蓄、幽咽婉转、低回曲折、耐人寻味，而是情感奔放、清晰响亮、刚劲有力、挺拔高亢。当时他的戏路也是很广的，不像晚年专演悲剧的剧目，而是京剧、昆曲都唱，青衣、花衫、刀马、小生全来，可称是一个"文武昆乱一脚踢"的全才演员。

砚秋二十几岁时住在前外排子胡同，我每天去教他《镇潭州》、《战濮阳》、《黄鹤楼》等小生戏的把子和演法。记得他第一出小生戏《黄鹤楼》，就是在华乐戏院（现在的大众剧场）演出的。他演周瑜，我演鲁肃，郭仲衡演刘备，侯喜瑞演张飞，周瑞安演赵云。他能唱小生，可见当时他的嗓子是何等的清脆响亮了。

《红鬃烈马》是他常演的青衣戏。那时他只演《武家坡》、《算军粮》、《大登殿》三折。《花园会》、《彩楼配》、《三击掌》、《投军别窑》是由吴富琴和他三哥丽秋演唱。《别窑》和《赶三关》、《武家坡》、《回龙阁》和《大登殿》、《算粮》和《银空山》分别由我和贯大元、郭仲衡扮演薛平贵。程丽秋、九阵风、吴富琴分别扮演《赶三关》、《银空山》和《大登殿》的代战公主。侯喜瑞演魏虎，刘景然演王允，文亮臣演王夫人，曹二庚、贾多才演马达、江海。这出戏我俩是同戏不同台。那时他的王宝钏不像后来和杨宝森合灌的唱片那样韵味浓厚，而是一条流畅响亮的嗓子。当时他虽然不演《三击掌》，可后来的《三击掌》不但是他常演的剧目，而且是"程派"代表剧目之一。用他那婉转幽咽而又刚劲慷慨的特有的"程腔"，唱出了王宝钏坚贞的性格，给人留下的印象反比《大登殿》深刻多了。

《沈云英》也是砚秋早年常演的剧目。他在这出戏中，前边是以青衣应工，唱段多、唱词多，特别是"灵堂"一场，几十句的〔反二黄〕把沈云英立志报父仇的心情唱得极其感人；后边是刀马旦应工，他扎靠武打，招数干净利落紧凑不乱。可见他唱工、武打的功力都是极其深厚的。在这出戏中，我演沈云英的父亲沈志绪，杨春龙、傅小山陪他打下手。

《穆柯寨》、《樊江关》等刀马旦戏，他也演得很好。长靠戏他演得那样威风凛凛，短打同样矫健利落。像《聂隐娘》的舞单剑，《红拂传》的舞双剑，《玉狮坠》的舞双戟，都是身手不凡的。原因是他为了演好戏，曾特地向北京的武术名家高紫云先生学习，因此招数与其他演员多有不同。这三出戏我除了参加演出外，还同他把武术的快与京剧的帅，巧妙地结合起来，使得这些戏的表演更为别开生面。

《十三妹》是王瑶卿先生亲授给他的一出王派戏，是从《悦来店》、《能仁寺》演起，至《青云山》、《弓砚缘》为止。不管是王瑶卿先生、小云、砚秋，我都陪他们演出过，不是演华忠，就是演安学海。我认为王瑶卿先生演的何玉凤是恰如其分；小云是含蓄不足、刚劲有余，砚秋是含蓄有余、刚劲不足，但是侠女的性格还是演出来了。无论是武打，还是京白，都是要见真功夫的。

他的京白除在《十三妹》中有特色外，在《孔雀屏》（李渊招亲）中，也有很重的京白。他演俊丫鬟，曹二庚演丑丫鬟。在给窦艺出主意，用箭射孔雀屏的办法来选婿的"献计"一场中，他与我（演窦艺）各有十一段大段的对白，他的京白念得清晰流畅、起伏跌宕，很有感情。

《花舫缘》（唐伯虎三笑点秋香）的秋香，他同样用京白把人物演得恰到好处。同是丫鬟，可与《孔雀屏》不同，与《虹霓关》也不同，这三个丫鬟，他演的是有区别的：《孔雀屏》是显其智，《花舫缘》是显其才，《虹霓关》是显其情，不是"一道汤"、千人一面的。

穿汉装的京白戏，砚秋演得很出色；穿旗装的京白戏，同样演得很精彩。

《四郎探母》和《雁门关》是各派旦角常演的剧目，而且都是王瑶卿先生亲授的。无论是演《四郎探母》的铁镜公主，还是演《雁门关》的青莲公主，都是四郎的妻子，又都是萧太后的女儿，为什么名字不同呢？原因是编者把大驸马韩昌的妻子铁镜公主，错配在《四郎探母》的四郎身上，以错就错，就这么错下来了。也不管是京白念法、旗装走法，还是唱腔、表情，他都有独到之处，而最大特点就是气派比较大。这是否与他是满族人、有过这样生活体验有关，我不敢说，可我认为他比其他旦角气派都大。记得当年我们在华乐戏院第一次演出《雁门关》时，同台的有文亮臣的佘太君，郭仲衡的四郎，我的六郎，郝寿臣的孟良，侯喜瑞的焦赞，周瑞安的岳胜，九阵风的孟金榜，诸茹香的蔡秀英，芙蓉草的萧太后，傅小山的萧天佐，钱金福的韩昌，吴富琴的碧莲公主。角色之齐整，演唱之过瘾，可称珠联璧合。

为什么砚秋的唱、念那样动听悦耳婉转自如，主要是他对京剧的音韵，有着高深的造诣，他不但向本行的老先生们学习，而且向音韵家请教，使他对五音、四声的运用都极为研究，有过人之处。

唱腔、念白在声韵上有功夫，动作、表情在气质上有气派，是砚秋的特点。但是不能什么戏气派都大。以上两出戏是可以的，因为是公主，如果在《奇双会》中，李桂枝气派也演得很大，就大可不必了。梅、尚、程、荀演出时，都是我演李奇。拿梅、程相比，砚秋气派比兰芳大得多，不像知县夫人，倒像是知府夫人，气派一大，和人物身份就不够贴切了。

砚秋的新编青衣戏不少是有教育意义和社会意义的。像《梨花记》、《金锁记》、《斟情记》、《青霜剑》、《鸳鸯冢》、《硃痕记》、《春闺梦》、《文姬归汉》、《碧玉簪》、《亡蜀鉴》、《锁麟囊》、《荒山泪》等都是程派的代表剧目。

《荒山泪》的唱念表演极为出色，从他首次演出、我们第一次同台，到一九五六年拍成电影，这三十多年间，砚秋不断演出，不断修改，使它成了一出思想性强、艺术性完整的程派代表剧目。这戏现在演出本已经把猎户鲍世德改成采药老人鲍世德了。我当年演猎户时，与砚秋在"深山"一场中，我俩还有很繁重的唱、做呢！由于人物变更了，就没能在电影中与他再度合作，可是与喜瑞的杨得胜还是再次同台了。

他和梅兰芳先生虽然同师王门，又有师生之谊，但由于流派不同，争芳斗艳的戏还是不少的。如，梅兰芳先生有《太真外传》（杨贵妃），砚秋有《梅妃》；贵妃有绸子舞，梅妃有水袖舞（他的水袖动作在所有旦角中，是运用最好、最多的。不但突破了程式、发展了程式，而且把水袖的动作和剧情环境、人物心情有机地联系起来，决不是为了卖弄技巧，使人眼花缭乱），兰芳有《凤还巢》，砚秋有《风流棒》（都是大小姐丑，二小姐俊），兰芳有《红线盗盒》，砚秋有《红拂传》（都是侠女）。

有人说砚秋只是唱腔、念白好，做派不一定好，其实不然。像《梅妃》中有一场"絮阁"，砚秋演梅妃，我演开元皇帝，芙蓉草演贵妃。在这场戏中，他通过做、念、唱，特别是做，把梅妃的处境（开元皇帝宠爱梅妃，贵妃又坐在门外监视他们）表演得淋漓尽致；通过做，把梅妃的哀怨诉出来，把开元皇帝拉过来，把对贵妃的不满演出来！这出戏，虽只有三个人，可人人都得有戏，一个是哀而不艳，一个是无可奈何，一个是醋海波澜。这哀而不艳的梅妃，就是通过做表现出来的。

又如《长坂坡》虽不是程派代表剧，可他的糜夫人是与众不同的。一般都是中箭时候疼，起箭之后就不疼了。他是起箭之后，仍然看得见腿在哆嗦，等一望两望有无曹兵之后，裙子动得更厉害了。每次这个艺术化了的真实动作，都得到了热烈的赞许掌声。

从这些少数的剧目来看，他小生、青衣、花衫、刀马，京剧、昆曲，样样都行。由于他晚年致力于幽咽婉转、慷慨刚劲的悲剧表演，像《窦娥冤》、《荒山泪》、《英台抗婚》等，那些披蟒扎靠的女将、紧衣短服的侠女和机智伶俐的少女，因久不露演，也就不为人们所熟悉了。

自从"七七事变"之后，梅兰芳留须明志于上海，砚秋则隐居务农于北京青龙桥。他们都表现了高贵的民族气节。直到解放后，我才见到他，他因久不登台，身体比以前胖多了。虽然他也不断演出，可在他去世之前的八九年中，我竟没有得到一次和他同台的机会，实在遗憾。

（刘松岩　整理）

在欧洲考察的日子里

胡天石

晴天霹雳

一九五八年一个阳光灿烂的日子——三月九日，大清早晨，好像是九点钟光景，我正聚精会神地伏案备课，突然间，房门被敲得嗒嗒响，开门抬头一看，是一位素不相识的陌生的男同志。

"您是胡天石同志吗？"这个容貌比较严肃的人问。

"是我。"

"程院长去世了！"他神色惨然地告诉我。

"是哪一个程院长？"我被弄得没头没脑，似乎没有听清楚他说的话，误认为自己的耳朵不灵了，我不相信这是真的。几天前程先生夫妇还来过我这里，怎么一个好端端的人会忽然离开人世？我半信半疑，惘然若失……

在我怀着极其沉痛的心情，匆匆忙忙地奔赴西四北报子胡同十八号程宅时，厅堂里挤满了男男女女的客人，很多人在忙着折叠白色的纸花。看到程夫人果素瑛大姊，相对默然，吐不出一个字，连最起码的礼节上的招呼也没有来得及打，就心酸泪流泣不成声了。

御霜这年刚满五十四岁，年富力强，有多少事情正等待着他做呵！党需要他，人民需要他，国家需要他，艺术界需要他！

几天前，御霜满面春风地告诉我："再过十几天，我就要率领我国文化代表团一行八十人去法国访问。团员中有名演员言慧珠和俞振飞同志等。届时将在巴黎公演新编的《赠剑》和其他京剧。"消息喜人，对我更是格外振奋。

"这次你可办到了，几十年的夙愿终于实现了，我为你骄傲，高兴！"我怀着若有所思的神情这样说。

这里不得不回溯一段伤心的往事。

一九三六年秋，法国首都巴黎开一个大规模的国际博览会，有许多国家参观，并各自建筑了陈列馆，相互竞美。我国人口之众列全世界第一位，地面之广列全世界第四位，但是，使人惊异和气愤的是，当时的国民党政府竟从未有参加这个国际博览会的意图。于是，有许多我国民间团体自发地集结起来要出国展览。我为此曾由瑞士日内瓦屡次去法国巴黎奔走接洽，因时间过晚，良机坐失，国际博览会会中场地全被各国占建，如要再建，只能濒临巴黎塞纳河畔，在倾斜的坑坑洼洼的河滩上填平土地才能建筑，事倍功半，费用浩大。这件事终于因国民党政府不热心、不支持和私人财力不足筹款困难而作罢。当时，海外侨胞愤懑，我的沮丧失望心情，也真是难以描述，因此就想到让御霜出国公演，略资补救。为此事我奔走于日内瓦—巴黎之间，向瑞士、法国各方接洽、谈判。我到了世界著名法国国家歌剧院，访问该院秘书长法人赖鲁雅教授。他说："程砚秋、梅兰芳先生虽然很有名，却没有必要在国家歌剧院里公演，因为法国人对中国丝毫不了解，对中国京剧更是生疏，根本不知道谁是贵国最有名的演员。所以，我建议您去租借一个巴黎较小的戏院，这样，保持每场戏始终座无虚席，那就轰动了巴黎全市，享受到美好的盛誉。"后来，我又到夏特蕾剧院。我和该院经理商谈了租金和一切有关细节，初步达成协议。

我在国外为御霜出国公演积极筹备，御霜在国内的准备工作也大体告成。没想到在我和国内函商作出决定之际，政治局势瞬息万变，日本帝国主义入侵我国，国内时局万分紧张，因此即将实现的御霜出国计划竟成泡影。

自从一九四九年全国人民获得解放之后，在伟大的中国共产党和人民政府英明的领导之下，百端齐举，井然有条，获得空前之发展。京剧这行也不例外，取得优良的成绩。这样，御霜才能率领如此空前庞大的剧团去巴黎演出。听到这个消息，我非常高兴，今昔对比，同一个御霜，他的处境前后就迥然不同了。

时隔数日，万万料不到，竟发生了这样不幸的巨变。前几天我和御霜的那次会晤竟成了永诀。

我虽知死者不可复生，应该化悲痛为力量。但是为了怀念亡友御霜，使自己的殷切心情有所寄托，在十年浩劫前每年三月九日，我总是随他的家人同去他的坟地扫墓，聊以自慰，并减轻自己内心里的苦痛。

初次会见

回溯起来，我和御霜相识较早，接触不算不多，相知也比较的深。一九三二年我在德国柏林，第一次见到御霜，至今已近半个世纪了。御霜当时任南京中国戏曲音乐研究院院长，兼任私立北平中华戏曲职业专科学校校长。他就是以这个头衔被派赴欧考察戏曲、音乐的，预定到法、德、意、英四国考察访问。他从北平出发经过苏联的西伯利亚、莫斯科到达法国，之后，来到德国首都柏林。他一到柏林，就持着国内国民党元老李石曾先生的介绍信，访问当时驻德公使刘文岛。同时，他还带有我友莫德惠先生给我的介绍信。这时，我正巧被驻德公使馆邀去任职。所以，刘文岛公使就让我协助他办理考察德国的戏曲、音乐事务。过了一些时日，我和御霜交往较前频繁、密切，在私下闲谈中，我才知道以酸涩悭吝、丑行罕见闻名的刘文岛公使跟御霜还曾有过一点不愉快。据御霜说，刘公使接见御霜时，只是目不转睛地注视着李石曾先生那封介绍信下面的署名，似乎在审视签名的笔迹，显露出一种怀疑神态。

"我对德国情况不熟，这里有一位胡祥麟，他留德年久，对德国情况熟稔，交游亦广。我可替您介绍，托他协助您的考察工作。"刘公使假惺惺地对御霜表示好感说。

"胡先生，我认识。刘公使公事繁重，我的事，不用刘公使劳神为我费心了。"他笑嘻嘻地风趣地回答着。因为，御霜感到刘公使的怀疑有些失礼，侮辱了他的人格，损伤了他的自尊心；因此，他对刘公使鄙夷不屑，未免心里有点厌烦。

巧得很，正好有一天李石曾先生从巴黎来到柏林，被刘文岛公使知道，就下帖子邀请李石曾先生和御霜在驻德公使馆晚宴，同时，他也邀我作陪。刘文岛公使主观上认定李石曾先生一定是驱车前来的，料想不到李、程、我三人都是同乘地下铁去的，而公使馆门前正是最繁华的选帝侯大道地下铁车站的出口。下午六时许，暮色沉沉，霓虹灯的广告闪眨不停，时亮时暗，一辆一辆小轿车，驰来驰去，人行道上红男绿女，衣冠楚楚地接踵而过，真是好一派西欧国家的典型的繁华景象。当我们三人漫步走出选帝侯大道地下铁车站时，御霜目光灵捷，一眼就瞧见堂堂的中国公使刘文岛正神色慌张，右张左望，踱来踱去地在寻找什么似的。李石曾先生出站，我在其后，第三个是御霜。御霜看到刘公使当时这种情况，很不耐烦，觉得刘公使坍中国人的台，不成体统，立即怒气冲冲地拐转身向后转，单独回寓去了。李老嘱我下去到站台上去找，御霜被我追上，再三劝说，他仍坚持不肯参加这次宴会。

"不去，不去，这种有损国家声誉的人，怎能当国家的代表呢？我决不再上去。"声音干脆坚决，我无法挽留，只得单独去向李石曾先生汇报。从这件事上也可以看出御霜胸腔里的一颗忠诚热爱祖国的红心。当真，御霜直到离开柏林为止，再未见过刘文岛公使一次。

　　御霜出国时年甫二十八岁，已是一位饱经风霜，备受挫折，见过世面，尝尽甜酸苦辣滋味，阅历丰富的人了。他在刚刚十九岁时，就已是扬名剧坛，列居四大名旦之中的一位富有魄力的戏剧家。御霜早年学武生未成，腿部牺牲在师傅的野蛮的陈旧教授法下，被鞭挞的腿肉积血成了一个血的小小肿瘤，因此，只得改学旦角，又不幸地很早就倒了仓，嗓音嘶哑，有其不利条件。但他志坚如钢，毫不气馁，苦心钻研，终于创造出了独具一格的"程腔"，抑扬动听，新颖华丽，大受全国听众的欢迎。御霜巧妙地利用自己嗓音低哑的特征，有意抑压嗓子，唱得像船舶那样航行于江湖之中，眼看就要船到尽头必回头，已达无路可行之境地，却不然，忽然间，峰回路转，居然呈现出一片广阔的水域，群山环抱，景色秀丽，使旅游者们皆大欢喜。御霜的唱腔低回处，细微脆弱，如同藕丝将断，正在观众们以为行将接近尾声之际，又忽而在刹那间，变得委曲婉转，音调嘹亮，由轻到高，由远到近。甚至回响震荡，如同万马驰骋奔腾而来，他的演唱技巧是非常之高的。

　　一九三二年，在我首次会见这位风华正茂的艺术大师的时候，只见他的身材宽阔结实，优美匀称，他的神态谦和安详，从容沉稳，给我一个良好的深刻印象。我们年纪相似，我长他一岁，在同龄人中，我为能有御霜这样的英才，引为骄傲。

　　御霜寄居柏林前后也不过几个月，自始至终总是温文有礼，和易近人，恳切诚挚，举动持重，时时不耻下问。随着岁月的消逝，彼此过从的频繁，交谊日增，连我的"胡家菜"他也爱上了。直到他逝世之前，还常常听到他盛赞我爱人烧的红烧肉啦！我们二人畅所欲言，言无不尽，从此，结下了深情厚谊。

戏剧观摩

考察戏曲、音乐是御霜这次出国的使命，其中戏曲是他的专业本行。但是，戏剧与音乐相互表里，因此，他在德国也肩负考察音乐的任务。由于他居德的时间最久，具备的条件最好，所以，他的收获最巨。他在国内早跟国际联盟教育考察团成员熟识，并曾亲自为他们演过他的拿手好戏《荒山泪》。《荒山泪》原名《祈祷和平》，是一出主张和平反对战争的戏。御霜以他的精湛艺术，尽情地揭露了封建统治者"苛政猛于虎"的滔天罪行，淋漓尽致地表现了人民的反战意识，深深地感动了这四位国联贵宾。他们盛赞这出引人入迷、感人肺腑的典型悲剧，齐声表达了对御霜的由衷敬佩。该团是由德、法、英和波兰四国政府代表所组成的，是应国民党教育部的邀请来华协助改革我国教育制度的。御霜和他们交往频繁、逐渐熟稔，特别跟团长德国普鲁士教育部长卡尔·贝克尔、法国世界著名物理学家、科学院院士保尔·郎之万彼此推崇，结为知交。后来，御霜又乘郎之万返法之便，结伴同行，路经西伯利亚和莫斯科搭乘国际列车赴欧考察戏曲、音乐。

在巴黎，由于有郎之万教授的张罗，御霜看过法国的歌剧、滑稽歌剧、喜剧和舞剧，会晤过法国政、学、艺术各界人物，如班乐威、鲍雷尔、莫推、赖鲁雅等。但是，不及在德国观摩次数之多和观摩范围之广。

在柏林，由于有前任主管教育、艺术的贝克尔部长亲自为他拟定观摩戏剧、音乐、电影的计划，戏剧管理总监蒂青为他安排日程，我为他联系和补充其他活动，御霜看过德国的歌剧，滑稽歌剧、维也纳歌剧、小歌剧、喜剧、悲剧、话剧、舞剧、民间剧甚至杂技、马戏等。他访问了全球驰名的话剧新流派创始人马克斯·莱因哈特。他为御霜亲笔题词，并邀请御霜去他的实验剧院著名的德意志剧场观看他这一流派的话剧。

三十年代时京剧无布景，仅有几张桌椅。因此，当御霜看到德国舞台上的美丽的布景，不禁称羡。同时他还看到了丰富多彩的表演艺术，各个角色的化装逼真，衣饰华丽，姿色各别，动人心弦，具有魅力。御霜认为他这次德国之行，真可谓"不虚此行"咧！既开阔了眼界，还丰富了精神生活。特别是演员们的细腻高超的演技使他获得欣赏和借鉴，真是"美不胜收"，留下了终生难忘的印象。他热情地郑重其事地说："此番回国，我一定要尽心尽力把京剧改革一新，吸取西方舞台的精华，此志不变。"

御霜念念不忘的心事，除戏剧改革之外，最主要的是戏界同人的福利和老年生活的保障问题。至于剧场的建筑，前后台的科学化部署，戏剧教育的研究和戏曲学校的创设等也都是我们经常谈论的话题。以后，我们还雇用德人维尔纳·迪科柯夫为打字员，专门搜集德国各有名剧院的图片，各场戏剧的舞台照片，名导演、名演员、名电影演员的相片，以及有关戏剧方面的各种规章、细则和戏界同人的养老及疾病保险条例等，全部包装寄回北平戏校、《剧学月刊》及戏曲、音乐研究院收藏、保管、陈列和发表。

电影爱好

御霜除其专业戏剧外，对凡是登台表演或有关布景、化装、电、光等可以学习，引进的先进技艺，无不感到兴趣，从不错过机会。他在欧洲期间，特别爱看电影，几乎无片不看。一般观众看电影无非是为了欣赏、散心、消遣和娱乐。御霜则是为了学习、研究、观摩，以期从中得到启发和扩大知识面。西方电影企业界资本雄厚、设备完善、不惜工本；导演、演员、摄影师，人才辈出，大半是从话剧中选拔出来的。演员们根基扎实、各有专长。

御霜认为对他来讲看电影最有价值。他可以得到借鉴和启发，洋为中用，古为今用，弃其糟粕，取其精华，扬长补短，更好地充实自己的精神财富。他说："在短短的一二小时内，能看到听到前所未见未闻未知的东西，如地理、历史、乡土、人情、风俗、习惯、名胜、古迹，起居、饮食、化妆妙诀、台场设计、布局取景、调色配音、表演手法等等，花时少，花钱微，何乐而不为？电影院是我的速成大学，影片是我的突击课本。"白天、夜晚如无其他安排，他常去看电影，甚至接连看几个影片，曾经有一次一日看了四场，他兴致勃勃毫无倦意。

当时，御霜在欧洲所看的电影，以一九〇〇年创始的哑片无声电影较多，技艺特高，表演更难。无声影片达到顶峰的演员，当推名震全球的自编自导自演的查理·卓别林。其次，如戴无镜片眼镜的哈尔罗依德，不笑匠薄斯扣东，胖子法蒂，两对小丑，一胖一瘦的罗莱和哈代，一高一矮的派托和派代凶，马面长脸的费朗豆尔等闻名世界的喜剧演员。他们的滑稽诙谐都是别具一格、独出心裁的，不仅引人发笑而且发人深思。御霜最爱看的影片，如历史片《龙翔凤舞》、《弗里特立舒大帝》，社会片《蓝天使》、《三剑客》、《鲁滨汉》、《佐罗》等。尤其是《蓝天使》，是他经常提到的优秀影片，他高度评价主角之一莱因哈特新流派中名将埃米尔·雅宁斯的表演技艺，对他的表演佩服得五体投地。可惜，他一再想会见的这位闻名全球的演员，因正出国旅游，无缘识荆，使御霜为此耿耿于怀，遗憾终生。

有一天的下午，阳光灿烂，万里晴空。御霜和我提前午餐，乘车去柏林以西的诺伊巴贝斯贝尔格，参观德国乌发电影制片公司。乌发是原名宇宙电影制片股份公司德语词汇开头三个字母拼成的缩写，这个公司的规模，影响居世界第二位，仅次于美国的好莱坞。电影迷的御霜早闻其名。他对此行特别兴高采烈。这是御霜到柏林后的第一次远游。乌发电影制片公司的负责人除向我们介绍该公司成立的经过外，还介绍了当前和今后的业务计划。嗣后，我们又被带到拍片场所，有的在室内，有的在室外，参观了正在拍摄新片的场面。在拍摄每段的过程中，导演要求一丝不苟，毫不马虎，不讲情面，不分是著名演员或是一般演员，一视同仁，极其严厉，稍有不符他的心意的地方，就令演员从头重演。讲话的句子，发出的声音，做工的神气，走路的姿态等等，稍不合格就要重排，甚至重拍几十遍。随后，我们又参观了一向熟识和喜爱的著名影片《龙翔凤舞》的各幕布景的真实现场。最后开一个茶会招待我们。茶会上宾主间表达了相互尊敬爱慕之情。德方主人对我们问长问短，御霜所答经常引起他们的新奇惊讶，对他们说来，这些好比"天方夜谭"，一切都是新鲜的，因此每人都说出了他们想去远东旅游的愿望。其间，该公司负责人还正式提出邀请御霜留下参加乌发的影星行列。这次聚会的时间虽短，双方知道了彼此不知道的东西，交流了东西文化，并彼此订下了继续联系的愿望。

我对乌发挽留御霜参加电影工作极表赞同。认为过去在德国演的电影，有关我国的尽是极坏的影片，如《查理·张》是一个连续的多部的侦探影片，扮相恶劣，有意侮辱我国人。《孔》是一个多部的强盗影片，较之《查理·张》更坏。凡是好的角儿他们都让日本人扮演，坏的角儿让我国人扮演。最可恨的是"九一八"之后德国拍摄的《难民》影片，雇用一批中国人作为"难民"，此片曾经我们抗议多次，才答应停映。御霜是早已声名远扬的京剧演员，是一位大艺术家，如能进入乌发肯定有利于扭转西方人士对我国人的错误看法，能把高深美妙的中国京剧和东方文化搬到太平洋彼岸，御霜一时也为之心动。他之所动，还有一个因素，就是谦恭好学、求知心切。

音乐大学

德国音乐大学在世界上的地位和影响是无可否认的。几乎没有一个国家能够像德国那样在历史上出现那么多卓越的大音乐家。

御霜在一九三二年五月二十一日早九时和我去柏林骇罗登堡的柏林音乐大学参观。由该大学校长著名的音乐家乔治·舒曼亲自陪同参观该大学的各个部分。这是莫大的光荣，是对御霜的艺术的赞扬的一种表现。舒曼校长领我们参观一周后，带着我们到声学系，走进一间教室。学生见到从远东到来的艺术大师，全体起立鼓掌。

御霜听了钢琴演奏和一位男高音的表演唱，在思想上引起了强烈的震动。他觉得西方人教学有方，因材施教，循循善诱，处处以科学理论为根据，比我国先进得多，不像我们处处使用严厉甚至严酷的训斥教学方法。西方人事半功倍，学生们感到轻松。他认为不懂科学原理无以争取进步，一定要彻底改变我国旧式的教学法。

御霜见到享有盛名的柏林音乐大学校长，如此和蔼，没有架子，又有学者风度，无不钦佩。因此，依其心意，打算留在柏林进这所大学从头学起，学些理论课程，正式学二至三年。他原原本本地把想到的这些坦率地和这位长者——舒曼校长磋商，舒曼校长喜出望外，完全不曾料到这位中国艺坛名角竟出此言。一则对御霜对他的信任表示感谢；二则对御霜这样胸怀大志表示敬佩；三则柏林音乐大学竟能有此高徒，引为自豪。在愉快的气氛中，舒曼校长题下了下列几句于御霜的旅游纪念册上：

"衷心地祝愿伟大的艺术家程砚秋，我希望你在一切方面获得圆满的成功，并能在中国成立同样的大学。"

自此，御霜又多了一桩心事，又多了一门参与音乐会的活动。开始与德国音乐家交往，经常商谈合作事宜，将我国李白、杜甫的诗词谱成音乐曲调，参与演奏试验。他还去信与夫人果素瑛女士商量，预备接眷来德定居。为了表示决心，自动开禁，大吃肥肉，大喝烈酒，大抽雪茄，一月过后，体重骤增，特摄影寄回，以表他坚定不移的意志。陈叔通老先生为此事惊慌万分，接连函电发来，借程剧团同人生活困难为名，督促御霜抛弃妄想，火速东旋。这使御霜特别愉快的心情大受打击。他终日唉声叹气，并赋诗表白当时内心的郁闷情绪：

来时白草今渐绿，消消绿叶复变黄，

来时衰草今见绿，一瞬春花叶复黄。

当时，我是完全站在御霜一边的，认为他年事尚轻，实足年龄只有二十七岁，宋朝的苏老泉（苏洵）不是也二十七岁才发愤读书的么？御霜果真再入大学三年正达"而立"之年，恰到好处。而且他是带着问题来到柏林音乐大学学习，其将来的成就指日可待。可惜，英雄大志终未实现。

日常生活

御霜此行的使命和他个人的志愿，既是以学为主，所以，他在社交、旅游、宣传上并不重视。由于他名声太大，中外方面邀请他的也在所难免。兹将其在柏林期间的日常生活和活动情况，分别述之于后。

学习外语 御霜的专业是声学工作者，因之，对学习外语有有利条件，咬音较准。他在短短的时间内，学了法、德两种语言。在柏林时由德人瓦尔特·倍伦特教授他德语和法语，每日上午上两节课。该教师的教法很好，是直观教学法，非常活跃，收效极快，学生只需在堂上好好听，好好答，堂下不必费多大劲。后来，他在瑞士日内瓦进过贝励志学校，也用此法教学，世称为贝励志教学法，是世界著名的别具一格的外国速成教学法。御霜学法语不久，居然能在日内瓦世界学校当众作法语演讲，咬音清楚，使听众大为吃惊。

招待会 西方招待会举办的很多，有的在下午有的在晚上。每次在招待会上，御霜常被与会宾客要求签名留念或清唱一二段京戏。一九三二年五月二十日下午四时，德意志远东协会所举行的招待会，规模较大，由秘书长林德博士主持，许多报馆主笔和记者对御霜进行了采访并摄影。会上有许多外国宾客要求御霜签字留念，并请他表演。御霜推辞不得，清唱了《荒山泪》和《骂殿》中的几个片断，博得会众雷鸣般的掌声，并多次要求重唱。大多数人对我国戏曲还是初次听到，都惊称男演女音的不可思议的美妙，御霜的唱腔婉转动听，使人饱享耳福。

治腿 他的大腿因学武艺时被师傅不顾死活地猛鞭，积血在腿内成了硬硬的圆球。这个病痛和我熟稔时才无意中吐露真情，我竭力劝他割除，后来得其同意，请了柏林大学第三医院外科医院的马丁教授为之诊治。马丁博士认为有必要开刀割去，遂于一九三二年五月二十四日下午五时在柏林私立高级维斯特疗养院，经马丁教授亲自开刀割除。住院周余出院回寓，继续按摩，使伤口迅速痊愈。

画像 御霜见到德国油画闻名于世，他在开刀出院后，在柏林莱勃希大街繁华中心，请孔拉德大师画了幅肖像，神采奕奕，惟妙惟肖，博得好评。这幅油画色调精美。同时，又在该处烧制一块瓷质半身肖像，亦颇精致。

逸事数则

享有世界盛名的郎之万为尊重御霜，于一九三二年三月一日亲自陪他听音乐，自称是生平第一次陪人参加音乐会，面子可谓大矣。郎之万为御霜的题词是：

"写给我的朋友程砚秋。我在北京已很欣赏您的天才，而在同车赴欧的漫长旅途中，我很荣幸地能够更深刻地认识。我的巨大的同情和赞赏是属于您的。"

贝克尔为御霜的题词是：

"写给大艺术家程砚秋。您是很对我脾气的人物，您也是我个人最敬爱、最同情的一位人物，从欧洲到中国我们一直在一起，希望我们还能够经常在一起。请接受我的最好的祝愿。"

御霜同年八月六日日记上写道："贝约二时谈话，未去。贝克尔先生来看。"御霜不能赴约，而一位西方部长竟能移樽就教，多么瞧得起御霜，也反映了西方人对艺人的看法。这与刘文岛公使蔑视艺人的态度是一个鲜明对照，也是对我国旧社会看不起艺人的那些庸俗的人一种教训。

* * *

御霜的女儿慧贞爱好京剧，每日凌晨乘其父吊嗓练唱有琴师伴奏之便，也从旁学唱，并细心练习，常在单位文艺晚会上参加节目表演，屡求其父教学，终未得准，求助于我，我为她多次说情，御霜推辞不了，嘱我转话，让她翌晨开始学练。御霜先教她腿功，两腿平架逐步加砖填高，如此为时颇久，慧贞体不能支，自愿作罢。御霜训她有词："唱戏看是平凡，其实如同做任何一种学问一样，非踏实认真，死心地去学，非练好基本功不可，不突破这关，就上不去。"

《英台抗婚》是御霜晚年就《梁山伯与祝英台》故事改编的戏，重点在"抗"字上，这也表明他本人的性格。陈叔老闻此剧名大惊，认为这是御霜思想上的突出个人的表现，是个人主义的反映，认为使不得，要不得。陈老找我去劝说御霜改用《梁山伯与祝英台》原名，我未同意，认为封建家庭包办婚姻是不合法的，就故事的内容说，用"抗"字恰当，能突出英台的性格，并无不妥之处。由此使我忆起御霜的改名易字，都表现了他的性格。他原名"艳秋"，他讨厌"艳"字改为"砚"以示旨在学习。其字本为"玉霜"，他嫌"玉"字俗，改为"御"字，有"抗"的意义。每思及此，令人肃然起敬。他好画梅，所画与众不同，挺直耐寒，我戏谓是蜡梅也，正合"御霜"之意。质诸吾友，他笑而不答。

结尾语

这篇缅怀吾友御霜的生活片断回忆，主要限于他在柏林的一段时间。他前后两次来柏林，共住一百三十日。我们二人几乎天天有接触。俗话说得好："百闻不如一见。"这里所述比道听途说得来的可靠，是第一手资料。但是，由于我将届望八之年，记忆力衰退，难免有遗漏或有出入之处，恳切地希望知情者和读者多多批评指正，使我对亡友心安无愧，先此志谢！

一九八〇年六月

砚秋先生二三事

存永绵

我的老师何文奎先生，在程砚秋同志的鸣和社担任检场工作多年，我在那个班儿学徒，大约在一九二一年，我接替了老师的工作。从那时起就没离开过该社，一直到一九五六年我参加中国戏曲学校（现中国戏曲学院）工作为止，共三十多年。

我们做检场工作的，尤其是"傍角儿"的（专为主要演员做某种工作），必须极熟悉主演在场上的每一场戏，每一个"节骨眼"（关键性的地方），对主演的一举一动，都要心中有数，才能不洒汤、不漏水。若稍有疏神大意，或含糊不清，就会干扰了演员的表演，从而影响到整个戏的演出质量（解放前演戏时，检场人要上场）。检场工作者被称为"剧通"，其含义即是要通晓与戏有关的各种事情，如桌椅摆设的位置，道具的递送传接，服装的更换增减以及旧时的饮场（主要演员在场上饮水）等等，都要傍得严丝合缝，恰到好处。砚秋同志对检场工作要求得极为严格。他在场上很少饮场，而且力求减少检场人在台上晃来晃去，要到非上不可的时候再上去，因此我们必须事先做好充分准备，早了不行，晚了更不行。检场工作必须和他碰上心气儿，彼此达到默契。

砚秋同志对艺术是极严肃认真的，真是一丝不苟，精益求精，和他配戏的演员，都是经过选择的。每一个配演既不喧宾夺主，更非虽有如无。俗话说："牡丹花好，还得绿叶陪衬。"这些位配戏的演员确实起到了绿叶的作用。

砚秋同志多年来排了不少新戏，在思想内容上都很有意义。这些新戏从不同角度上控诉了吃人的封建社会，在舞台上以血泪交织的事件，向统治阶级提出了抗议。程派的本戏，没有一出是为"叫座儿"卖钱而胡来的。他所排的新戏，指斥的是旧时代的恶人丑类。解放前的官府对此是无可奈何的，假如出来干涉，那他们就等于自己捡骂。

砚秋同志很有戏德。在场上不管是谁出了差错或有缺点，他下场后从不对人发脾气，而是等到下次再演该戏时，才提出应该怎么演，希望你改正，你若依然如故，那他可就要责备你了。他对自己的要求更严格，他所演过的戏，总在不断修改，绝非一成不变，故步自封。例如《文姬归汉》、《荒山泪》、《窦娥冤》等，很多戏都是在精雕细刻不断修改后，才达到完美的境界。因而他对检场工作，也是不断地提出更严格、更细致的要求。例如不少戏里都有"气椅"（即剧中人听到别人报知凶信后，立即昏迷过去），一般的演法要"哎呀"一声，然后坐倒在椅子上。旧时，检场人在场上工作，当剧中人"哎呀"一声时，这是个"节骨眼"，检场人此时要搬把椅子垫在演员身后，以备演员昏倒后坐在椅子上。砚秋同志在此处的表演与众不同，是在"哎呀"以后，先退后一步，再坐在椅子上。他认为剧中人听到凶信以后，要有个思想过程，所以后退一步，然后再昏倒坐下。这样表演是有道理的。假如检场人按一般演员的演法，在"哎呀"一声之后，后退一步之前，即把椅子垫上，这就"砸了"（不对了）。由于他对检场工作要求得很严，所以我在工作中也得聚精会神，全力以赴。

他演戏从来"不翻场"（即不对配演或乐队等工作人员犯态度，发脾气）。后台管服装的、梳头的等工作人员，若是偶有疏失差错，他也不发火。记得有一次首演《女儿心》（即《百花赠剑》），管服装的人，忘带来一身新做的女改良靠（俗称"玻璃肚子"）的前脸（前身部分），若回家去取已经来不及了，他只好将就地以宫中（公用的）的女靠代用。由于临时改了服装，只能把一套双枪的舞蹈改为"趟马"。事后他并没有大吵大闹。

砚秋同志虽然在青年时代就成名了，但他学而不厌，不断进步。除演戏外，还经常对各种戏剧进行考察，以增广见闻，开扩眼界。每到一个地方，总要去看戏观摩，不管任何剧种、任何剧团、任何演员的戏，他都看。例如，山东潍县有个五音班，主要演员鲜樱桃的戏，他也看过。他认为各种艺术都有可学之处，学到人家的东西，经过深思熟虑可以化为己有。例如，秦腔中有一种唱法叫"干腔儿"（唱时没有伴奏），砚秋同志吸取了它，用在《英台抗婚》中，当祝英台跪在她父亲面前，在"哭头"后有一句"老爹爹你好狠的心！"用的就是"干腔儿"。这种唱法是他经过精心安排后才使用的，不是生搬硬套，故而听着很合适。他通过对戏剧的考察，吸收或借鉴人家的长处，来丰富自己的表演艺术。

他对贫苦同业一向是很关怀的。例如有一年（大约在一九三九或一九四〇年），秋声社（鸣和社后改名秋声社）在上海黄金大戏院演出。当时有个阔人，要为他的老人庆寿，为了讲排场而邀请砚秋同志唱一场堂会，他婉言谢绝了。但这个阔人不死心，就托朋友一再邀请。砚秋同志碍于情面难再推却，于是提出一个条件：他本人不要报酬，唱一出《武家坡》不带进窑。其代价是送给上海的贫苦同业每人一套里儿面儿三新的棉袄、棉裤，共三百套。对方照办了（按当时的物价计算起来，每套棉衣的价钱将近十块现大洋，三百套就将近三千元了）。这场堂会戏给三百个贫苦同业解决了冬服的困难。后来我们离开上海时，同业们含泪送别，其情景是很感动人的。

解放前，每逢年节，他都送给秋声社中的贫苦同业每人一袋面粉（给每场戏挣不到一元钱的人），补助生活之需。还有一年（抗日战争胜利前），他出钱买来一批小米，交给梨园公会，转发给旦行的贫苦同业。

他的道德品质更是令人敬佩。多少年来他一向尊师敬友。记得在他三十多岁时，他的老师荣蝶仙先生离京出外，不知去向。荣先生的数口之家生活极端困难。他负起了赡养师母的责任，还为师弟找职业。另外有一件事是使我难忘的：著名丑角演员曹二庚先生，是他的盟兄。曹先生为人极为正直，但性情有些暴躁。有时班社内出现了一些不合理的事情，曹先生知道以后，往往就指责砚秋同志，其实，有些事情他不知道，当曹先生生气质问时，他总是虚心静听，绝不解释或反驳。他把曹先生看成是自己的亲哥哥。后来（抗日战争胜利后的第二年），曹先生随秋声社到上海演出，因病住在医院里，他每天必去医院探病。没想到曹先生竟病故在上海，所用丧葬费完全由他负担，并克服了不少困难，花了很多钱，才把曹先生的灵柩运回北京。又如，给他扮戏梳头的于（贵荣）师傅，在解放后病故，由于家境困难，其丧葬费用除程剧团里的同人帮凑了一些以外，不足之数由他包干。

他的生活作风是很严肃的。我在他身边工作三十多年，深深地知道他从来是谨慎检点、律己甚严。旧上海是个花花世界，有的演员到了上海就晕头转向，任意胡为了，以至落得身败名裂，难以自拔。砚秋同志不管在任何地方都是洁身自爱，守身如玉，绝不随波逐流。这一点是难能可贵的。他的头脑总是保持清醒，最厌恶别人在他面前献殷勤。我们见到他时，只是打个招呼，点点头而已。如果你的话说得太多了，他就不耐烦了。

每逢演出时，如是夜场，他总是七点多钟就进后台了，从来不误场。他要求后台安静，不允许说笑打闹。在旧班社中，演出时后台最安静的是秋声社。

砚秋同志艺高、德高。在三十多年的过程中，我亲眼见到的他风格高尚的事例很多，上述仅仅是我回忆到的点滴。

（钮隽记）

与砚秋先生相处的时光

任志林

一、程先生身边学伴奏

一九三一年秋，经著名琴师周长华先生介绍，让我随他同去拜见程砚秋先生，因为当时程先生需要找一把二胡伴奏。当时我听到这个消息，非常高兴，但也十分紧张。高兴的是我很难设想会遇上这样一次极好的学习机会，紧张的是因为自己的艺术水平很差，不敢担此重任。第二天随周先生一起去到程先生的住所（北京西观音寺），刚迈进大门，就望见程先生满面笑容地迎面走来。他把周先生和我迎进屋内，围坐一起喝茶聊天。程先生问我："你今年多大岁数啦？""住在什么地方？""家中还有什么人？"等等，我都一一作了回答。接着程先生说："来，咱们先吊一段吧！"我一再说明，我对程派艺术确实是一窍不通，怎敢斗胆相陪。程先生似乎看出了我内心的紧张，他极为亲切地对我说："没关系，别顾虑，谁也不是生下来就会说话的，咱们就吊一段《贺后骂殿》吧。"他很和蔼地反问一句"怎么样"？周先生也在一旁鼓劲，我这才冒险地服从了。于是我大胆地拿起了二胡，胆战心惊地拉起来了。吊完《骂殿》之后，我的紧张心情仍然没有平静下来，立即去向程先生道歉说："很对不起，有很多节骨眼我没拉好，望您多多指教……"程先生说："刚才我不是已经说了嘛，谁也不是生下来就会说话的，你还年轻，可以造就。"程先生怕我累了，便让我喝点茶水，休息休息。并说："你别紧张，艺术是练出来的，只要自己努力，我看就能行。"我向他表示一定努力学习，不辜负他的期望。他连连点头说："好，咱们一起研究。"接着他畅谈了他刻苦钻研艺术的体会，并说："艺术这门学问，必须付出艰苦的劳动，不下硬功夫是不行的。"从此以后我每天早八点准时随周长华先生一起来伴程先生吊嗓说戏。在吊嗓说戏过程中遇到困难，程先生总是十分耐心地和伴奏人员一起仔细研究，共同探讨。例如对于《骂殿》唱段中的长短音在伴奏方面应该如何配合？再如《玉狮坠》唱腔中的轻重音怎样做好托腔保腔伴奏法？这些方面程先生既有明确的设想，又有具体的指点，使我深受教益。程先生的演出不仅唱腔动人，人物逼真，而且要求伴奏人员伴随剧中人物的思想变化，做到有节奏、有情感地伴奏。他经常对我们说："一个人是演不了一出戏的。因为个人的智慧毕竟有限，如果没有乐队的合作，我就演不了戏呀！"因此，多年来与其说和程先生一起密切合作，不如说是程先生一点一滴地向我进行耐心帮助，反复教育。由于在程先生的指教下，我才逐步加深了对程派艺术的理解和钻研，慢慢地学会了掌握人物感情的伴奏方法，通过实践我更加热爱程派艺术，因此从一九三一年开始，几十年来我一直随同程先生一起工作，直到他逝世前不久。

二、看他博采众长

自从和程先生在一起工作之后，几十年来他从未间断过业务活动。例如练功、吊嗓、说戏、创腔，已成为他每天必须进行的活动。他每日天刚亮就起床，首先开始运动身体，接着打太极拳，练武术剑术，进行各种基本功训练。等我们来到他家时，他已一切就绪。早八点整准时开始吊嗓。在吊嗓时使我最受感动的是，他不但全力以赴地唱，而且和舞台演出一样，把动作一招一式地做出来，把人物感情一举一动地表达出来，一遍两遍反复锤炼。我们见他累得汗如雨淋，劝他休息片刻时，他总是很风趣地回答道："不要紧不要紧，到了吃饭的时候我自然就停止活动啦。"并说："时间宝贵，再来一遍。"这一下直到十二点为止。到了十二点，程先生就说："到点啦，该吃面条啦。"程先生每日三餐较为简朴，他最喜爱的主食就是面条，多年以来，我们每逢到了中午时间就在程先生家中吃面条。即使在吃中饭时，程先生也没有中断过对艺术方面的研究，他经常是一边吃面条，一边和我们谈论刚才吊嗓说戏的体会，其中存在的不足之处。尤其是在吐字行腔、发音切音方面，程先生是极为重视的。午饭后，我们继续活动到二点钟左右才各自散去。很多年来我们一直是遵循这个时间的，可以说是风雨无阻，从不间断。我们走后程先生稍加休息便又开始了他的自修活动。如研究剧本、书写戏文或阅读中外文学作品。有时程先生就和我们一起去往别处看戏。他不仅看京剧，对地方戏剧也颇感兴趣。例如川剧、秦腔、河北梆子等等，他都经常去看。看完戏之后，他经常徒步回家，并和我们一起边走边谈。他说的内容主要是各兄弟剧种的长处，如川剧有什么特点，秦腔有哪些可贵处，等等。有时讲得有声有色，引人入胜。凡是来北京演出的各剧种，他几乎都看过。除此以外，他还爱听单弦、京韵大鼓以及各种曲艺形式的演出。他对刘宝全、金万昌、白云鹏、荣剑尘四位老前辈的演唱大为称赞，并在自己的艺术创作中加以吸收运用。程先生演出中的不少唱腔，不仅借鉴了兄弟剧种的唱腔特点，而且广泛吸取了京剧各行当的唱腔精华。有一次程先生去看《击鼓骂曹》，程先生对"我把蓝衫来脱掉"这句老生唱腔很感兴趣，当时我们正在进行《锁麟囊》的创腔活动，根据程先生的设想，就把这句老生唱腔的板式，经过对高低音的修改，运用到"忙把梅香低声叫"的唱腔中去了。《锁麟囊》演出后，受到了一致的好评，每当程先生唱到"忙把梅香低声叫"这句唱腔时，台下观众都迸发出热烈的掌声。我记得在上海演这出戏时，只要戏报一出去，戏票就抢购一空。有朋友告诉程先生说："现在上海到处都在学唱'忙把梅香低声叫'，这句唱腔实在好听极啦！"程先生总是很谦虚地说，"这个戏离不开各方面的支持，大家还有什么意见请提出来，我们继续努力，把这个戏改好。"

程先生在创作过程中，他和同台演员、乐队之间的合作关系和研究精神，是十分令人感动的。程先生为了把《青霜剑》"洞房"一场戏演得更加成功，他与著名鼓师白登云先生日以继夜地反复研究，在唱、念、做、表方面进行了无数次的锤炼，最后终于把这场戏修改得人物更为突出、节奏更加紧凑，使观众看完之后无不拍手叫绝。再如程先生演出的《玉堂春》中的动人唱腔，也是经过程先生与白先生及周长华先生共同刻苦钻研出来的。在这出戏中，从唱出"自从公子南京去"开始，到"我看他把我怎样施行"止，程先生在吐字行腔，长短音与轻重音方面，都花费了一定的功夫，而白先生在伴奏上，从〔西皮二六〕开始，始终以稳扎稳打的板式贯穿到底，周长华先生则以善于托腔保腔的伴奏特点密切配合，所以使人感到在唱、打、拉方面，既做到"三位一体"，又别具一格。

三、关心同人和观众

程先生为人正直忠实，人所共知。当别人遇到困难的时候，他总是千方百计给予支援。例如高庆奎老先生因嗓子坏了，影响了正常演出工作，生活上发生了困难，程先生闻讯之后，很快就把高庆奎老先生介绍到戏校去当教师，这样既解决了没有工作的痛苦，又找到了生活来源。高老在世每当提起这件事情，对程先生都表示非常感激。再如杨宝森先生过去处境也是十分困难的，程先生同样给予种种支援。使我记忆很深的是，有一天程先生与杨宝森先生合演《武家坡》，那天杨的嗓子出了毛病，大家都替他捏着一把汗。当杨先生唱到"八月十五月光明"，"明"字刚一出口，程先生立即就加上夹白"住了！"瞬息之间化险为夷，取得了良好效果。止戏后，杨先生对程先生这种临阵解围的精神，给予了极高的评价。值得人敬佩的是，程先生在扶人之危方面，不分高低一视同仁。与他同台演出的演员有病了，他总得亲自去看望看望，乐队的人员病了或遇到生活方面的困难，他只要知道了，总得过问过问。在这方面我们和程先生在一起工作的乐队同事，是最有感触的。仅就我本人来说，有一次，我得了伤寒病，程先生竟先后五次来看我。当他发现我家当时生活紧张时，还给留下了生活费，使我安稳地度过了一段难忘的困难时期。此外，程先生对别人的尊敬，也是值得我们学习的。有一次我们去灌唱片，程先生特意去把锡子刚老先生接来扶上车，灌完唱片后，又亲自把锡老搀下车送到屋内。锡先生感动地说："砚秋啊，您可别再这样啦，我的体格还成啊！"而程先生却说："您岁数大啦，应该优先照顾您嘛！"有时外地观众从很远的家乡赶来看程先生的戏，由于来得太晚了，没有买到戏票，眼看就要开演了，怎么办呢？有的同志就把这些事在后台告诉程先生。程先生听了以后立即就说："我这儿有钱给他补一张戏票，请前台同志给这位远来观众加个座位吧，从这么远的地方赶来看戏，真不容易啊，哪能让人家有兴而来扫兴而回呢？再说他们还是庄稼人……"这样的例子不论在北京或去外埠演出，都是经常遇到的。

四、与同行相互尊重

程先生对其他京剧艺术家非常尊重。有一次在天津中国大戏院程先生与马连良先生合演《宝莲灯》，马先生的二黄调门唱四个眼，程先生平时的二黄调门是六个眼，马先生曾经请程先生按照自己原来的调门演唱，而程先生却不肯这样做，最后还是根据程先生的意思办，所有唱段都按照马先生的二黄调门演唱了。对此，马先生很不安，连连向程先生道辛苦。

又有一次在上海天蟾舞台与谭富英先生联合演出，为了压轴戏这两位艺术家互相谦让。谭先生说："您总这样对待我，叫我太过意不去啦！"程先生说："您就别推辞啦，反正让观众都能听到咱们的戏不就得啦。"最后终于决定程先生先唱《贺后骂殿》，谭先生的《战太平》压轴。在谭先生的再三坚持之下，第二天才开始把这两出戏的前后顺序颠倒过来。老一辈这种谦虚恭让、互敬互爱的行动，多么感人肺腑啊！程先生对老一辈艺术家们的尊敬，加深了一些老前辈对程先生的尊敬和爱戴。有一次在北京，程先生演出《奇双会》，化装之后，精神很不佳，高庆奎先生忙走过来摸了摸程先生的手心，我们大家这才知道程先生正在发高烧，高老说什么也不让程先生上场，恐怕他外场站不住，程先生坚持要演下去，后来在高老的坚持之下和大家的劝阻下，程先生才肯卸了装，经医生一看，果然病情不轻。程先生病体好转之后，每每提起这件事，都要对高庆奎老先生表示十分感激之情。可是他从来不讲自己如何帮助别人。这一点谭富英先生和杨宝森先生是经常夸赞程先生的。谭、杨两位艺术家不仅对程先生的为人给予高度好评，而且对程派艺术特别爱好。他们两位有时演完戏之后，就坐下来听程先生的演唱。谭先生和杨先生都说过这样的话："我也是程迷。"这两位艺术家不但对程派艺术十分爱好，而且连唱带拉、操琴艺术也十分高明。解放后，组织上安排程、杨两位艺术家灌唱片《武家坡》，头一天决定下来，第二天杨先生就登门而来，主动找程先生说说戏，程先生对此极为感动，并说："宝森啊，您的体格这样弱，怎么还特意来到我这儿说戏呀？千万可不能再来啦，应该我到您那儿去才对嘛！"杨先生走后，程先生召集我们一起开了个小会。程先生说："杨先生身体这样，再不能让他来啦，从明儿开始，咱们按时到他那儿去。"从第二天开始我们就遵照执行了。遗憾的是，灌完唱片之后，不到半年的时间，程、杨两位艺术家就相继离开了人世。

回顾过去和砚秋先生相处的这段时光，更增加了我对程先生的缅怀，写下这段文字，以示纪念。

天涯忆御霜

谦 斋

这差不多是半个世纪以前的往事了，然而一切仍好像发生在昨天似的。如今远在英伦三岛，又经程君永江书信相邀，写点回忆。王勃诗中有云："海内存知己，天涯若比邻。"片断的陈述，颇不足以写尽绵绵友情的深厚。

三十年代初期，程氏由欧洲考察戏剧回国，那时"程艳秋"的名字在报上已公开声明改为"程砚秋"了。某次文酒之会，我也应邀参加。同座中有梅畹华、金仲荪、陈墨香、张体道诸位先生。饭后，有人提议请程氏唱一段，由我操琴。记得那天是在北平西城绒线胡同蓉园饭庄小宴，程氏唱的是《红拂传》，这是因为我当时正在学习拉《红拂传》里的"每日里在相府承欢侍宴"的一段，比较有把握托得严，演唱完毕，我获得程氏的赞许，心中分外高兴，这是我第一次和程氏见面。

过了一两个星期，程氏到燕京大学（即现在的北大）来看我，轰动了整个宿舍的同学们，消息传出，邻近各宿舍的同学们亦蜂拥而至，争看程氏本来面目，把宿舍挤得水泄不通。从此，我每星期进城，常去听程氏在家吊嗓子。有了这样宝贵的机会，更增加了我学习的兴趣。他的唱功吐字，抑扬顿挫，别出心裁，树立了程派的典范。每年寒假暑假，程氏常来我家看我，彼此以兄弟相称，我称呼他"四哥"，他叫我"大弟"。除了聊天，常用二胡研究唱腔，一个下午，在欢乐中极快地度过，常常同吃简单的晚饭，才互道珍重相别。

程氏在台下是才子，在台上是佳人。我每次看戏，总先到后台去看他扮戏，可是他常说，后台是厨房，最好不来，这是因为后台化装室简陋不堪，形容为旧时的厨房，颇形象化。从他开始洗脸到预备穿戏装，真可说是变了一个人，我这才赶到前台去看戏。有一次我去晚了，他已穿好戏装，那天上演的是《文姬归汉》，盛年时代的程氏，真是个不折不扣的古装美人，他身材虽然高大，穿上戏装，却极为得体，一出台帘儿，戏台上的边光一照，仪态万千！

西洋的歌剧只重唱，话剧重话白，芭蕾舞哑口无言的跳，而京剧综合了唱做念打，合为一体，因此对演员的要求就更高。才难之叹，不自今日始，旧时北京老话"三年准出一位状元，十年不见得出一个'戏子'"，真个不假。

程氏在四大名旦中，年纪最轻。在旧社会中，面对同业的竞争，没有国家的照顾，每每遇到利害冲突，同行多半是冤家，因此能够独挑大梁历久不衰的艺人不多，加上生活的压力，贫穷现象的普遍，自生自灭，风雨飘摇。因而想到农历年终的窝窝头义务戏，由名角汇演，将售票所得救济同业的一幕，程氏是当仁不让的。记得某次第一舞台上演这类义务戏，程氏因伤风，嗓音失润，后台的取暖设备又很糟，他仍然不顾一切，奋力出台，台缘儿特佳，观众仍然一致欢呼喝彩。

程氏个性坚强，内心仁慈，任侠重义。曾同我数次拜谒西山罗瘿公先生的坟地，屡述当年受罗公知遇，如获重生。他的书法从张猛龙碑入手，加以变化，写出来厚重纯朴，颇似他的性格。他送我的扇面，写"身归国兮儿莫知随，心悬悬兮长如饥……"毁于第二次世界大战波兰炮火之中。我辗转到了土耳其之后，他又赠我亲书条幅，写的是杜诗《石壕吏》，下款是"写于青龙桥金家花园"。

谈到程氏演技，修养功深，内心表演，引人深入剧情之中，自不待言。他的跑圆场和水袖功夫（勾、挑、撑、冲、拨、扬、掸、甩、打、抖等）的纯熟技巧，是因袭，又是创新。他常说，没有因袭，好像没有根的花树，也就没有规矩，在规矩内变化，然后脱颖而出，才是创新。这透彻的理论，极为可贵，也是后学的发展途径。

程派剧目中有不少新戏。和他合作的编剧家前有罗瘿公，后有金仲荪，加上陈墨香、翁偶虹诸位先生匠心独运，创造了不少适合程氏的格调与戏路的、词句雅俗共赏的新戏。其中最享盛名的有《金锁记》、《文姬归汉》、《春闺梦》、《荒山泪》、《青霜剑》、《鸳鸯冢》、《锁麟囊》、《玉堂春》、《汾河湾》、《御碑亭》等等。提到《御碑亭》，想起当年程氏和谭富英，应胜利公司邀请，灌制《御碑亭》唱片，我在场聆听，忽然程氏想到有小妹的两句唱没有人唱，临时邀我唱这两句，当时只好应命。唱罢，琴师周长华说"想不到您的小嗓这么好"，如今每听一遍，觉得珍贵异常。

程氏吐字工夫极深，是从昆曲中打下的基础，记得他演《琴挑》，在静穆中显着柔和美艳，好像古画中的美人下界一样。

平日在闲谈中，他总觉得"戏子"的社会地位低。学戏的人，环境与条件都极差，学戏的多半是穷家的孩子们，受尽旧社会传统的轻视与压迫，进了科班，挨打受骂，更是家常便饭。而且剧团和后台的组织，还顽固地保留着许多传统的陋习与缺点。尤其在考察过西方社会戏剧界的一切后，更加强了程氏改革的决心，同时，他也常常间接地暗示我应当为改革尽力。一来二去，某日程氏跟我说起戏曲学校焦菊隐校长不久要到法国去留学，已邀请金仲荪先生当校长，想邀请我担任副校长兼教务长。经过数次磋商和考虑，就决定下来了，程氏非常高兴。那时戏校地址在崇文门外木厂胡同。

我接办戏校后，不久，程氏独力买下椅子胡同的房子改建，历时一年，校内有学生宿舍、实验戏台、课室、练功室等设备。一九三六年计划组织剧团参加一九三七年在巴黎举行的世界博览会，内定剧团成员有俞振飞、宋德珠等。在准备期间，由我先到巴黎接洽演出的一切事宜。临行前，预定在上海上船，程氏到沪相送。离别总是痛苦的，何况又是初次出国。搭的是法国邮船。到巴黎后，开始商讨演出事宜，经过往返磋商，差不多要签约了，正在这个紧要关头，发生了一九三七年的卢沟桥事变，剧团停止出国。这对程氏是意外的挫折，也使我从此就飘徙在欧洲、印度、澳洲等地讲学，最后来到了英国。如今回顾，真是不堪回首啊！

忆程、悼程诗词

异国飘零中，怀想当年，填词作诗聊解离忧而已。

桃源忆故人

一九四七　　　谦　斋

异乡离乱空回首，凄绝知音谁佑？何忍梦中邂逅，热泪沾襟袖。千年逆旅空奔走，鬓发层霜堆就。云外海天情厚，万遍吟红豆。

悼程诗

时在澳洲

（一）忆昔交亲在旧京，我年十九嗜新声。

携手故园占险韵，匠心绝调喜严评。

空庭月冷魂何在，子夜风清梦里迎。

热泪满襟无限恨，悠悠生死意难平。

（二）昨夜梦中唤程郎，细施粉墨好端详。

萧瑟秋声吹落叶，翩翩舞袖送幽香。

童年感遇存知己，世变相违剧悼亡。

寂寞天涯归未许，含情北望最神伤。

（三）乘兴留声今怕听，三人共唱御碑亭。

久别忽惊双鬓白，遗容默对一灯青。

送迎丧乱悲身世，扬抑程腔树典型。

孤冢长埋千古恨，怆怀何忍再丁宁。

（四）哽塞仓皇唤奈何，哭君先逝太酷苛。

妙曲低回遗绝响，悲风凄恻绕铜驼。

伤心忍看荒山泪，断梦愁听斩窦娥。

无限悲思成呓语，不堪夜夜醒时多。

（五）误堕轮回尘网间，欧游旧话念三年。

我羁荒洲归未卜，君埋故土恨难填。

歌哭离乱才半世，生死姓名满大千。

劫后偷弹惟涕泪，月明两地空心悬。

回忆砚秋先生之艺事

王准臣

我同砚秋先生接触最多的时间是在一九四二至一九四三年。

很久以前，我就是一个京剧须生的爱好者，和京剧界许多名角很熟，特别是同谭小培先生父子有很深的私交，自己也时常票戏，还添置了个人的戏箱。我热爱京剧到了迷醉的程度，是个名副其实的戏迷。我的女儿蕙衡在我的影响下，自幼就喜爱京剧，尤其倾慕程派艺术。

四十年代初，出于对京剧的爱好，我把上海中国大戏院（更新舞台）租了过来，曾经特别邀请谭富英先生赴沪演出。富英就住在我的家里，我每日忙过本职业务之后，回来就同富英聊戏，常常彻夜深谈。这样时间长了，因睡眠不足，操劳过度，患了很严重的肠胃病，等富英演完这期，我也就卧病不起了。当时，英美烟草公司的代理叶允之先生介绍我到北京延医治病，并在颐和园永寿斋休养了将近五个月光景。我的女儿蕙衡亦随我北上，得以有机会拜见了她崇拜已久的程砚秋先生。这时程先生为抗议日本当局的迫害，已经愤而辍演，在青龙桥隐居务农。颐和园与青龙桥相距八里，近水楼台，给我们提供了极为有利的学习求教的机会。我长期包了两辆三轮车，每天必要携女儿乘车去青龙桥拜望程先生，有时候砚秋先生也自己步行来颐和园和

137

我们晤谈说戏。

程先生很爱惜人才，见蕙衡聪颖过人，一学即会，更是喜爱，加意指点，不遗余力。我则每每端坐一旁，看他给小女说戏排身段，教者严肃认真，学者一丝不苟，使我这个唯一的观众大饱耳福眼福，获益匪浅。

程先生给她说了全部的《金锁记》和这出戏的白口用法；蕙衡还从王瑶卿先生家抄了一出《二进宫》的本子，请砚秋先生示范，又说了《探母回令》的公主。

程先生谈到程派的形成时，他曾说，程派之所以成为程派是有自己的具体条件的，也并不是他一开始就想搞什么派，而是环境逼得他创造出了程派。当年砚秋去王大爷（瑶卿）家学戏时，王大爷对他说："你跟畹华（梅兰芳）比呀！你按你自己的方法唱吧。"以后程先生就是用他自己的法子唱了。那时一般是有条好嗓子的人就唱梅派，但是有条好嗓子的也可以唱程派。程派与梅派的唱法完全不一样，梅派唱法是有嗓子要尽量发挥，而程派唱法则是有嗓子也不尽量发挥。程先生的基本观点是：要唱之前先要解决好字音的问题。程对字的音韵有很深的造诣，他有一本曹心泉先生写的《新订中州剧韵》，他叫我女儿蕙衡认真读这本书，先把字的发音弄清楚，然后再去唱戏。唱时要把字咬清楚以后慢慢地放音，不是一下子放出来，而是在喉咙里收住了，再运用丹田气托住腔慢慢放音。程先生练太极拳，有武功，会运气，他在走腔之前先运气，然后再一点点地把字放出来，唱到婉转处像一根游丝似断非断，中间再用胡琴把字垫起来，使他能有充分的时间换气。他的唱腔有韵味，十分悦耳，该叫好的地方叫你非叫好不可。

抗战胜利以后，梅兰芳先生和程砚秋先生都在上海为宋庆龄先生主办的中国儿童福利会义演，在中国戏院唱了六天义务戏，一人三天，卖了六天大满堂。不久，砚秋又接着在天蟾舞台演营业戏。秋声社的全部公事是我给谈的。我发电报给谭富英先生邀他来沪，与砚秋先生一起挂头牌，所以这次演出是双头牌，班底的阵容也极齐整，有叶盛兰、高盛麟、袁世海、吴富琴。程先生第一期三十三天演完以后对我说："许多程派戏没有来得及唱，再接下去！"这样又连着演了第二期的三十三天。这期的小生是俞振飞和储金鹏，老生是李少春。我给程先生开了三十六出戏码，几乎包括了程派艺术的全部代表作品——私房本戏。使我印象最深的是《锁麟囊》连演了二十场，场场客满，而观众还一再要求续演，可见当时砚秋的艺术魅力和演出之盛况了。程先生在辍演务农期间，刻意练功，悉心总结过去表演的经验，决意在舞台上进行改革。所以抗战胜利后，他在上海的这两期演出活动，可以说是愈加炉火纯青的程派艺术的一次大检阅，使沪上观众为之倾倒。几位主要演员在艺术上合作得很默契，彼此尊重，互谅互让，所以演出很成功，这也是梨园界一段可纪念的佳话，我能为此次名角合作演出出力，至今回忆起来，仍然是很高兴的。

程先生的沪上演出，对"程迷"是一次难得的观摩学习机会。蕙衡在青龙桥亲自经程师授艺之后，又怂恿我把程派名琴师周长华先生邀请到上海家里，每日请教、研究。经过苦心钻研，她将砚秋先生的四十出本戏的唱腔全部谱成了五线谱。程先生知道此事后很高兴，给予鼓励说："你好好学，别说票友，内行也会比不上你的！"我女儿私下对我说："程老师不知道呀，他的戏我肚子里都有了呢。"

砚秋在上海唱完第二期已经是一九四七年了。次年十月三十一日，蕙衡因为小报造谣，愤而自尽，时年仅十九岁。一个很有才能和艺术前途的好孩子，竟因人言可畏，旧社会恶势力的摧残，蒙受不白之冤被夺去了年轻的生命，这对我的打击实在是太大了，在事隔两个月后，我就只身离开上海经港转赴南洋、日本等地了。

一九八〇年六月二十日于北京

（程永江　整理）

花事已闲再寄叔通先生

程砚秋

看花零落忆前游，

妙语闻君顿解忧；

坠溷飘茵无定所，

伤心不独为花愁。

松柏青青入眼同，

好花不竞一时红；

惊心尚有东篱菊，

正在风霜苦战中。

师事程门记

赵荣琛

一九七九年盛夏，北京举行了一次程派专场演出，我演的是全部《荒山泪》，我的学生张曼玲在我之前演了《陈三两》。是日，李先念、王震、姚依林、薄一波、谭震林以及黄镇等领导同志和我的师母、程砚秋夫人果素瑛都来看戏。戏后，李先念等同志走上舞台，接见我们，摄影留念。先念同志通过黄镇同志问程师母："程先生有几位弟子？"程师母回答说："赵荣琛、王吟秋和李丹林……荣琛居长。"先念同志紧握我的手，颇多鼓励。

次日，有位同志来看我。提起头天晚上之事，他笑着说："这么说您是程门大师兄了。您哪一年拜的程先生？《荒山泪》又是程先生何时传授的呢？"

"这让我怎么说呢！程师母说我为长，恐怕指现在而言。其实，程老师开山门头一个收的学生是荀令香。程老师和荀慧生先生交好甚厚，令香师兄少年时就拜在程老师门下。不过，荀门本派，家学渊源，令香师兄没有在程派上多作发挥。令香之后，还有位陈丽芳师兄，已经谢世了。这样我就为长了。"稍停了一下，我又接着说："至于《荒山泪》，我已经唱了近四十年。那确实是程老师亲授的。不过，不是当面说的，而是书信函授。"

"京剧也有函授？！这可没听说过。不可思议。您就把这段往事给说说吧！"

"说来话长：我是一九四〇年投师于程砚秋老师门下的。当时，程老师困居在沦陷的北京，我正在号称大后方的重庆演戏。拜师时，我们爷儿俩并没见过面，书来信往，才有函授一说……"

这样，我就讲述起我师事程门的独特经历来。

世家子弟慕程派弃学从艺奔"泉城"

京剧演员很多是梨园世家，子继父业，也有不少是幼而家贫，写字据立契约入科班或投师学艺。我不属于这类情况。我自小爱京剧，特别是迷恋程派，放弃学业而从艺，不是"票友"下海，是规规矩矩学了五年戏，才做的京剧演员，我如果不是酷爱程派艺术，那我走的必然是另一条路。

这要从我的家庭说起。

我出身于一个世代簪缨的书香门第，原籍安徽太湖县。祖上一连出了四个翰林，我的高祖父赵文楷公是清朝的状元。我依稀记得在安庆我家那个七进院子带花园的宅邸中，曾挂有黑漆金字的大匾，由皇帝御书"四代翰林"①。一九一六年我出生在这个"名门贵第"。我自幼进家塾，读四书，习诗文，过的是"锦衣纨裤，饫甘餍肥"的公子哥儿生活。可是时代不同

_____

① 四代翰林在清王朝二百八十年的历史中，只有两家，一家是翁同龢，一家是我们，但翁家并非直系四代，而我家乃是祖孙直系四代翰林，最后一位翰林是我的祖父。这块"四代翰林"的巨匾，在抗战期间被日本军阀掠走了，据说，现在收藏在日本东京某博物馆中。

了。封建大家庭不可避免地衰落、解体。二十年代中期，我们这一房就离家北上，定居北京。我在北京读了小学，又以优异的成绩考入著名的北京师大附中。

二十年代的北京，京剧正似鲜花锦簇，繁盛一时。老生中的余、言、高、马，旦角中的梅、程、荀、尚，武生杨小楼，花脸郝寿臣等各树异帜，精彩绝伦。我的母亲和大姐喜欢看京剧，家居无事，看戏是她们的主要消遣。她们去看戏，总带上我。我跟着她们可看了不少戏，不仅上述名家好角我都看过，就连当时年逾古稀，偶一露演的孙菊仙和陈德霖等前辈，我也都赶上亲聆佳音了。我对京剧一下就入了迷。这么多名家中，我最崇拜的是程砚秋。程师当时年仅二十有余，历经奋发图强，已经创立了风格卓异、独步一时的程派艺术。程派名剧《荒山泪》、《青霜剑》、《金锁记》、《鸳鸯冢》、《碧玉簪》、《春闺梦》、《梅妃》、《文姬归汉》等相继问世。这些名作以及程师演出的独具特色的传统老戏，我都一个不漏，不止一次地看了，真可以说是有程必看，场场不空，由看而爱，由爱而迷，由迷而忍不住歌之舞之，说也奇怪，我的艺术记忆力和领会力还算不错，只要看上两次戏，程老师的主要唱腔，我就能学唱出来，甚而还能走出地位。我模仿着私下里唱，还偷着学会了拉胡琴，常常躲在我自己的房间里哼唱，自得其乐，也就开始萌生了想做演员，唱程派的意愿。

由于我的家庭还有相当的封建性，听戏可以，玩票也勉强能行，那是消遣、娱乐，至于下海当演员唱戏，则断乎不行，因为那有失大家子弟的体面。所以我只好把自己对程派艺术的炽热追求和爱好，强抑在心中，万不敢想我还能投身梨园。我有副矿石耳机收音器（那时还没有电子管收音机），在我不能去剧场听戏的时候，就利用矿石耳机独自仔细寻找我所挚爱的程腔。找到了，高兴得手舞足蹈，就凝神细听，随腔记谱，以至按谱寻声，拍板学唱，深夜不眠。有时耳机出了毛病，对不准声音，就急得顿足捶胸，怨天恨地，气得把耳机都摔了。这时，我已经活脱是个小"程迷"了。

二十年代末，我考入北京师大附中后，对京剧、对程派的爱好，却有机会得以发展。这座以学习严、程度高著称，很多学术上知名之士曾受业其中的学校，由于北伐战争胜利的影响，校内气氛较为活跃，而不那么严格得使人喘不过气来。学校开始有了业余社团，其中有个国剧（即京剧）研习社，吸引了不少爱好京剧的师生，课余吹拉弹唱，逢年过节还要票上两出。我立即成了国剧研习社的积极分子。

研习社里大多是老师和高中学生，像我这样十三四岁的初中生很少。可是，我不仅能唱旦角，还能唱老生，又会拉胡琴，会戏不少，大家对我不得不另眼相待。在研习社里，我真是乐不思归。

我迷程派，迷之深，爱之狂，但只是自发的模仿，知其然不知其所以然。一些有修养的年长的师友，对我指点帮助，我逐步能从声腔、字韵、表演的道理上有所理解，进而揣摩、分析，探窥程派艺术的门径。研习社中有位与我义结金兰的长兄曾世骏先生（现居香港），他专攻胡琴，也是程迷。我们在苦读功课之余，一起研习京剧，观赏程师的演出。我们一字一腔、一招一式地推敲探讨。曾兄为我操琴吊嗓，相互纠正鼓励。对于程派艺术的切磋，我同曾世骏兄持续五十年不辍，今天，我们仍书来信往，互相请益。曾兄一直坚持业余，是海外著名的程派琴师，今年已六旬开外，还在为程派艺术在海外辛勤地传播。

初中毕业了，按我的成绩和家庭，毫无疑问要继续升学，由高中、大学而出国深造。我的兄弟姐妹和同学大多走的是这条路。可是由于我爱好京剧，仰慕程派艺术，我毅然放弃学业，报考了当时来北京招生的山东省立剧院的京剧表演系。我们同学八人报考，中榜者只我一人。落第者并不失意，可以继续升学，而我这个中榜者却陷入矛盾彷徨中。我想到五年后学满结业就是个京剧演员了，不可企及的梦想就要变成现实，我焉能轻易放弃，可是，我的门第家庭，尤其是我的父亲决不会同意我去唱戏。这又怎么办？幸好慈祥的母亲深深同情我的苦恼，她对我说："你要真想去唱戏，我不阻拦。但是，要成为一个好角儿，可不容易，要有恒心有毅力，刻苦用功，才会有所成就。你父亲那里，我替你想办法。"当时，我父亲不在北京。在母亲的授意下，我给父亲写了一封含糊其词的信，说考取了山东省立剧院，是个学府，不是科班，先去济南看看，试读三个月，不成再回来升学。不等父亲回信，我就动身南下，奔赴"家家泉水，户户垂杨"的济南，开始了我的艺林生活。等父亲见信后震怒，严词要我回京升学，但是木已成舟，奈何为晚了。

京、渝之间书信通　函授程派佳话传

三十年代初的山东，是军阀韩复榘的地盘。这个暴虐刚愎、文墨不通的"大帅"，一时心血来潮，居然"热心"起文化事业来，拨出一笔经费，让王泊生开办一座山东省立剧院，设有话剧、京剧、昆曲、地方戏等科，颇具规模，执教者多为戏曲界名流，也确实培养出一批人才。像电影界的崔嵬、魏鹤龄、田烈，京剧界的张宝彝、田菊林，现在中国戏曲学院副院长任桂林等都是这里的学生。

我入的是京剧表演系。教戏的老师很硬，即以旦行说，很多教师是清末民初的名家：教青衣的是与陈德霖（王瑶卿、梅兰芳之师，清末老派京剧青衣的代表人物）先后齐名的孙怡云，教花旦的是艺名"老水仙花"的郭际湘，教昆曲的是北昆名宿韩世昌和田瑞庭，教武旦的是张善亭。入校时，我的变声期已过，锻炼出来一条脆亮、甜润的小嗓，在老师的指点下，每天下腰、耗腿、练功、吊嗓、学戏、打把子，刻苦地学了五年戏。那里基本上同科班相类似，白天学戏、练功，晚上演出。所不同的是，我们有理论文化课。马彦祥先生就给我们讲过《戏剧概论》课，这在当时是十分难能可贵的。同一般坐科学艺一样，我也是从龙套、宫女、丫鬟、一般配角，一步步历练成长。由于我有嗓子，有扮相，又可以说是带艺入学，接受快，成绩好，很快就成了京剧系"挑大梁"的尖子，在济南"红"了起来。

可是，我心中念念不忘的还是程派。老师要求严，学戏、演出只能按老师的要求一步一步走，在科班、学校中搞程派，根本谈不上。我很为此苦恼。教师中有位关丽卿先生，慢慢地看出我的心思，不时开导我。关先生同程砚秋老师年纪相仿，也是唱旦角的，曾给杨小楼、马连良配过戏，对程派不仅钦佩，而且还很熟悉，比之几位老先生，他对京剧舞台上的现实情况更谙熟一些。他耐心地劝慰我，让我把基础打好，他说，程砚秋的艺术根底极为深厚，程派是在传统的基础上发展起来的，基础打不好，就学不好程派。关先生不仅端正了我对学习程派的态度，还给我说了不少程派戏和程派独特的艺术处理，对我所会的程派戏仔细加以调理点拨。他见我领悟很快，非常高兴，曾对我说："我能教给你的东西有限，也就到这里了。你的天分很好。你要想办法拜在程先生门下，名师定会出高徒。只要你肯下苦功学，在程派上你会有所成就的。"

"拜程砚秋为师！"尽管我这么迷恋程派，可是从来没有想过能拜程砚秋为师。那时，程砚秋先生已是名贯南北的大艺术家，我是个尚未出科毕业的无名小辈，说拜师谈何容易！我在济南的几年中，梅兰芳、马连良都曾来山东演出过。我以后学末进的身份，有幸同这几位前辈同台演过戏，我望眼欲穿地盼望程砚秋先生能够来趟济南。如果有机会见面，也能同台演戏的话，那么拜师之事，或许还有微小希望。可是，这五年中，唯独程先生没来过济南，连见面都见不到，拜师之事我简直不敢奢想。虽然如此，我还是非常感谢关丽卿先生。在我投入程门之前，他给了我正确的指导和帮助，使我的艺术基础打得比较瓷实，青衣、花旦、刀马旦，以至泼辣旦的戏，我学得不少，我私淑、自学的程派也能够得到进一步的结合运用，规矩而较系统，为我后来专攻程派准备了有利条件，更重要的是，关先生点燃了我心中的艺术希望之火，对程派要锲而不舍，不能浅尝辄止，一定要想办法拜程砚秋为师求取深造！从此，投师程门，就成了我梦寐以求的艺术追求目标。至于怎么去达到这个目标，我也不知道。但，我执着地相信：有志者事竟成！

我们毕业前夕，抗日战争爆发了，山东很快地沦陷敌手。王泊生带着我们这批二十岁左右的青年，以抗日救亡的名义，从山东经河南而武汉，一路唱戏挣钱，于一九三八年我们来到重庆。重庆后来号称抗战的陪都，各路人士云集于此，城市也随之繁荣起来。重庆本来没有固定的京剧班社，只是偶尔有过路的京剧班子演出，盛行的是川剧。好像我们是第一个去重庆长期落脚的京剧团，"厉家班"是在我们之后去的。在重庆，京剧很受欢迎。

刚到重庆时，我们名义上都是待毕业而硬不让我们毕业的学生。因为是学生，演戏当然不挣工资，每人每月只有三元的零用，其他一无所得。这种情况，竟持续了好几年，虽然我们戏唱得很多，也很"红"，卖座收入极好。最后，我们忍无可忍，奋起斗争。终于离开了王泊生的这个"实验剧团"，建立了以我为首的"大风剧社"，在重庆、成都"红"得很，打开了另外一个局面。

在四川，我认认真真唱了几年戏。起初贴演的都是《玉堂春》、《醉酒》、《十三妹》、《王宝钏》、《战金山》、《御碑亭》、《探母》、《骂殿》、《汾河湾》、《三娘教子》、《牧羊圈》、《游园惊梦》、《回荆州》、《宝莲灯》、《打渔杀家》等传统老戏，一时名噪西南。二十岁出头的我，很快成了名角。

可是，我内心的苦闷远没有消除。我向往、追求多年的程派，又怎样得偿夙愿呢？我旅居后方的重庆，程砚秋先生远在沦陷的北京，关山阻隔，不仅拜师无望，甚而我还能不能专攻程派也成了问题。难道就这样满足于当个名角儿挣钱，把自己的艺术理想丢开手吗？不，不能满足现状。程派，我一定要坚决搞下去。十几年来，我连看带学，程派的东西我会得不少，为什么不能用在舞台上！拜不了师，没有人指点，我就自己搞。这样，我把从关丽卿先生处学来的，十几年中自己耳闻目睹和师友指点的，融合一起，刻意揣摩，用在了我的演出中。上述我演出的传统老戏，程砚秋先生也常演，他很有独到之处。我演时就尽量按程派路子演。但我是私淑、自学的，只能效其大概，不可能分毫不差。好在重庆京剧班社少，没什么人吹毛求疵。倒是有不少来自北京、上海等地，喜欢程派的观众，异地闻乡音，更为欢迎。我好像一只自由的小鸟，在程派艺术的天地里，自在飞翔，无比愉快。慢慢地"赵荣琛是程派"的话就传开了。有好心的朋友劝我，干脆把程派的牌子亮出去，赶紧排演程派独有的本戏。我没有这么做。虽然这些程派名剧我大多会唱，但我是自学的，底数有多大，自己心里清楚。同时也难于"淘获"到准确的剧本作依据（在过去，独有的本戏名剧的剧本十分珍贵，大多秘而不宣，不像今天这样广泛发表），这些名剧集中了程派艺术的精华，我不能只顾一时的扬名露脸，而草率从事，如果演不好，走了样，那会亵渎了我挚爱景仰的程派艺术，也对不起我多年敬慕的程砚秋先生！

这时候，我和同学们都注意到台下的一位长年的老观众。他是一位沉默寡言的白发老人。从我一到重庆，他就看我的戏，坐在前排一个固定的座位上，我有戏，他必到，风雨无阻。我很纳闷：这位老人是谁？为什么对我那么注意？可是，他又一言不发，从不像有些人那样一回生两回熟地走进后台成了朋友。我心中疑惑不解。

大约是一九四〇年夏秋之交，我突然收到这位老人一封信，说他已经看了我三年戏，有些话想跟我谈谈，约我见面。闷葫芦终于打开了。原来这位老人是程砚秋先生的忘年挚友，与程派艺术有着深厚渊源，以"程党"自诩的许伯明老先生。

许伯老和程师之间，有着一段富有传奇色彩的经历。许伯老和程师后来都向我叙述过这段往事，而这段故事又与我投师程门有着偶然的巧合性。

许伯明老先生一直从事金融业，是个京剧爱好者，早年长住保定和北京。他治公之余，把时间大多消磨在剧场，与很多京剧演员是好朋友。许伯老说，大约是一九一六年左右，他就开始看程砚秋的戏。那年程师才十三岁，还是个没出师门的徒弟。程师出身旗人，幼年丧父，家境清寒，六岁时写给荣蝶仙为徒学戏，为期八年。那时是封建师徒制，学戏拜师要写文书，一切要受师门的绝对控制，学戏、演出之外，还要伺候师父一家的生活，任凭打骂虐待，所赚收入概归老师，成为一个丧失人身自由、听人宰割的奴隶。程师十一岁登台，开始给荣家挣钱。封建师徒制的桎梏，使得程师不得不疲于奔命地演出。随着锣鼓丝弦声，白花花的银元滚滚流入荣家。程师却因疲劳过度而音带嘶哑，适值"倒仓"变声期，却丝毫得不到休息，拖着一条半哑的嗓子四处演唱。许伯老看了程师的戏是既高兴又担心：高兴的是他才华过人，有前途；担心的是，这样唱下去，嗓子垮了，人也就完了。许伯老把发现程砚秋的事，告诉了老友、清末名诗人罗瘿公先生，把罗先生请来看戏，商量怎么办。罗先生慧眼识人，完全首肯许伯老的看法。这时听说荣蝶仙又同上海签了合同，接了包银，让程砚秋老师立即去上海唱戏。罗、许得知更为着急，不能眼看一颗艺术之星毁于一旦，就同几位朋友磋商办法。有古侠之风的罗瘿公先生挺身而出，愿全部承担对程师的教诲、扶植的重任；许伯老和几位朋友则作经济后盾，立即筹措了六百银元，把程师从荣门赎出，使他得以休养、深造。程师在罗瘿公先生指点下，习技艺、读诗文，投拜陈啸云、王瑶卿两位大师门下，又对梅兰芳先生执弟子礼，还向前辈陈德霖老夫子问艺，三年苦学，艺技大进。十七岁再登舞台，演出罗瘿公先生编写的名剧，以独特的声腔，精湛的技艺，名盛一时，创立了独具风格的程派艺术。程砚秋老师的成长，许伯明老先生出了不少力量，也正因为如此，许伯老虽然比程师年长三十岁，二人却成了忘年之交。

许伯老称赞我的演出，问我怎么学的程派？当得知我对程派爱之极深，却一直是私淑、自学，与程砚秋老师从未谋面时，他更为惊异。许伯老认为我的基础，学程的路子正，现在的问题是需要深造。他问我愿不愿意拜程砚秋为师？他可以助一臂之力。拜程砚秋为师！？正式拜师程门，这是我多年百般追求而不可得的夙愿，我哪有不愿意的？！这个天上降下来的喜讯太突然了，简直使我难以置信。我兴奋得拉住许伯老的手说："拜程先生为师，这是我从小立下的宏愿，多年求之不得。您要是能帮助我拜师程门，我真不知怎么感谢您才好。因为，再没有比这件事对我说是更幸福、更愉快的了。"可是，我又有些顾虑：耳闻程砚秋先生严谨不苟，选才极严，不肯轻易收徒。他没见过我，不知我的底细高低，能收我为徒吗？再者，程先生当时远在北京，又怎么能拜师学艺呢？

许伯老得知我的隐忧，开导我说："御霜（程师之号）一向以严出名，轻易不肯收徒弟。多年来，不少人崇慕程派，挽人求情，希望拜师门下，都遭到拒绝。这并不是他藏私，不肯把艺术传人，而是他确有其对待艺术的个人见解和要求。他深知自己的艺术另辟蹊径，自强不息，得来不易，因而对收徒选才极严。他曾指点过不少程派爱好者，在中华戏曲学校传授程派艺术[①]，从来是尽情相授。可是，要正式收徒，他就要从严要求，慎重对待了。

---

① 中华戏曲学校是二十年代末，由程砚秋创办的一所有别于旧科班的新型学校，曾聘著名戏剧家焦菊隐先生主持过教学工作，后程师全部承担主要工作，先后出"德、和、金、玉"四科学生，如侯玉兰（已故）、李玉茹等曾从程砚秋老师学习过程派艺术。

"事实上，他一直在寻访合适的衣钵传人，我们也在帮助他物色。没想到，在重庆发现了你。我觉得你的条件合适，御霜定会满意。他虽然没见过你，但他会相信我的眼力不差。由我去信推荐，御霜一定会答应。至于分处两地，这是暂时的，将来你们师徒爷儿俩总有见面的机会。"许伯老最后不胜感慨地说："二十多年前，我和顺德罗瘿公先生发现、支持了御霜，今天在重庆又发现、支持了你，为御霜寻找到你这样的传人，总算我对程派艺术尽了绵薄之力。"

　　经许伯老投书北京向程师推荐，程师完全相信许伯老定会识人不错，复函同意。那时，重庆、北京之间通信十分困难。在我等候程师复信的时候，心中忐忑不安，担心被程师拒之门外。当许伯老拿来程师的亲笔信，我看到上面的同意收我为徒的字样，真使我万分激动。我立即恭敬地缮写了大红的门生帖子和向程师和师母问安的信函，投寄北京。从此，我就成为程砚秋老师的正式弟子了。

　　戏曲演员一向是口传心授，老师说戏，学生静听，然后学生复演，老师再指点纠正。程师与我分居两地，无法见面，他不能言传身教，我也不能当面请益，唯一凭借的就是书信，于是就开始了京剧史上罕见的"函授"。程师与我书来信往，探讨艺术。他老人家给我先后寄来了《荒山泪》、《青霜剑》、《鸳鸯冢》、《碧玉簪》、《金锁记》、《硃痕记》、《烛影记》等许多程派名剧的剧本，对这些戏的演出和声腔、表演的要领，详尽说明，告诉我要注意哪些问题，哪些地方应该如何处理，并耐心解答我在信中请益的各种问题。我把程师提供的剧本依次付诸实践。演出后，我再把演出情况在信中详细报告，程师再复函指正得失。那时北京和重庆通信，路上要转好几个地方，一封信走一两个月是常事。我经常翘首北望，盼望程师的来信。每当我收到那信封在邮途中被污损的来信，雀跃非常，连夜捧读，仔细体会揣摩程师信中的字字含义，对照自己的舞台演出，找毛病，发现问题，设法改进。

四十年代前期，程砚秋老师在北京不屈于伪势力的侮辱，他毅然罢歌息舞，隐居于北京西郊青龙桥荷锄务农，以示与恶势力的决绝，表现了崇高的民族气节。这与梅兰芳先生抗日战争中在上海蓄须罢演，南北辉映，传为佳话。程师和我通信，进行"函授"时，正是他受辱愤而隐居的时期。程师当时在信中没有也不便对我详细谈论此事，我是后来才知道的。但是，他在信中告诉我，他已迁往青龙桥农村居住，从此不愿再登台演戏了。原因没有明言，但爱国爱民的激愤情绪，渗透在字里行间。他在信中告诫我要刻苦用功，好自为之。程师在青龙桥务农时，实际上并没有停止对艺术的探讨和进取；恰恰由于摆脱了演出和各种事务的羁绊，他得以更加专心致志地研究艺术，精益求精。后来，我听程师晚年的琴师钟世章先生讲，在那个时期，钟先生经常骑车从城内奔赴青龙桥，给程师吊嗓子，发现程师对自己所有的戏的唱词、唱腔，都仔细地筛选了一遍，又有所变化、改动，使之更精美隽永了。这些有时也可以从程师的信中看出来，他每有所得，或是处理上有所变化、更新，常在信中告我，让我领会运用，再把心得体会告诉他。

我们师徒这样书来信往，持续达五年之久。程师来信中，那工整挺秀、遒劲有力的魏碑字体，深邃精辟的艺术见解，诲人不倦的精神，都深深地教育、鼓舞了我，开扩了我的艺术视野，增长了我的艺术才能，使我更加意识到程派艺术的佳妙高深。别看我当时在重庆已经是个名角儿，但我认识到，自己所得仍属皮毛，从而向往有朝一日要追随程师进一步深造的决心，也就更加坚定、迫切了。

我把程师给我的所有的书信，以及题字、照片等，视若瑰宝，多年来一直珍藏在身边。尤其是这五年中，程师的数十封来函，熔铸有他几十年的艺术经验和见解，更是研究程派艺术的十分珍贵的艺术文献。可是，就在十几年前的一场政治浩劫中，我也不例外地被打成"牛鬼蛇神"、"特务"，在法西斯式的抄家中，我所有的艺术资料、文物，包括程师的这批极珍贵的书信，都被洗劫一空，至今遍寻无存。这真是一个无法弥补和难以估量的损失。以致现在我只能概括地回忆，而不能具体引述程师"函授"的详细内容了。

根据程师信中的教示、指点，又有许伯老的赞助和指导，我在重庆，把某些程派名剧一个一个地陆续排演出来，循着程师"函授"导引的道路，正确地、踏踏实实地往前走。例如，程派唱腔，很讲究字的声韵，吐字发音要求四声准确，腔随字来，字正腔圆，不能因腔害字。根据程师信中所示，我努力研读韵书，请我的毕业于北大中文系的大姐，给我讲解音韵学，再反复听我收集到的为数不全的程师的唱片，把程派的唱法、腔和字的特点，并同其他名家、各派的唱法加以比较、分析，进一步理解腔、字之间的血缘关系。程师曾对余（叔岩）派唱腔颇多溢美之词。我听过余叔岩先生许多戏，我把余腔和程腔仔细对照，发现都是那么讲究，声韵准确，字正腔圆，韵味醇厚。反过来，对程派艺术的渊源，以及它深受余派和其他各名家的影响，也有了深一步的认识。"函授"也有"函授"的好处：它打掉了我不动脑筋，处处模仿，步步跟着老师走的懒汉思想，逼着我要开动脑筋，仔细体会，自己寻找奥妙。程师不在身边，要模仿也无从模仿，只能根据程师信中提供的要领，谙其神韵，再结合自身的条件、特点，适当发挥。这种求其神似的做法，得到了程师和许伯老的首肯。

在四川，许伯老给了我难以言状的帮助。许伯老实际上是我的良师、顾问和导演。每个戏，他都帮助我认真排练，追忆当年程师的演法，指点于我。每天戏后，他来到我家中，仔细评述当日演出的得失，帮我纠正毛病。许伯老严肃地对我说："你不要听不进挑毛病的话。当年我们对你的老师也是这样，每天给他挑毛病，他总是虚心倾听，认真纠正。满招损，谦受益呀！这样才能真正得到艺术上的进步与提高。"

我在重庆、成都等地，唱了六七年程派戏，很受欢迎，观众赠送给我"重庆程砚秋"的绰号，致使程派艺术的种子，播撒于大西南，产生很大影响。如果说，当时我在艺术上稍有成就，博得一些好评，这与程师的辛勤教诲和许伯老热心扶携是分不开的。解放后，程砚秋老师应贺龙同志邀请，去四川、云南演出，获得极好的效果。程师后来对我说："你是有一份功劳的。"

我在重庆经过几年的奋斗，不仅有了自己的剧团——大风剧社，还投资翻修、建立了自己的剧场——重庆第一剧场，添置了齐全的戏箱行头——这是我摆脱王泊生的实验剧团后，赴成都搭班演唱了一个时期，挣了不少钱，我以此添置了第一批全班的戏箱，打下了基础，又经过几年的艰苦奋斗，条件越来越充实。我夙愿得偿地唱着自己挚爱的程派戏，有着丰裕的收入，名利双收，按说大可心满意足，享乐一番了。我没有这么做。在重庆，我始终抱着客居思想。一旦有了机会，我要立即投奔程师。为此，我避免家累之虑，一直保持单身生活，直到解放后。

一九四五年抗战胜利时，我正在成都演出。我们的大风剧社这时的力量已十分壮大。八月十五日那天晚上，我的大轴戏码是《玉堂春》，我已经出台上场了。正在演唱中，突然人声嘈杂，欢呼跳跃，继而鞭炮齐鸣，原来是抗日战争胜利了。人心激动，戏是没法唱下去了，人们把我拉到后台，也来不及卸装，就卷入了欢乐的人群中。我高兴、欢呼，眼中流着兴奋的泪水。我欢呼祖国的胜利，还庆幸自己去北京寻师的愿望很快就能实现了。我们的演出期限还没到，戏院方面还要求我们再续演几天好戏，庆祝胜利。我婉言谢绝，说必须赶回重庆，为毁约而向戏院道歉。我立即收拾行装，登上返回重庆的旅程。

到重庆后，我一面着手结束剧团，办理善后，一面给北京写信，告诉程师，我即将北上。我在重庆已有相当的经济基础，大风剧社中，大多是十几年的老同学。大家劝我不要走，说这样舍弃一切太可惜，经济上的损失太大了。我说："你们还不了解我的心。这些东西都是身外之物，只有艺术才是永恒的。我生平只有一个钻研程派的志向。过去无法见到程先生，今天道路已通，我为什么不去寻师！咱们同学多年，共历艰辛，我也难以割舍。我把一切都留下，希望大家还像过去一样，团结协力从事演出。"我又拜托金素秋等，请他们关照我这批师兄弟和同业。后来素秋同志带了一部分人往赴云南，成为今天云南京剧院的基本力量。

一九四五年底，我正要动身北上，并且已委托我在北京的哥哥替我找房安家，突然收到程砚秋老师的信，嘱我暂时不要去北京，因为他近期将要去上海，应邀在上海做欢庆抗战胜利的首次公演，要我直接去沪，我们师徒可在上海见面。真是不负我苦心一场，终于盼到了这一天。我放弃了在重庆的事业和巨额的收入，只随身带着简单的行李，包括程师的那批珍贵的书信和艺术资料在许伯老陪同下，于一九四六年春，千里迢迢，飞赴上海，终于飞到了我日夜思念仰慕万分的程砚秋老师身边！

千里寻师习技艺　乘烛夜话迎新春

我们到上海时，程砚秋老师已先我们而至。他是应上海天蟾舞台之约，来唱戏的；同时，阔别上海多年，与朋友们叙叙旧。程师在上海，先住在一位王先生家，后又迁往一位姓朱的朋友家中。朱家的主人也是位程迷，对程师殷勤款待，生活上照顾得很周到，乘机向程师学戏、讨教。

我在上海住在许伯老家中。许伯明老先生长我四十余岁，八年来热情相助，情逾骨肉，他此时已届古稀之年，仍为我四处奔走，此情可感。在重庆时，我们就父子相称。我们到上海后，稍事休息，略拂征尘，许伯老就领着我去拜谒程砚秋老师。距今三十多年了，往事历历在目。在去见程师的路上，以及迈步进门的时刻，我说不清心里那种滋味。程师端坐在客

155

厅中，见许伯老领着我进门，连忙迎上来，紧握着老友的双手，激动得唏嘘无言。沉默片刻后，才关切地询问许伯老的身体，并且感谢他对我的照拂。这对忘年老友，分离已十余年，久别重逢，中间又有重庆关于我的一段经历，能不激情满怀吗！随后，许伯老指着我说："这就是荣琛！"我连忙过来，口称"老师"，给程师行了大礼。盼了多年的我，终于在程师面前喊出了这一声。程师含笑扶我起来，让我坐在身旁，仔细端详着我，问长问短。许伯老在我的怂恿下，向程师提出择日让我补行拜师大礼的问题。程师笑答："不要忙，这次我在上海会待一个时期。先让荣琛各处熟悉一下再说吧！"

我在山东学艺，然后直奔四川，虽然已唱了十来年戏，但北京、上海并不知道我。程师和许伯老领着我，去马思南路拜见了梅兰芳先生。梅、程之间，谊兼师友；许伯老与梅先生也是多年至交。梅先生对我的一些情况已有所耳闻，他们夫妇见到我也很喜欢，一再夸奖，祝贺程师后继有人，勉励我要用功学习。梅先生夫妇多年来，一直待我极好，我成了梅家的常客，梅先生还给我说了《奇双会》等梅派戏。梅先生一九六一年逝世后，梅夫人还不时唤我前去谈天，鼓励我不要辜负当年梅、程两位大师的苦心栽培。最近，梅夫人因脑疾病逝，忆思往事，不胜哀悼。

经过短短的筹划，一九四六年春天，在上海湖社，我补行了向程砚秋老师的拜师典礼。程师母也从北京赶来受礼。程砚秋公开的正式收徒，几十年中是比较罕见的。事实也确实如此。因此，这件事在上海很为轰动。是日，宾客如云。上海戏剧界、文化界的许多前辈，程师各方面的朋友，差不多都到了，向程砚秋老师和师母热烈祝贺。程师和师母笑容满面，高兴异常。拜师后，程师赐赠给我一对精美的玉石图章，以为见面礼。

程师得知我是舍弃了在四川的种种成果，只身千里寻师来的，也很为感动。特别是听说我带出的不多的几件戏装、行头，从水路托运上海途中，因轮船失事，损失殆尽，更为关切。他深知一个京剧演员，没有行头，在旧时代无法唱戏之苦，就嘱托程师母返回北京，收拾整理他早年演出、现已不用的戏装、行头、头面，还包括"守旧"、门帘、台帐、桌椅帔全套，装了满满两大箱，寄运上海，馈赠给我。程师的深情厚谊，我铭刻在心，永难磨灭。这些价值巨万的服装物件，既是程师对后辈传人慷慨无私的相助，体现了他对我的厚望，也是留给我的一批珍贵的艺术纪念品。可惜这些服装物件，其命运同程师寄给我的那些书信一样，被抄掠一空，也至今尚未寻回。

拜师行礼后，程师对我说："我知道你急于学艺的迫切心情，不要忙，我在这里要演戏的，你先看看，我还要听听你的演唱，再安排给你说戏。"

一九四六年的上海，抗战胜利的欢乐气氛还没有完全消退。梅、程两位大师恰恰都在上海，程师收我为徒，杨畹农正随侍梅先生。上海的朋友热心地建议梅、程两位合演一次，还要带上畹农和我同台，剧目选定的是《四五花洞》，是义演性质。梅、程两位欣然允诺。《四五花洞》是一出剧情离奇，但甚为风趣的玩笑戏，以真假潘金莲为故事，戏中有几段独特的唱腔。三十年代初，梅、程、荀、尚四位大师，曾为某次义务戏，在北京合演过《四五花洞》，一时传为佳话。在上海这次，梅、程各带自己的学生同台，更为有趣，是一次引人注目、别开生面的演出。梅、程两位非常高兴，一起研究、设计，专门为此戏制作了新行头。演出前总要排练和对戏，碰到了个胡琴问题。真假潘金莲的唱腔是要连着唱的，而梅、程的唱法迥异，琴师无法当场替换。梅先生提出，是不是就用一堂乐队到底，让梅先生的琴师徐兰沅、王少卿先生偏劳一下，就不必再更换琴师了。梅先生让我把他这个想法带给程师商量。程师未置可否，说："那就试一试吧。"是日，程师带着我去马思南路梅家对戏，徐、王两位给程师操琴，一曲未终，由于程腔唱法独特，技艺精湛的徐兰老竟立即放下胡琴，连忙摇手说："不行，您的腔我拉不了，还是请周长华①来吧。"结果，这出戏的乐队很庞大，胡琴、二胡、配乐都是两堂，徐兰沅和周长华分坐两边，梅、程对唱，各用各的琴师，托腔上严密无间，再加上马连良的张天师，袁世海的包公，这次演出给观众极大的艺术享受。所谓"老梅带小梅，老程带小程"成为上海戏剧界的头号新闻。在程师提携下，我第一次和梅、程二位大师同台演出，无比荣幸。

程师在上海住了一年多，前后演了三期戏。戏演得不算多，可是剧目非常丰富。不仅有《荒山泪》、《春闺梦》、《碧玉簪》、《锁麟囊》、《金锁记》、《文姬归汉》、《青霜剑》等程派名剧，就连多年不动的别具风格的传统老戏《玉堂春》、《御碑亭》、《桑园会》等也演了，还演出了初次编排的新戏《女儿心》（百花点将）和年久辍演重排的程门本戏《赚文娟》及分两场前后部的《风流棒》。

当时，梅先生也在演出梅派代表作。形成了那边是梅兰芳和杨宝森、俞振飞、萧长华等，这边是程砚秋和谭富英、叶盛兰，之后又有李少春、袁世海等打对台的景象。上海的京剧爱好者，兴高采烈，大饱眼福。有人说，这是梅、程在艺术上竞争，我的理解却不同。抗日战争期间，梅、程两位都以高风亮节，毅然中断了正值盛年的舞台生活。如今，抗战胜利，他们重返舞台，怎么能不兴奋异常全力以赴地尽己所能呢！另一方面，程师安排了这么多剧目，在一定用意上也是为了给学生们的一种示范，让我们多看多学。

程师客居上海，演出不算多，较为空闲，正是我们学艺深造的好机会。王吟秋师弟这时也赶来上海，他是前一年在北京经王瑶卿先生介绍投拜程师

---

① 程砚秋老师的琴师早期为胡铁芬，中期为周长华，晚期是钟世章，三位琴师在程师的艺术创造中，起了重要的辅佐作用。抗战中，程师隐居罢演，周长华就离开程师居住上海。在北京，程师就起用了当时还年轻的钟世章先生。此次来上海，因周长华恰在，程、周又再次合作。

的。程师对他已有了解，指点也恰如其分。我则不然。我们师徒蓦然相见，程师从未看过我的戏，对我的具体情况、艺术上的长短，不很了解。所以，程师初见我时才有先要听听我的演唱，以后再说戏的说法。这有如进入师门深造前的一次艺术考试，也是检验程师辛勤函授几年的成果。我心里既高兴又很紧张。在程师安排下，一九四六年我一连在上海唱了三场戏，一场《金锁记》，一场《碧玉簪》，一场是双出：《骂殿》和《虹霓关》。戏是专门演给程师看的，同行到的也不少。我从台上偷瞧坐在台下的程师，见他满面笑容，有时还与许伯老不断点头称是，我才放下了心，庆幸自己的第一次艺术考试，顺利通过了。

我每天都到程师那里，随侍左右，先是听程师吊嗓子，然后再听程师说戏，把所得记在心里，体会琢磨。程师演出，我们跟着上剧场，仔细观摩，对照所学，很有收获。程师对我说："你唱得不错，是宗我的路子。"我向程师提出："我的唱，不完全像您，您看怎么再改一下？"程师说："你的嗓子和我不同，你有亮音。有亮音为什么不用呢！"程师认为，每个人的天赋条件是不同的，而且有长有短。一个艺术家在艺术创造中就是要扬长抑短，而不能露拙隐长。程师不主张我把亮音抹掉，而且还要尽量发挥这个长处。但是，在用法上要注意不要使拙力，而要用丹田，气催动发声，再与程派特有的脑后音等发声方法相结合，使音质在脆亮中不失沉郁、凝重的程派风格。程师说，艺术是人创造的，我不赞成死学硬搬，要掌握前辈的方法，懂得道理，结合自己的特点来融会贯通，这样才能不断发展前进。他打了个比方，说他走台步微屈着腿，进门归坐时，是斜侧着身移步归坐，不让观众看见他的后背。这是因为他受体型条件的限制，为了照顾舞台美，不得不这样。"你们年轻，身材又瘦，何必非学我屈着腿走台步，斜着身归坐呢！"程师言语不多，一下就道出学习流派艺术的实质。

在上海，程师给我们说了不少戏。凡是他公演的戏，都一个不漏地仔细地传授给我了。经过程师的言传身教，加上自己勤学苦练，再去观摩程师的演出，对照自己的演唱找差距，反复揣摩、钻研，刻意体会，遇有弄不清的问题，事后再去请问，程师总是耐心解答。再演再看，再问再学。在上海一年多，我把程师的主要代表作以及他所擅长的传统老戏，差不多都学了。程师为了让我们学得好，有些给我们说了之后，尽量在台上演一下，让我们边学边看，受益更大。像程派的《玉堂春》在唱腔、人物刻画上，很有独到之处。程师因身体关系，已多年不演。在上海给我们说了这出戏后，专门安排了一场《玉堂春》的示范演出。程师的苏三，穿的是素色的帔，带水袖，外罩大红色的长坎肩，而不穿传统的红色罪衣罪裤。这并不是程师故意标新立异，而是由于体型和舞台美的关系，不得不作此改动。尽管他跪着唱已略感吃力，但为了后学者，还是神满气足地唱了下来。这是他最后一次唱《玉堂春》。观众兴奋地买票看戏，为赶上了十年九不遇的程砚秋的《玉堂春》而庆幸，却哪里知道程师贴演此戏的苦心。其他如他早年常演，而后来久不演出的《探母》、《弓砚缘》、《祭塔》、《战蒲关》等也都仔细传授，重点指正地教给我了。他的意见是：有些戏，他由于年龄关系，不便再演了，一般只演代表性的几出。但是，这些他花过心血的戏，不能丢，要传给我们。程砚秋老师这种对待艺术的极端重视的负责态度，和培植、传艺于后代的一番苦心，是值得我效法的楷模。更使我有幸得到这位良师，能把他的珍贵的艺术承继下来。我愿以程师当年对我的态度，今天对待随我学艺的青年，有求必应，倾囊相授。

在上海我只是随侍程师，求学深造。不少人劝我在上海组班演出，说保险准"红"，我都婉言谢绝了。我不是来唱戏，而是来寻师求艺的。我不能以自己年轻气盛，来和我的老师争夺舞台，抢着演戏。因此，在上海我除了参加过几次义演性质的合作戏外，一直没演过营业戏。之后，随程师回到北京，开始演营业戏，像《荒山泪》、《春闺梦》、《文姬归汉》、《锁麟囊》等程师当时还在演的戏，我都没有演，完全留给程师。解放后，我离开程师去外地，才陆续重演这些戏。

在上海，我参加过不少次义演性质的大合作戏。前述的《四五花洞》就是一例，连演了两场，上海极为轰动。一九四七年初，在上海还有一次梅、程各带弟子同台合作的义务戏。戏码是《法门寺》和《龙凤呈祥》。《法门寺》有萧长华老夫子、杨宝森、袁世海参加，梅门弟子杨畹农的宋巧姣，程门弟子王吟秋的孙玉姣。《龙凤呈祥》由谭富英、纪玉良、叶盛兰、李少春、王玉让分饰刘备、乔玄、周瑜、赵云、张飞，孙甫亭老先生的吴国太，梅先生、程师和我三演孙尚香。两位老师和我同演一个角色，我怎么唱？唱哪一段？心中没底，就去请问。梅、程两位十分谦让，全要把重点场子让给对方，最后他们两位决意让我演那场唱工吃重、梅先生最擅长的"洞房"，程师演"别宫"，梅先生却屈尊演最后的"回荆州"。非让我唱在头里，而且是重点场子，体现了前辈对青年的扶植、相携。

《奇双会》这出戏，梅、程两位都给我仔细说过，他们演出的路数有所不同。一次也是义务戏，有我的《奇双会》，梅、程两位都坐在台下看戏，倒把在台上演戏的我给急坏了。我到底怎么演？宗梅还是宗程？我硬着头皮演下去，既有梅派的，也有程派的，掺和在一块了。戏后，他们很高兴也很满意，并不强调非按自己的路子演不可，很尊重对方的艺术创造。

还有一次就是为李世芳飞机失事的救济义演。李世芳是富连成科班的高材生，名列四小名旦之首，是梅兰芳先生器重、钟爱、寄予厚望的爱徒。我和世芳是在上海相识的，我长他两岁。世芳虚心好学，勤奋用功，我们一见如故，常在一起切磋技艺。一九四七年春，世芳从上海乘飞机返回北京，不幸失事遇难。消息传来，梅先生十分悲痛。更因世芳身后萧条，梅先生决定出面组织梅门弟子和富连成师兄弟，为世芳家小举行义演。此事被程师闻知，他一方面为梅先生痛失良徒感到难过，多方劝慰梅先生，另一方面对义演坚决支持，要我参加这次演出。义演的剧目很多，大轴是《四郎探母》。由梅葆玥、葆玖姐弟演"坐宫"，吴素秋、言慧珠演"盗令"，马连良、赵桐珊（芙蓉草）和我最后演"回令"。那天，梅先生亲任后台总管，逐一把场、提调。我这场"回令"完全按程派的路子演。程师在《探母》这出戏中有不少独特的创造，不过自己已多年不演了，但在上海给我仔细说了这出戏，这次也是我第一次登台实践此戏，请程师过目。因为是义务戏大合作，后台人多且乱，我客居上海，又没有专门的跟包师傅照管，在乱哄哄中我匆匆出台了。这场戏中，铁镜公主手中要抱着"喜神"（孩子道具），我乱中有错，忘了抱，就上场了，自己当时还没发现。后台的梅先生，台下的程师，都立即发现了，急得不行。不抱"喜神"，后面公主用怀里孩子哭来要挟萧太后准情的戏就没法唱了。程师在台下束手无策；梅先生在后台，急忙让人赶扮个丫鬟，把"喜神"立即给送上来。扮演萧太后的赵桐珊先生，舞台经验极丰富，他也在设法补救，一方面他用眼色提醒我注意，另一方面阻止了刚上来的丫鬟递"喜神"，因为，我和马先生当时正在台口对唱，这时丫鬟一递"喜神"，等于告诉观众出了漏洞，非闹个哄堂大笑不可。赵先生悄悄告诉那个丫鬟："别急，等机会，听我的。"趁杨四郎、公主双进门，背对观众，跪倒求情时，赵先生一示意，那个丫鬟上前假作搀扶，顺手就把"喜神"悄悄递给了我。我起来转身时，"喜神"已经抱在手里，观众竟然一点没发觉。梅、程二位这时才长嘘了一口气，放下心来，身上早已大汗淋漓了。事后，他们拉着四大名旦的艺术老伙伴赵桐珊先生的手，感激地说："这么多年，您可在场上帮了我们不少忙。这回要不是您临场应变，情急智生，这场戏非砸不可，荣琛非吃苦不可。"

一九四七年夏天，程砚秋老师要北上回京。他在上海各方面情况很好，而且当时上海集中了京剧界各行好角，正好还可演出一个时期。可是，程师行意甚坚，各方面友好挽留都难以奏效。这是有其内因的。

抗战期间，程师蛰居北京，罢歌务农，内心中对祖国的命运前途是十分牵挂的。抗战胜利后，他以为苦尽甘来，万象更新。可是国民党的腐败劫收，国共和谈的破裂，蒋介石发动反人民的内战，时局日非，使他心灵上蒙罩上一层暗影，郁闷寡言，对上海的"歌舞升平"，更感到落落寡合，就想离沪北返。

程师临行前，关切地问我将做何打算？是不是留在上海唱一期戏？一年多在上海与程师朝夕相处，我们师徒间已建立起深厚、真挚的感情。这段时间，我真是如鱼得水，从程师处学习到许多东西，对程派艺术可说已经得到一些真谛。程师对我如此厚待，情同骨肉，我自然不愿与程师分离。再说，程派艺术我虽已入门，其中奥妙尚不能完全领略、掌握，有待进一步探求深钻。我向程师倾诉了目前先不忙着演戏，愿去北京，再好好进修一段的想法。这个志愿得到程师的同情和赞许。

由于国家多难，战火频仍，程师回京后心情更为抑郁。他在北京演出也不多，除去天津唱过一期戏外，多在京闲居，又不时去青龙桥小住。我常去青龙桥看他，陪他住在那里。程师在青龙桥潜心读书，钻研艺术、和我谈古论今，秉烛夜话，讲述程师为艺术艰苦奋斗的经历，和应该如何做人处世以及道德品质上的正直观点，使我深受教育和启发。在技艺上，他继续欣然乐道地指点我，从声腔字韵，到四功五法，从表演到人物，都做了深刻的阐释。由于我不断钻研、学习，对程派艺术的要领，基本上有所领会和理解，这时我已经不完全是被动地聆听，有时也敢于把自己的领悟，提出来就商于程师。他不但不以为忤，反而十分高兴，认为我在学习上有所前进和提高。有这么一件事：程师的《碧玉簪》中有一段南梆子，头一句"他虽是待奴家十分薄幸"，"虽"字，程师一直是低唱，用低音行腔，很有特色。我们师徒深夜聊天时，我向程师提出："虽"字您这么唱，大概是按北京的习惯读成"阳平"声；按规矩，"虽"字应属"阴平"，以低音处理，似觉字声欠准，是否改为高唱，更显得合适一些？程师惊异地说："是吗？那咱们赶紧查查看。"我们师徒查了几种韵书，证实"虽"字确属"阴平"。于是程师笑着说："还真是我唱错了。既是'阴平'字，就应该高唱，那咱们改一改吧！"程师闭目沉思，轻声哼唱，反复推敲，把"虽"字改成高音，再一润腔，依然是一个委婉俏丽的程腔。然后程师还向我征求意见说："你看这么唱行不行？"像这样一位有成就的艺术家，并不因为是晚辈学生提出疑问，而有所不悦；相反，他虚怀若谷，不惮其烦地乐于接受，从事修改。程师这种高贵风格，令人肃然起敬。不禁使我想起京剧界流传的一段逸事：晚清京剧前辈小生徐小香在一次演戏后，有一位初识不久的新朋友，以商量的口吻说："您今天的念白提到'共叔段'，'共'字您读的是'去'声。共叔段是个历史人物的姓名，'共'字作姓，应按'阴平'，读'公'为妥。"徐小香听后，立即起身，整衣敛容，深施一揖，说："谢谢您的指教，您是我的老师！"事隔将近百年，何以如此相似乃尔！

程师对我的学习成绩和态度比较满意。那还是程师刚从上海返回北京，致函许伯老，信中提到我时，有"此子聪颖异常，一点就透"的评语，并向许伯老致谢，为他物色了一个满意的传人，感到欣慰。许伯老把信拿给我看，笑着说："你们先生不轻易称赞人，对你这样评价可真不容易啊！你要好自为之。"接着又问我是怎么讨得程师欢心的？我回答说，程师教戏不愿多说，一连几遍如果还不会，他就烦了。由于我学习、领会得都较快，又会记谱，无论唱、念、身段，重点处速记下来，回去再加工勤练，反复琢磨，效果自然就好得多。由于自己暗下了工夫，程师稍一点拨，我就能很快理解其含义，举一反三，等到汇报检验时，我基本上能达到预期效果，怎么不让老师感到满意高兴呢！

来北京又追随程师学习了一段后，程师对我说："你不能光学不演呀！"由于我只身来京，从没在北京搭过班，程师就把他的秋声社整个班底交给我，让我以大风剧社名义，在北京挂牌演出。程师还把他多年的老伙伴、秋声社的管事高登甲先生请来，把我托付给他。高老先生对我极为爱护，一力承担。当时剧团的阵容极强，搭配整齐，主力有：老生贯盛习、张春彦、旦角林秋雯、张蝶芬；丑行李四广、贾多才、慈少泉、李盛芳、贾松龄；花脸侯喜瑞、苏连汉；小生李德彬、徐和才等，英才济济。一九四八年，我以"程派传人"身份，很唱了不少戏。一面唱，一面继续学。许伯老后来也赶到北京，引我去拜谒我的太老师王瑶卿先生。王老夫子本着当年爱护、指导程师那样，给我说戏、指点。我又添了王老夫子门下的功课。

一九四八年秋，北京临近解放。那时，程师已由青龙桥回居报子胡同旧宅。我仍不时去看望他，察觉程师的心情似更开朗。从隆隆的炮声中，他好像听到敲响了旧时代的丧钟，昭示着一个新中国即将降临。他满腔兴奋、期待的感情，熔铸笔端，绘出那幅深情、含蓄的报春梅花，并题有"料得喜神将莅至，毫端先放几分春"豪迈的诗句，表现了程砚秋老师双手高举，欢迎人民的新时代将至的喜悦心情。

解放后，程砚秋老师焕发了青春，又演戏，又参加各种社会活动，生气勃勃，一扫当年沉郁的神色。他对我说："你已经在我身边好几年了，也学了不少东西，不能老守着我。现在解放了，你可以出去闯一闯，把咱们的艺术打开局面，更多地为人民服务。"在程师的鼓励下，我接受东北方面的邀请，先去大连、抚顺等地演出，后留在沈阳，参加了东北京剧院的工作。之后，我又去南方各地演出。

解放后，我没有在北京长住，只是短期停留，与程师接触盘桓。一九五六年，许伯明老先生，以八十二岁高龄病逝于上海。我从芜湖中断演出，去上海奔丧，痛悼这位几十年来赞助程派艺术，指引我在艺术上举步前进的长辈。由此，我想到程师，打算演出一个时期后，还是回到北京来，追随程师。没想到，两年之后，一九五八年三月九日，程砚秋老师竟被病魔夺去生命。三月初我刚从外地演出归来，征尘未掸，噩耗骤至，晴天霹雳，使我悲痛难抑。我赶到医院，面对瞑目长眠的恩师，我顿足捶胸，欲哭无泪，欲诉难言。我悔恨万分，早知如此，无论如何我要提前赶回，至少下车后就该奔赴医院，见我恩师一面，接受他最后一次的教诲。每思及我辗转求师的艰难，程师对我恩重如山、倾囊相授的挚情，我更加感到自己所学不足，肩负的责任更重。我暗下了决心，一定要把程砚秋老师毕生心血结晶——程派艺术，继承发展下去，千秋万世，永不泯灭！

写于一九八○年三月九日

程师忌辰前夕

难忘的回忆

——忆程砚秋与周总理、任弼时同志的初次会见

王吟秋

一九四九年的春天，是北平解放后的第一个春天，压在劳苦大众头上的三座大山被推翻了，整个北平万众欢腾，古都显得愈加娇美，春光也分外明媚。自从解放军进了北平，师父程砚秋先生的心情一直非常舒畅，长期以来沉默寡言的人变得谈笑风生，意兴勃然。一天师父格外高兴，原来晚上他要去怀仁堂演出《锁麟囊》。这是师父解放后的首次公演，怎能不使这位杰出的艺术家欢欣鼓舞呢！当日下午，师父于午睡后外出洗澡理发。

师父走后，师母在上房里屋料理家务，我在外屋温习师父昨晚教我的《文姬归汉》中"胡笳十八拍"的第十四拍的〔二黄慢板〕"身归国兮儿莫知随，心悬悬兮长如饥……"院子里非常安静，给我创造了良好的学习条件。我正一遍遍小声唱着"……四时万物兮有盛衰，唯有愁苦兮不暂移……"忽然师母养的小狗海利尖叫了起来，叫声冲破了深院的寂静，也打断了我学习的思路。师母从里房走出来，我立即走到她的身边，一起从玻璃窗望出去，只见屏风门旁的走廊上站着三个身穿灰色制服的人，我不禁脱口

而出："糟糕，又是来占房的。"为什么我对穿灰军装的人会产生这样的反感呢？事出有因，一九四八年底，解放军包围了北平，国民党军队在城里见大房子就强占。我师父家的前院和后院饭厅也被占住了一两个月，有个小军官带了家属住在前院书房里，把墙壁搞脏，地板烧坏，弄得乱七八糟乌烟瘴气，给我们的印象极坏。所以这次穿军装的人来，我又当是来占房子的。

师母叫我出去看看。我开门出去，把他们让到饭厅，其中一位身材魁梧，黑发浓眉，双目炯炯的长官，问我："程先生在家吗？"我回答："我师父出去了。"长官对身边的一位年轻人说："给他留个条吧。"年轻人马上打开手里的黑皮公事包，取出了一张小白纸条。这位长官俯身在饭桌上写了几句，便交给我，说："程先生回来，请把这纸条交给他吧。"我接过纸条便把他们几位送出了大门。关上大门以后，回来把条子一看，啊！我惊呆了，我贪婪地一遍又一遍地读着这张纸条。三十多年来，我常常反复默读过这张纸条，因此能正确无误地记得上面写的：

砚秋先生：

　　来访未晤，适公外出，甚憾！此致敬礼！

　　　　　　　　　　　　　　　　　　　　周恩来

事后师母问我："谁来了？""您看，来的是解放军，是看师父的，这儿有个条子给您吧！"我连忙把纸条递给师母。师母接过来一看，直怪我："哎呀，你也没有请他们坐会儿，喝点茶，歇会儿再走。"不多时，师父回来了，看了这张条子，笑得嘴都合不拢来，接着就怪我："你怎么连茶都没有招待招待？"我吞吞吐吐地向师父坦白承认："我还以为他们是来占房子的呢！"师父听后哈哈大笑起来。说实在的，我那时对中国共产党并无了解，对周总理也并不知道，只觉得共产党的这位大官这么谦虚，那么平易近人，礼贤下士，我是连想也不敢想的，这在旧社会是根本不可能的事。

晚上六点，师父先去北京饭店参加周总理举行的宴会，席未终，师父便匆匆赶回家，做好准备，带我乘车到了中南海怀仁堂。接待人员把我师父迎进后台，我跟在师父身后，绕过走廊，来到一座花木扶疏，设有假山，古色古香，景色十分幽静的院子，由此进入后台。梳头的于师傅早已安排停当。师父稍息片刻，便开始洗脸化装。不久，周总理和邓颖超同志在张瑞芳同志陪同下来到后台，看望我师父。我一见总理进来了，心情很羞愧，很是忐忑不安。师父站起来，对总理说："对不起，我手脏（手上有胭脂），不能和您握手。刚才您来家看我，失迎得很！"总理笑着说："哪里。我给你介绍一下，这位是邓颖超同志，这位是张瑞芳同志。"大家含笑相互点头示意。师父说："后台乱七八糟，坐都没有地方坐。"总理说："你忙吧。"便同邓颖超和张瑞芳同志到前台去看戏了，师父目视送别，继续化装。接待员对师父说："今晚毛主席，还有很多位中央领导都要来看演出。"师父听了高兴极了！化装完毕准备出场，这时，我从后台左边旁门走到前台。舞台是旧式的，台口呈方形。我在舞台左边第一排的一个空位坐下。帷幕徐徐拉开了。

这一晚，师父演的是他的拿手戏《锁麟囊》，嗓子特别好，行云流水，抑扬顿挫，演得非常精彩，我看得简直入神了，直到现在回忆起来，心里还是甜滋滋的。因为我从这一场演出中，进一步领悟了我师父高超的表演艺术，又从这一天内发生的事情中，感受到周总理那种平凡而伟大的精神，更从周总理身上，认识到我们党的伟大。

一九四九年夏末秋初，师父带我和雷三元（管理戏装的师傅）去京郊董四墓程家花园小住。当时，二弟永源常住在那里。一天午睡后，师父对我说："咱们到外边去遛遛弯，喊喊嗓子（平时照例是在家里喊嗓的）。"师父身穿黑色夹袄，足蹬布鞋，从程家花园出来，漫步来到了玉泉山的大门前。这儿一面是玉泉山的高墙，一面是流向青龙桥的小河，是个练嗓子的好地方。师父说："正好借水音和墙壁的回音练嗓。"我师父喊一声"衣"，我跟着也喊一声"衣"，师父叫我把牙再咬紧一点喊。师父喊一声"啊"，我跟着喊声"啊"，师父对我说："你把嘴再张大点喊。"师父就这样边教边喊。

这时，忽然从玉泉山大门口走来一位年轻的解放军战士，他说："请你们轻声一点，里面有首长在休息。"师父问道："是哪位首长在休息呢？我姓程，想进去看看他。"我忙插话介绍说："这是程砚秋先生。"这位战士看了我师父一眼说："请你等一等。"就转回去了。不久，从大门里出来四五位解放军同志，其中一位年纪稍长的，看样子是位负点责任的，问我师父："您贵姓？"我师父说了自己的姓名，那位同志说："请进来吧。"我尾随在师父后面步入了玉泉山大门，解放军在前面领路。在爬山时，我们得知是任弼时同志在此地休养。待爬到山顶，解放军把我们引进一间四周全是大玻璃窗的长方形大厅。一位面容可亲的首长站在大厅里迎接我师父。两位含笑握手后，任弼时同志让我们坐下，并问师父今天怎么有空到这儿来玩。师父说："我就住在附近。我带我的学生王吟秋（我立刻站起来向任弼时鞠躬致意，任弼时同志含笑摆手表示叫我坐下）出来练功的。刚才我们在门口喊嗓子，听那位解放军同志说有位首长在里面休息，所以特地来拜望您。"任弼时同志说："听说你抗日时期在这边种地。"师父说："是的，日本人来了，我不想演了。"师父问任弼时同志身体好些了吧？任弼时同志微笑点头……临分手时，任弼时同志赠了师父两本书。当时我不知道是什么书。师父逝世后，我向师母提及此事，据师母说，这书是毛主席著作单行本。

那次师父和任弼时同志会面大约十几分钟，师父恐怕妨碍他休息，很快就同任弼时同志握手告别了。玉泉山门前喊嗓子练功由之得以见到任弼时同志的事，使我师父非常高兴。但是，不久噩耗传来，任弼时同志竟不幸过早地病逝了，可是那次难忘的会见，却永远留在我的记忆里，而弼时同志赠书砚秋先生，也成了戏剧史上一桩具有纪念意义的历史事件了。

我师父正是在周总理、任弼时同志、贺龙同志这样一些革命老前辈的亲切关怀和教导下，政治上迅速成长，对戏曲改革事业正在做出重大贡献的时刻，又有谁能料到病魔却突然无情地夺走了他的生命！这位一代艺术大师的遽然逝世，对于中国戏曲界是一个重大的损失，使我长时间地沉浸在无言的悲痛里。

在我师父逝世之后，是敬爱的周总理一直关怀着程派艺术的发展，是总理他老人家在日理万机的百忙中，具体指示并亲自参加砚秋同志逝世一周年的纪念活动，是总理他老人家直接抓了筹备和成立程派剧团的全部工作。以后每逢我师父的忌辰，总理都要亲切地召见我师母和程派传人聚会畅谈，细致地过问剧团演出情况和培植后继诸问题。周总理对程派艺术的爱护，对一代艺术大师的无限深情，令我们后辈永远铭刻于心，终生难忘。

一九六〇年八月十七日，那是一个炎热的夏天，我参加了一次紫光阁的午宴。事先只晓得这是一次重要的宴会，去后才明白是敬爱的周总理请我的师母——程砚秋同志的夫人果素瑛同志吃饭。

梅兰芳先生来了，齐燕铭同志来了……还有，就是我们这些程门弟子和唱程派戏的演员，李玉茹、江新蓉、侯玉兰、童芷苓、杨秋玲、杨淑琴、赵荣琛等，因为大家来得早，离吃饭还有一段时间，就清唱助兴。

我现在能够想得起来的是：程师母唱了一段《文姬归汉》中的〔西皮导板〕"整归鞭……"童芷苓唱《锁麟囊》的"春秋亭外风雨暴……"我唱的是《鸳鸯冢》中〔二黄慢板〕"对镜容光惊瘦减……"总理的秘书许明同志唱了一段程派的《贺后骂殿》，荣琛、玉茹、秋玲也都分别唱了。梅先生手拿芭蕉扇，唱了《玉堂春》中的〔西皮散板〕"来至在都察院……"大家要齐燕铭同志唱，他说："我不会唱，来一段念白吧。"

最叫人兴奋的是邓颖超同志欣然而至，并且兴致勃勃地唱了一段戏。刚唱完，总理就哈哈大笑地同大家一起热烈鼓掌。邓颖超同志说，你们应该请总理表演，总理年轻的时候演过话剧。总理又笑了，连连摇手。气氛十分热烈、活跃。

　　吃饭了，各人找菜碟里卡片上写的名字对号入座，我正好坐在总理的右边，师母坐在总理的左边，我对面是梅先生。上菜后，总理对梅先生说："砚秋对你是很尊重的，自传里几次提到你。"梅先生听了含笑点头。总理又讲了砚秋在自传里写到家里人对他第一次来访发生误会的事，师母笑着立即用筷子指着我说："就是他。"总理看着我说："哦，就是你啊，请你吃点菜。"说着便给我夹了一筷子菜。我当时羞愧得不知怎么是好，好不容易才说了一句："我很不礼貌。"总理笑着说："哪里。"又问我师母："那张纸条还留着吗？"师母说："留着呢。"梅先生看着我那张大红脸，不解其意。我多么想当着大家的面，把这件事的来龙去脉讲清楚，向敬爱的周总理表达我负疚的心情啊，可是我竟然紧张得失去了这个机会，以后也永远得不到这个机会了。

一九八〇年三月十四日

程砚秋先生向我传艺

张君秋

程先生的艺术成就，是众所周知的。他的艺术是我国戏曲文化遗产的宝贵财富，应该认真总结、继承发扬。这里，我所要写的是同他的艺术成就密切相关的一些永远值得我们怀念、学习的事情。

大凡从旧社会过来的戏曲演员都曾有过一段艰苦学艺的经历，在苦难的旧社会中，艺人为生计而劳碌奔走，这原是可以理解的，正因为这个缘故，初学技艺的青少年，在他学艺的过程里，不可避免地要尝受到为金钱所制约的世态炎凉的咸酸苦辣。据我所知，程先生幼年学艺，是"写字"从师的，"写字"是带有契约形式的卖身性质，写了字，学艺唱戏，处处要受师父的管束，学生要在规定的年限内，用自己唱戏挣来的血汗钱偿还学费，而往往所付的代价要远远超过了应付的数额，这就是说，师父的艺术是作为一种商品来高价出售的，并且是超经济的。我也是"写字"从师的，这里面的苦楚我深有体会。然而，并不是所有的演员都要把自己的艺术当作商品出售的，一个真正的艺术家对待艺术的态度是严肃的，他们把技艺的传授看成是自己神圣的职责，为了艺术长河的川流不息，他们可以不计较个人的得失和金钱利益，甚至自己还要付出很高的劳动代价去培养后进，程砚秋先生向我传授程派代表剧目时的一段经历便是这样。虽然事隔四十年，但这段经历在今天看来仍然具有现实的教育意义。

那是一九四一年，我刚刚二十一岁时的事情。

那年冬天，一个风雪交加的日子里，北京城的街道上车马敛迹，路人依稀，这样的天气谁不愿意坐在家里围炉取暖呢！那年，我离开了马连良先生的扶风社，准备自己挑班，组织谦和社。艺术上的进取心像团烈火伴随着我，使我忘却了风雪的侵扰，在外面为组班的事求师访友、四处奔走。那天家里只有母亲一个人，寒风阵阵、雪飘不止，母亲的心时刻牵挂着在外面劳碌奔忙的我。

突然，外面传来敲门声，母亲以为是我回来了，赶忙开门一看，却是一位修长身材的中年男子，半旧的黑棉袍上披上了一层银色，清秀的眉目间挂着冰霜。我母亲一时认不清是谁，就客气地问："您找谁？"来客回答："我找君秋，我是程砚秋。"母亲这才认出是程先生，忙把程先生让进屋里坐。

程先生见我不在家，就把来意对我母亲谈了，他说："君秋的艺术，无论台上的功夫，还是台下的人缘，都已经够独自挑班的条件了。过去既在马（连良）先生的扶风社挂二牌，现在就不要再给别人挂二牌了，应该自己挑班，发挥自己的特长。听说君秋要独自挑班，我以为这是对的。挑班得有青衣主演的本戏，不能光演同老生配对的戏了。"说到这里，程先生就开始认真地同我母亲为我盘算着未来的演出剧目，他说："这几天，我给他想了几出戏，我听说侯喜瑞、姜妙香、张春彦等先生要同他合作，我就想到我演出的《红拂传》，这个戏，唱工吃重，有歌有舞，很适合君秋演，侯、姜、张三位都是原排，这是很好的条件，里面的唱、做，我来给他说说，他就能演了。还有一些戏，君秋演过单折，像《牧羊圈》、《六月雪》，这些戏的一头一尾，我都可以给他说，像《牧羊圈》，前面加上"牧羊山"，后面加上"团圆"，就有了全本的《碟痕记》了。《六月雪》也如是。这些戏，在君秋来讲，学会都是挺方便的。君秋回来，请您转告他，让他到我家去，我给他说戏。"说完，就要起身告辞，母亲见外面雪大，再三挽留，请程先生多坐会儿，程先生笑着说："不碍事的，改日再来。"临走又再三关照，要我到他家去。母亲把程先生送到大门外，直望着他的身影消失在雪花飘舞之中。

每当我同朋友们、同青年演员同志们谈到程先生的艺术时，我首先就要谈到上述这件永远难忘的事情。我谈这件事情，不仅是出于对程先生一片真情的感激，重要的是，这件事情生动地表明了程先生作为一个艺术家所具备的提掖后进的高尚品德，这种高尚品德是永远值得我们纪念和学习的。要知道，旧社会的艺术竞争是很激烈的，大凡名流的艺术，若不是本门子弟，不肯轻易传授，我同程先生不是正式的师徒关系，也没有沾亲带故，程先生比我年长十六岁，正值艺术的鼎盛时期，我是后学者。我筹组谦和社正是为了艺术上的进取，在这种情况下，程先生竟主动慷慨地登门赐教，这在"艺不轻传"的旧社会艺坛中，确实是件难能可贵的事情。即使在今天，还能看到一些将艺术据为私有的现象，诸如"我的戏别人不能演"，"我的学生不许演别人的戏"等等。相比之下，程先生在旧社会所表现出来的高贵品质，就更显得高尚了。

旧社会学戏有所谓"偷戏"之说。提起"偷戏"，我想起了一段梨园旧事。程先生的艺术也曾有人偷学过，据讲，程先生在台上演戏，如发现有人"偷戏"，他在台上的动作就要做些改变，但他怎么变都来得精彩，一个《青霜剑》的开门动作，演三次三个样，都能博得观众的热烈掌声，别人根本看不出来是怎么走的身段，你硬要在台上演，不是演走了样，就是把线尾子弄乱，当场出彩。这样的事情是有过的，程先生对我也是毫不讳言的。但是，这里我应郑重地说明，那是程先生对付一些视艺术为玩物的"戏混子"

的一种特殊的方法。程先生最反对的是那些将他的艺术加以歪曲，供小姐、姨太太取乐的低级表演。而有些"戏混子"就是靠偷的方法去学他们心目中所谓的"程派"艺术，然后豢养一些歌女、妓女加以歪曲，供人玩乐。对待这样的低级无聊作风，程先生就只好采取一些特殊的方法加以对付。这件事当然不能同当时存在的保守现象相提并论，相反，这恰恰反映出程先生严肃认真、疾恶如仇的艺术态度。对待旁门邪道，程先生是冷若冰霜；对于渴求艺术进取者，程先生则是暖如春风，这点我在向程先生学戏过程中是深有体会的。我现在还清楚地记得，在程先生家的大厅里，程先生给我说戏比他自己演戏还要累，他教我《牧羊山》中一个"屁股坐子"的身段，为了让我很好地掌握要领，就不厌其烦地反复为我做示范，我在谦和社演出的全部《硃痕记》，不仅得到了程先生的认真传授，连演出时用的道具也是程先生的，我每演一次《硃痕记》都要到程家去拉一次道具，如戏中使用的磨盘、鞭子、羊形、斗、簸箕等等。这些事例充分地表明，程先生对艺术的态度根本不是保守的。

程先生说戏，同当时较为普遍的一招一式不准走样的方法迥然两样，他有独到的见解。他教我《红拂传》、《窦娥冤》等剧的演唱时对我讲过："君秋，我给你说腔，把唱法、气口都教给你，你要用你的嗓子去唱，我的演唱是根据我的条件去唱的，我还希望有你的嗓音条件呢！"又对我说："我最不喜欢那些死学我的人，他们哪儿是在学我，分明是在糟践我！"他教我表演也如是，他说："我的存腿你不要学，那是因为我个子高，所以才存腿走路，你的个子合适，存腿走路反而不好。"这些话我现在还记得十分清楚。我觉得，我从程先生那里，不仅学到了程派的艺术，而且也懂得了如何充分发挥自己的长处，使得学来的艺术化为己有。我在以后，特别是新中国成立以来创作演出的剧目中，有不少是借鉴了程派演唱的特点，但我没有硬搬过来，而是加以融会贯通，形成自己的特点，这同程先生的启发是分不开的。

　　值得提及的是，程先生在他自己的艺术黄金时代里，不仅诲人不倦，而且仍在不断地锤炼、提高自己的艺术。对此我也是身临其境、亲眼目睹过的。

　　那时候，我经常到王瑶卿先生家中求教，在王家，又经常同程先生碰到一起。王先生家里，生、旦、净、末、丑各行都有登门求教者，在那里，即使不是王先生亲自给你说戏，只要用心听取王先生给别人说戏，或是听他同在座诸朋海阔天空地谈艺说技、谈笑之间，便有收益。这中间，我看到程先生总是正襟危坐、用心潜听的。午夜将临，座客逐渐散了，程先生和我却经常留在那里。这时，王先生的精神却丝毫未减，兴致勃勃地又和我们谈戏，在这个时间里，我们可以得到更多的收获。记得在程先生排演名剧《锁麟囊》时，程先生常就此剧的表演、唱腔等问题向王先生请教，而请教的时间大多是在午夜客散之后，所以我就有幸能亲眼目睹王、程二位切磋演唱艺术的创作过程。《锁麟囊》一剧是程派演唱艺术的杰出代表作，唱腔上有许多独到的破格创新，这些创新实践对我以后的创作是大有启发的，从中我领悟到，若要创新，需得广博地掌握传统艺术，而在掌握广博的传统艺术之后，又得跳出传统的局限，把传统的演唱技巧拿来为自己所表现新的内容、新的人物所用。程先生创腔有句名言："守成法而不拘于成法"，这是京剧唱腔创作应该遵循的重要法则。

　　我同程先生常常在王家坐到凌晨两三点钟，才从大马神庙王家出来，一直往虎坊桥的十字路走去。我们一边走，一边高兴地交谈着当天晚上的收获。尽管天气冷，我们也不怕，因为我们没闲着，我们是跑着圆场走路的。往往走到虎坊桥的大转盘路口，竟浑身是汗，这时我们才分手各自归家。

　　在我以后的艺术实践中，始终没有间断过向程先生请教。程先生隐居青龙桥时，我曾专程去那里拜望，谈话间，我深深感到，当时的程先生虽然谢绝舞台生活，但他对艺术的关心依然是一片热忱的。新中国成立以来，程先生更是全身心地投到了戏曲改革的事业中来。我演的《望江亭》、《珍妃》等剧都受到过程先生的热心关切。记得是在一九五七年冬，程先生此时的工作有了一点空闲，他就要看看我创作的剧目，一天，我演《珍妃》，程先生看了我的演出，演出结束，他到后台看我，高兴地向我祝贺，对我说："你编了这么多的新腔，难为你怎么记得住呀！"又说："你的《望江亭》我还没看呢，什么时候演告诉我，我来看戏。"后来，我演《望江亭》时，事先给程先生送了票，但演出时，却没看到程先生来，当时我还以为是临时有什么事耽误了，没想到，正是那一天，程先生因心脏病突发住了医院，不久，便过早地离开了我们。《望江亭》一剧，程先生未能看到，这是我终生难忘的一件憾事！

一九八一年三月一日

言传身教忆程师

宋德珠

　　我的老师——敬爱的程砚秋先生已经逝去二十二年了。我这个四十多年前的小学生，如今也成了年逾花甲的老头子了。半生蹉跎，欣逢治世，抚今追昔，感慨万千。不论是风雨如晦的岁月，还是否极泰来的时日，每当忆及老师的音容和教诲，便又深深地感到了他那御霜傲雪的情操和发愤自强的斗志对我的激励。

　　我是中华戏曲学校头科"德"字辈的学生，程先生是学校的董事长，也是我的业师。旧社会讲究"打戏"，老师教戏打学生是"理所当然"，我们学校也不例外。在教过我的老师里，从不打学生的只有他和荀慧生先生。他总是称呼我们"小弟弟"，不以师长自居。这不单给我留下深刻的印象，而且在我幼小的心灵里便播下了朦胧的民主意识的种子。除科班"打戏"之积习，开师生平等之风气者，自先生始。但是，他对学生的要求却又极为严格，一丝不苟，以身作则。记得他给我排《玉狮坠》时，有一次从早晨八点一直说到下午四点还没下课，中间也没吃饭、休息。我当时心里很紧张，怎么也学不会，但他总是笑嘻嘻地一遍又一遍地耐心教，一点也不发火。后来还是我们的焦菊隐校长一再劝说，才下了课。

一九三六年，他决定赴法国演出，以宣扬我们的民族艺术，我有幸陪同先生扮演《白蛇传》的小青、《游园惊梦》的春香和《碧玉簪》的丫鬟。当时，正在做紧张的准备，如订制全新行头等。可是他还不厌其烦地同我们说戏、排演，精益求精，必欲严丝合缝而后已。俗话说"百闻不如一见，百看不如一练"，与他同台的一番砥砺，使我在艺术上有了很大长进。只是由于后来"七七"事变的爆发而未能成行，但我们师生合影的一帧帧照片，都成了我最珍贵的纪念品。

一九三九年，天津水灾，北京戏曲界义演，捐款救济灾民。事后主办人请客致谢，北京的名演员都去了。那时我已毕业，也忝居末座。名净金少山先生善豪饮，又爱开玩笑，他同我商量，要合伙把名须生谭小培先生（谭鑫培之子）灌醉，我年轻不晓事，欣然同意，结果把谭先生灌得酩酊大醉。当时，程先生在场，也没说什么。第二天叫我去家里喝酒。他搬出一大坛酒，足有十几斤；又拿来能盛半斤酒的大杯，一连让我喝了三大杯，然后对我说："社会上什么人都有，你年纪轻轻的，不能喝那么多酒，不然要吃亏的。"还当场叫我看他运用气功，使喝下去的酒全从肘、腋等处随汗又排泄出来。先生对后学爱护之情，溢于言表，使我感佩之至。

解放后，我的嗓子一度坏了，很气馁。他得知后把我找去，要我鼓起勇气，养好嗓子，千万不要丢功。还不断写信，在政治上帮助我，在艺术上鼓励我。这更使我终生难忘。

以上所写，虽不能表达先生高风亮节于万一，却也可窥见这位刚正耿直的艺术大师襟怀、品格之一斑。他中年早逝，殊属憾事，然而桃李无言，下自成蹊，随着时光的流逝，程派艺术的宝贵价值，必将被越来越多的人们所认识。

一九八〇年七月二十四日

（陈国璋　朱文相　整理）

忆程砚秋先生同中华戏曲专科职业学校

张金樑

　　我常常从日常教课接触到的中国戏曲学院学生的生活中，联想到五十年前的生活。五十年前，即一九三〇年，我和现在戏曲学院的孩子们一样，也开始了学戏的生活。我的学校就是程砚秋先生同焦菊隐、金仲荪先生创办、领导的中华戏曲专科职业学校（简称中华戏校）。这个学校同今天的中国戏曲学院的生活有相似的地方，也有不同的地方，最显著的不同就是，中华戏校是在旧社会中创办起来的，然而它是在旧社会长期形成的视戏曲艺术工作者为下九流"戏子"的传统成见的污泥中，傲然挺立的一束艺术蓓蕾。正因为如此，中华戏校的生活至今还是我经常眷恋难忘的。

　　程砚秋先生治理戏校的最突出的思想，就是演戏要"自尊"。他常常对我们讲："你们要自尊，你们不是供人玩乐的'戏子'，你们是新型的唱戏的，是艺术家。"他对女学生讲："毕了业不是叫你们去当姨太太。"现在，戏曲艺人理所当然地被视为戏曲艺术工作者，有突出成就者则被誉为戏曲艺术家，他们都受到了广大观众应有的尊重，这在旧社会是不可想象的。程先生的治学思想的难能可贵也正在这里。

　　我在中华戏校学习了八年，这八年的生活是十分紧张的，也是十分充实的。在专业学习上，程先生不惜重金，为我们聘请了许多艺术名流担任教师，例如，马连良先生的业师蔡荣贵，李少春先生的业师丁永利，名丑郭春山等等。我学的是丑行，郭春山先生是我的老师。旦角的教师更是名流济济，程砚秋先生亲自任教自不必说，其他如吴富琴、陈丽芳、何喜春、诸如香、郭际湘（即"水仙花"）、阎岚秋（即"九阵风"）、张善亭（即"十阵风"）等，也都是中华戏校的教师。这些老师都有很高的艺术造诣，对我们的要求是很严的。我们在校八年没有寒暑假，连礼拜天也没有，只是到周末，家长可以来学校看望看望孩子。每天早五点半起床练早功、喊嗓，吃完早饭便是紧张的业务学习，中午午睡过后，下午还是业务学习（入学二年之后，一般下午便是实习演出），吃完晚饭后有半小时的业余活动时间，以后接上去是文化课，直到九点。天天如此，年年如此，所以，我们的功一直没断，始终保持着循序渐进的良好学习秩序。

旧社会的艺人一般是幼而失学的，许多人演了一辈子戏连自己的名字也写不好，这当然要影响他们的业务深造。程先生主张把我们培养成"新型的唱戏的"，其中重要的一点就是为我们开设文化课，这也是中华戏校与旧戏班坐科学艺的显著不同。我们的文化课有历史、地理、戏剧史、国语。此外，还开设外文课以及美术、乐理等艺术修养课程，鼓励大家学书法，练绘画。我对脸谱美术颇有兴趣，经向张焕亭、张春芳、翁偶虹等先生求教，学会了这门艺术。在那个时候，陈墨香、杜颖陶、翁偶虹、吴晓铃诸先生，经常到校为我们讲学；焦菊隐先生的朋友，燕京大学外语系的高材生教我们外语，一般同学们都学会了一些外语的简单对话，外宾到校参观时，同学们张嘴就是："How do you do？""Sit down please！"或"てんにちは"（你好）。这在当时是很时髦的。外宾向我们伸大拇指，校外科班学生则对我们羡慕不已。

学习文化课并不是为时髦，它使我们增长学识，开阔视野，加深对专业知识的理解，学戏中不仅知其然，而且也知其所以然，有利于演出水平的不断提高。程先生的演出是严肃认真的，程派戏的丑多，如《荒山泪》、《碧玉簪》、《鸳鸯冢》、《玉狮坠》、《青霜剑》、《锁麟囊》等剧目中都有丑，其中《锁麟囊》一出戏中就有十多个丑。丑角有个通病，容易临时抓噱头、出馊眼，这在程先生的剧团中是不允许的。程先生主张丑角也要演人物，他在台上的一言一行、一举一动都必须在戏情戏理之中，不允许脱离剧情，更不许喧宾夺主。对这一点，与程先生合作终生的名丑曹二庚先生，表现得很突出，他既富于丑角的喜剧色彩，又不脱离剧情、人物，更不搞低级庸俗的东西。金仲荪先生不止一次地要求我们学丑行的学生："要学曹二庚，要规矩！"程先生排演《锁麟囊》时，我在程先生剧团里搭班，其中的丫鬟梅香（彩旦）是由丑角应工的，我就扮演了这个角色。有一场戏，程先生唱的是〔四平调〕，我在一旁搀扶着，程先生的脚底下相当有功夫，我紧随着他，十分小心，多一步也不敢走。程先生演《六月雪》，其中的禁婆子也是丑角应工的，禁婆子打窦娥，窦娥哭诉了她的冤情，感动得禁婆子也哭了，有的丑角在此时又抹眼泪又擤鼻子，舞台形象很丑，程先生对此是反感的，他对我说："演到这儿，你哭就可以了，不要擤鼻子。"程先生的这种艺术见解是以他对人物、剧情的深刻分析做依据的。我们有了文化课的底子，易于理解他的要求，并付诸行动。

学习外语是为了和国外朋友进行艺术交流。程先生的戏，知识界的观众爱看，外国朋友也爱看。记得程先生演《鸳鸯冢》时，楼上包厢里坐满了外国观众，程先生深沉委婉的唱腔，轻盈细腻的舞姿，强烈地吸引了他们，使他们得到了艺术享受，理解了剧情和人物，做出了好评。程先生很注重向国外的戏剧艺术学习，他一方面严格要求我们学好传统戏，一方面还组织我们学排外国戏剧，我们排过《梅萝香》及《少奶奶的扇子》等外国名剧，记得是请唐槐秋先生到校辅导排练的。排这些戏不是为了对外演出，是为了从中受到启发，得到借鉴。在程先生为我们排《孔雀东南飞》时，我们废除了布景的出将入相以及台上的检场，采用了边条幕的方式，这在当时是首创；一些持保守观点的人讥讽我们演的是"文明戏"，但事实证明，广大观众是接受的，是喜欢这样做的。程先生对我说过，将来你们不但要演传统戏，也要演现代戏。一九三七年初，程先生曾组织过一个去法国进行戏剧考察的戏曲团体，也从中华戏校选了外语水平较好的几个学生参加，其中有宋德珠、洪德佑、傅德威、王金璐和我，一切都准备齐全了，因"七七"事变，而未能成行。

中华戏校有自己的校歌、校徽及校服，我们的校服是"制服"，不戴圆帽头，不穿长大褂，走出校门个个精神抖擞。中华戏校还有严格的校规以及奖励制度等。旧戏班讲究"打戏"，学生有了过失，劈头盖脸一顿打，甚至"打通堂"，株连无辜。这种长期沿袭下来的恶习，在当时是很难纠正的。中华戏校也有"打戏"之举，但程先生及焦、金二先生坚持一点，即打学生不许打头脸、不许伤内脏，这样，"打戏"之风便收敛了许多。而促进学生好好学习的最行之有效的方法就是设立月考、大考、年终评奖的制度。每年评定一次优秀生，凡学戏、文化及操行均优的学生，被评选为优秀生，头五名发给十二元的奖学金以及铜镇尺、乒乓球拍子等奖品。这种制度培育了以学习好为荣，学习不好为耻的风气，促使了大家学业的进步。中华戏校也是以字排辈的，排列顺序是德、和、金、玉、永、兆、令、铭，但只排到永字辈便因战事，无法继续办学而中止了。前几辈的学生中确实出了不少人才，如德字辈的宋德珠、傅德威，和字辈的李和曾、王和霖，金字辈的王金璐、李金鸿，玉字辈的李玉茹、侯玉兰，永字辈的高永倩（后改高玉倩）等，他们有的至今还活跃在京剧舞台上，有的担负着培养青年一代的任务，在全国各地有着广泛的影响。

我陪程先生最后一次演出是在一九五〇年，那年我在武汉，程先生到武汉、四川等地考察戏剧，应武汉观众要求演了两场《锁麟囊》，我陪他演了梅香，同台演出还有高维廉、高盛麟等。在这次活动中，程先生和我师生相聚，分外亲切，演出后，程先生请我吃饭，饭席上他谆谆嘱咐我说："要保持京剧传统，不要胡乱发挥；要好好树正气，树个旗杆。"这以后和程先生分别八年未能见面，使我终生遗憾的是，一九五八年程先生过早地离开了我们。

一九八〇年七月

锐意改革旧制的戏曲教育家

李玉茹

每当我拿起笔来要写点东西的时候，常常要回想起我童年时代给予我知识和技艺的母校——中华戏曲专科学校，我对它十分怀念，我对教导过我的师长们——程砚秋、焦菊隐、金仲荪和其他许多教师充满了无限的感激之情。

那个时候，要学戏只有进科班，或当"手把徒弟"。女孩子学戏就更困难了，科班是不收女孩子的，只有写给私人拜师，才能学戏。

中华戏曲专科学校，当时被认为是一座"邪门歪道"的学校。那时，唱戏的不供祖师爷，不拜师，不磕头，简直是大逆不道。戏曲学校不仅废除了迷信、残酷的体罚，同时还安排了大量的时间，让同学们学习文化。同学们每天除了毯子功、把子功、喊嗓、调嗓、台步等基本功外，还有四节学戏，排戏课、四节文化课。文化课有语文、古文、历史、地理、美术、算术、音乐、音韵以及英文、法文，后来又加上日文等课程。文化课的课程安排比一般初中的课程都要繁重。那个时候，我们都很小（我当时只有八岁，大一点的同学也不过十一二岁），感到很吃力，跟不上。但许多同学对《长恨歌》、《桃花源记》、《孔雀东南飞》等古诗文，还背诵得滚瓜烂熟，朗朗读书声，处处可闻。文化课为我们开阔眼界，增长知识，打下了良好的基础。有一位女同学白玉薇，不仅能说得一口好英语，还能写很好的英文作业。男同学张金樑能说得一口很不错的日文。费玉策同学在学校时就已经开始写文章，投往报社。能书善画的同学也很不少。由于"七七事变"，学校经费来源有了困难，只得依靠增加学生的演出来贴补收入，文化课也就减少了。如果不是这种状况的话，我相信她会培养出更多的有一定文化程度的京剧演员。

程砚秋先生及其他老一辈的艺术家，深切地感到文化不足的苦恼，从而他们都在孜孜不倦地学习着文化。程先生自己就向罗瘿公先生请教读书、写字、绘画，几十年如一日地勤奋地学习着。程先生是戏曲音乐研究院的院长和中华戏曲专科学校校董会成员，并聘请了焦菊隐先生担任戏曲专科学校的校长（后期校长是金仲荪先生）。从一九三〇年中华戏曲专科学校诞生开始，程砚秋先生十分关怀这所新型的培养京剧人才的学校，他经常到学校来给学生们讲课、教戏。他向同学们说："不是为了混饭吃而唱戏，不是供人取笑而唱戏。唱戏的重要品格，是要教化听戏的。"他努力教育学生，要懂得怎样来对待自己所从事的事业，以及做一个演员的职责。此外，程先生还约请了对戏曲深有造诣的齐如山、俞振飞、曹心泉诸先生来校讲课，这些都充分体现了程先生对中华戏曲专科学校的学生的期望和要求。

程砚秋先生沉默寡言，性情温和，看起来似乎有些拘谨，但他的内心却有着火一般的热情。他刚直不阿，疾恶如仇，宁折不弯，十分耿直。他对待艺术，严肃认真，一丝不苟，他也是以这种准则来要求我们的。抗战期间，程先生不甘受日伪鹰犬的屈辱，毅然放弃为之奋斗几十年的京剧事业，隐居京郊，务农为业。这种高尚的情操真是我们学习的典范。

三十年代，尽管京剧十分盛行，已经达到了"四大名旦"、"四大须生"的全盛时期，但从某些人的眼睛里还不时会投来一瞥蔑视的目光，撇着嘴说声"唱戏的"或者"戏子"。在那吃人的社会中，唱戏的是没有社会地位的，艺人是被摧残、被践踏的。程先生对此深恶痛绝，愤懑之极。他幻想着我们这批学生将来能够改变这种状况。在校时，文化课的教师经常鼓励我们，要努力学习文化，毕业时要达到高中毕业的文化水平，即或不能唱戏也还可以投考普通大学。当然我们这批孩子的家庭出身都是比较清苦的（其中小戏迷也不乏其人，我就是其中之一），能有条件上大学也就不来学戏了。但由此也可看出程先生、焦先生、金先生立志改革社会的雄心大志。

程砚秋先生虽然具有这种远大的理想和抱负，但在黑暗的旧中国，他的理想是不可能成为现实的。中华戏曲专科学校的学生被讥为"鞠躬学出来的"，是"供孙中山的"，要么就说我们的戏"不通大路"（不够标准）。因为我们不供祖师爷，就不算是梨园子弟，不算唱戏的。其实中华戏曲专科学校的师资力量是相当雄厚的，是得到当时许多艺术家和先辈的支持的，就以旦角的老师来说，青衣是律佩芳、吴富琴；花旦是郭际湘（水仙花）、王蕙芳、诸如香；武旦是阎岚秋（九阵风）、张善亭（十阵风）等老教师，校外教师还有王瑶卿、荀慧生、杨小楼、尚和玉、马连良等艺术家。他们都选择自己拿手的而又对学生大有启蒙的戏来教，如《梅玉配》、《雁门关》、《长坂坡》、《连环套》、《四平山》、《清官册》、《清风亭》等传统剧目。教师中还有其他名家如蔡荣贵、张连福、李洪春、丁永利、郭春山等，就不在此一一列举了。在这些名家的严格训练下，为什么还会产生"不通大路"之讥呢？这正是由于程、焦等先生勇于革新、解放思想，对演出剧目进行去芜存菁所招致的。比如《汾河湾》，柳迎春唤出薛丁山，叫他去汾河湾打雁，母子糊口。按照旧本，薛丁山说："孩儿不去了。"柳迎春问："儿为何不去？"丁山说："昨晚孩儿偶得一梦，甚是不祥，故而不去了。"程砚秋先生则把这句迷信的话删除了，改为"孩儿今日身体不爽，不愿去了"。下面薛仁贵射杀猛虎，误伤薛丁山，按旧本子，这只虎是白虎星下凡，把薛丁山背走学艺去了，程先生也把它去掉了。虽然改动不大，却把一

188

些迷信、荒诞的东西抹掉了，类似这种例子还是很多的。这体现了程先生在继承传统的基础上有所发展和革新，而这在五十年前是多么难能可贵啊！

在净化舞台方面，程先生也做了一些革新尝试。在后台废除了拜祖师爷、烧香磕头外，学生们不准嬉笑，不准大声喧哗，肃静地候场，犯了规矩要被申斥或挨手板，我因为爱笑场就挨过手板。在舞台上，不准饮场（喝水），不准用跪垫（即使演《玉堂春》，也不用跪垫）。不上检场人，剧中人相互搬椅或闭幕布置舞台。有些戏非上检场人搬道具不可，则让同学们穿上校服，上台搬布景或拉幕。乐队也是在舞台侧，用纱遮住，而且一定穿校服，以保持舞台上的严肃性。

为了培养学生学到更多的知识和技巧，学音乐的同学，除了向汪子良老先生等学京剧音乐外，还请了一位郝先生教同学拉小提琴和学习民族器乐。演出中有时还让同学在换戏的间隔中演奏几支广东音乐的曲子，俾使学生能有舞台实践的机会，这在当时还很受观众的欢迎呢！赓金群同学（现在中国京剧院司鼓），不但擅长打鼓，还能指挥洋乐队。李金泉同学不仅擅长演老旦，还是一位很有才能的唱腔设计者。这当然是他们自己刻苦钻研的成果，但与在中华戏曲专科学校学习时受到多方面的培养也是有关系的。

打破门户之见，全面吸收。在我们学校，曾有"无旦不学程"的美谈，就是说，只要是旦角，都是学程派的。确实，从思想到艺术，我们戏校同学受程先生的影响是很大的。程先生在百忙之中，还要抽出时间，为我们说戏、排戏。比如《武家坡》的跑坡、进窑，他总是一遍又一遍地给我们示范。有一些戏，如《碧玉簪》、《鸳鸯冢》、《玉狮坠》等，更是他亲自指点。程先生每周在中和园演两场戏，总是留出三个固定包厢，一个是程先生的母亲和程夫人果素瑛的座位，另外两个包厢留给戏校同学。那时我们真是看了不少程先生的冷门戏（有些戏后来就不再演了），如与程继先先生合演的《贩马记》，和俞振飞先生合演的《琴挑》，以及《穆天王》、《醉

189

酒》、《探母》等戏。我在入校前学过几出老生戏，原想继续学老生，但戏校规定男演男，女演女（只有武旦例外，因怕女同学体力不能胜任），所以入校后，我就改学了青衣。金仲苏校长看我眼睛大，又叫我学闺门旦、花旦、刀马旦。为了使我全面发展，学校还安排我每周看荀慧生先生和于连泉（筱翠花）老师的演出。所以在校时，我除了演程先生的戏外，花旦、刀马旦的戏我都演。比如《十三妹》是王瑶卿先生给说的，我又参照了荀慧生先生的演出方法来演。《霸王别姬》、《廉锦枫》、《太真外传》，我就照梅派路子演。所以戏校毕业的同学，戏路都比较宽广，不拘一格，取各家之长，全面发展。程砚秋先生决不以"无旦不学程"为满足，他的目的是要培养出一批一专多能，全面发展，有文化的京剧事业的新一代。中华戏曲专科学校，继承了科班教学的优良传统，但在教学方法和学文化方面又有新的突破，这在中国戏曲史上是找不到先例的。

程砚秋先生不大喜欢女孩子唱戏，除了社会因素以外，他总觉得女孩子一结婚就没有事业心了。因此他常对女同学说："你们一定要刻苦地学，要把唱戏当作一辈子的事去干。"他对女同学的基本功，要求也是相当严格的、毯子功、耗顶都和男同学差不多。尤其是跷功，他自己并不提倡绑跷，但为了练好基本功和脚下的功夫，我们（学花旦的）从上午起床后就绑上跷打把子、跑圆场、站砖，甚至吃早餐、上课都绑着跷，午休时才准卸跷（现在当然废除了踩跷；但我自己在这门功上是深得益处的）。武旦就更艰苦了，我记得宋德珠同学，绑着跷练毯子功翻跟头，一下子摔晕过去了，送到医务室，医生让他休息了一会儿，仍继续练。宋德珠同学在基本功方面下的功夫最深，所以后来他在舞台上的纯熟技巧，不亚于前辈的九阵风、十阵风，而且在武旦行中，形成了他自己的独特风格。

继承和创新并举。在程砚秋先生的艺术思想指导之下，学生们的传统戏学的既多又扎实。同时他还请戏曲音乐研究院的翁偶虹、陈墨香先生为戏校搞些创作和移植地方戏曲的剧目，让学生们排演，如《孔雀东南飞》、《美人鱼》、《三妇艳》、《周仁献嫂》、《蝴蝶杯》等。还特为李和曾同学请来高庆奎先生，把高派的《哭秦庭》、《逍遥津》等剧目继承下来。

程砚秋先生为了中华戏曲专科学校花了不少心血。"七七事变"之后，学校经费发生了困难，程先生想方设法为戏校搞经费。校址原在崇文门外木厂胡同，因付不起房租，程先生把自己在沙滩椅子胡同的一所房子让给学校用。虽然克服了一些困难，最后还是维持不下去了，终于在一九四〇年底玉字班同学毕业时，学校宣告解散。

一九三〇年——一九四〇年年底，在短短的十年中间，戏校培养出了德、和、金、玉、永五班，共二百多名学生。至今在全国各地，都还有许多戏校同学活跃在舞台之上。有的人为培养下一代在辛勤地劳动着，像白玉薇同学，在台湾培养了一批很有成就的京剧演员。也有人改了行，在其他战线上工作。

十年时间，在人类历史上不过是短暂的一瞬，但中华戏曲专科学校这十年中培养京剧人才的功绩却是不可抹杀的。

程砚秋先生人品艺事点滴谈

王金璐

　　程先生是个恭谨可亲、文质彬彬学者样的人，是一个给人一种具有温、良、恭、俭、让古典美德印象的人，在反动势力面前他却表现得那样勇敢无畏！解放前夕，原中华戏校校长焦菊隐先生在地下党的领导下创办了艺术馆和"校友剧团"。当时，为抨击残存的反动势力编了《桃花扇》一剧。由于当时反动势力仍很猖獗，不少人担心害怕，甚至连排戏的剧场和演出的服装道具都不敢租借给使用。排戏，我们只好到处打游击躲藏着干，可是行头和大幕却不好解决。有人提出求助于程先生，也有人担心会碰钉子。结果出乎人们的意外，程先生毫不犹豫地把行头和大幕叫我们拉回使用。今天不了解当时情况的人似乎觉得这事情是小事，可是，但凡曾经身历其境的人回想起来，都知道那是关系到生命安危的大事。程先生能冒着被捕坐牢的危险借行头大幕给我们，此举是多么勇敢，他对革命事业的支持又是多么可贵、多么令人尊敬。

　　程先生对戏曲教育事业的贡献也是很大的。就我所知，他在中华戏校任职期间，提出过很多开明而积极的建议。比如，学生不能单纯学戏，要学文化。为了促进学生们对文化课的重视，实行表扬和奖励先进的制度，把成绩优良同学的作品和成绩贴在墙上让其他人学习，并颁发纪念奖品以示鼓励。我那时就得过铜墨盒、铜镇尺和奖章等。最使人钦佩的是，为了更多地培养艺术人才，程先生把自己的一所七进宅院的大房子献给了中华戏校。这样，戏校校址才由原先崇外木厂胡同迁到了沙滩椅子胡同。

旧社会的艺人多半都是贫苦出身，程先生也不例外。他幼年学艺也没系统地学过文化。我在校学习的前一阶段，由于年龄小，生性又活泼好动，认为学戏无非是为了能找个吃饭地方，既不知道文化学习的重要性，更不知道该如何把一出戏学好演好。有一次我吃饭后一边嚼着米饭一边跑出饭厅，程先生笑着喊住了我，对我说："吃饭要等吃完了再走，还要细嚼慢咽，不然，消化不好就要得病了。一个演员从小没有好身体怎么行！咱们唱戏也是一样，一出戏不仔细琢磨透，能演得好吗？"本来我对他一直带有尊敬而仰慕的心情，听了他的话后，虽然不知应该怎么回答，但是我确实是深有所感的。又有一次程先生看见我在院子里连跳带嚷地玩，叫住了我，慢慢地对我说："小孩总是要玩的，可不能老玩呀，你学完戏，上完文化课，还得抓功夫练练字，学学画，至少能使自己心静下来吧。"对于程先生情感真挚的教导，我自然是恭敬地心领神受，尽管我一时还不能懂得学字、学画对我的业务修养有什么帮助，我还是认真地实行了。当时极关心我的金（仲荪）校长发觉我在学习写字画画，就亲自送给我纸笔墨砚和一套很珍贵的字帖，因为他知道我的家里很穷，买不起这些东西，天长日久，我居然也敢为当时的戏剧报和其他一些刊物写东西，给亲友们写画扇面了。从那时候开始，我对一出戏的内容、结构、诗句、唱词和表演动作甚至武打等都养成了认真推敲、反复研究的习惯。有时由于我的水平所限，对于一段唱词我认为过于庸俗、文法不通或与情节不符，却又一时想不出好的词去取代之前，我宁可不演这个戏也决不将就。这就是程先生对我启发教育的结果。

在我个人身上，最使我怀念的是程先生培养我和宋德珠师兄学武术的事情。大家只知道我们师兄弟俩曾经和名家学过武术，但并不知其底细。在我们学戏时期，有一位武术名家高紫云先生，有几套不轻易传人的剑法和刀法。在程先生一再恳请下高先生才答应到中华戏校传授武术。开始以为只有程先生向高先生学习武术，没想到程先生竟然把我和宋德珠也叫去学。我的条件和性格是适合武戏的，听说可以向这样的名家学习，很是激动，要不是程先生有心培养，我哪会有这种学习机会。从那以后高老师认真传授，程先生刻苦练习，我和德珠师兄也用心学习，不出两三年，不只是学会了他传授的几套剑和刀，就连在舞台上的步法和打把子的招数都明显地起了变化，有了提高。多年来总有人提起我的剑和刀在舞台上不是纯京剧程式，一定有什么传授，我总是说："这是师承高紫云先生的，要不是程砚秋先生的培养我也学不上啊！"程先生是把所学到的武术融化运用到他的表演中去了，除去《聂隐娘》和《红拂传》里的舞剑外，还有《武家坡》里的进窑身段。我看他表演时，发现他身子矮、旋转快、动作稳而富有艺术美，就当面问他："为什么别人来不了这么好！"他对我说："你怎么忘了，高紫云先生教的剑里的'古树盘根'多上半步，动作再柔软点不就行了吗！"这一说我才恍然大悟。可见程先生汲取其他营养不只善于糅，而且善于"化"为自己的东西。再如《荒山泪》和《碧玉簪》里都有一个叫"屁股坐子"的身段，程先生的这一动作起势猛、高、快，距离远、落地轻，而且姿势极美，没有武术基础是做不到的。

程门砚田秋实累　亮节高风树楷模

荀令香

　　我是程砚秋老师的开门弟子。梨园界久有"易子而教"的传统，这既是出于对子女的严格要求（习艺艰难，不下苦功不得入门。对自己的子女，有时难以做到严教），也体现了前辈艺术家之间的相互敬重与信任，程师不但以其高超的艺术造诣久享盛名，而且以其高尚的品格为众人所称道。我父亲荀慧生，对程师一向很敬佩，就为我亲自向程师提出了拜师的要求。程师欣然应允，就在一九三二年元旦，举行了拜师仪式。那天到场的来宾有徐凌霄、刘晓桑、金悔庐、陈墨香、曹心泉、王泊生、许志平、邵茗生、马竞安、张体道。诸位来宾纷纷致贺词、送贺联，其中有一首贺联是这样写的"玉润霜青，辉映程门三尺雪；砚池秋水，平添荀令三分香。"

　　程师原名艳秋，就在收我为徒这天，他宣布改名"砚秋"——"砚田勤耕为秋收"。程师一生除了本身艺术上的超人成就外，还致力于培育后学。对我们这些弟子、学生，在艺术上向来精琢细雕严要求；在为人上更是身体力行为表率，致有今天的"程门砚田秋实累"。

　　我向程师学的第一出戏是《贺后骂殿》，这既是我向师父——学艺的开始，也是师父教我如何为人的开始。《骂殿》是一出程派基础戏，在吐字、用气、发音、四声上都极讲究。程师在教学中真是严肃认真、一丝不苟、一字一板、一腔一调、轻重缓急、抑扬顿挫，讲得细、抠得严，从不马虎从事，给我打下了扎实的基础，使我得益匪浅。程师在教这出戏前——就在那天的拜师会上说的一席话，给我留下了更深刻的印象。程师当众说："今天我第一课就教《骂殿》，为什么要教他先学骂人呢？因为我们唱戏的无权无勇，遇见什么不平的事，或是受了委屈，都不敢说话，只好借着唱戏发发牢骚，大概这'骂'字是不能免的，所以不妨先教他《骂殿》。"当时才十二岁的我，对这些话并不能理解，因为是师父的第一次教诲，于是就带着问号（也可能正因为是带着问号，所以印象更深）把这些话牢牢地记在了心里。随着年龄的增长，结合师父的言行，我慢慢地从这席话里悟出了师父的苦心，悟出了艺术与人生的关系，也从中照见了师父刚直的品德。

那时师父已是中国戏曲舞台上声名藉然的艺术家了，他却经常带着我去大马神庙我师爷爷王瑶卿老先生那里去虚心求教。记得程师在排练《锁麟囊》期间，他在演出之后还总去师爷爷那里研究唱腔，设计身段。一天，程师兴冲冲地来到师爷爷家，一进门就说："我给您唱一段哭腔，您听听合适吗？"接着马上就聚精会神地唱了起来。师爷爷一听，也高兴了，说："很好，很恰当，还挺别致，挺新颖的。"程师说："您知道这是跟谁学的？是跟唐麦娜学的。"原来程师从外国电影《风流寡妇》里唐麦娜的一段唱中受到了启发，把外国花腔女高音的唱法糅合到中国京剧的唱腔中来了。这段唱腔演出以来得到了肯定，一直流传至今。程师的一生正是这样勤于学习，勇于创新，脍炙人口的程派艺术，正是程师勤奋好学博采众长的结晶啊！

程师除了教戏外，还经常给我和其他人讲各种道理。记得他曾说过：我们不是戏子，演戏不是为求饭吃，更不是为了供人开心取乐。当然我们大家都要靠演出来解决吃饭、穿衣问题，却决不能忘记自己对社会的责任，要通过我们的演出，提高人们对生活目的的认识，唤起人们美好的感情。程师确实从不满足于演戏糊口，而是致力于艺术探讨，戏曲改革。所以他除了在国内各大城市演出外，还专程去欧洲考察戏曲音乐。经常的分离，减少了我紧傍程师学习的时间，特别是在抗日战争爆发后，程师不屈于敌寇之淫威，忍痛脱离了自己心爱的舞台，隐居京郊青龙桥，务农谢客。这使我失去了在艺术上的学习机会，但程师对敌人"宁死枪下，也决不从命"的傲骨丹心，却在人生的道路上，切实地为我树立了榜样。

程师教给我的决不只是几出戏，而是以他堪为师表的一生，为我指出了一条正确的艺术之路，也给我指出了人生之路。

一九八〇年孟冬

程砚秋先生对我的教益

新凤霞

一九五〇年底，我在北京三庆戏园演出。当时的剧目中现代剧目很多，如《刘巧儿》、《祥林嫂》、《艺海深仇》、《小女婿》、《兄妹开荒》等戏；也演评剧传统戏：《杨三姐告状》、《花为媒》、《三笑点秋香》。有时我移植京剧的剧目，如《红楼二尤》、《红娘》、《凤还巢》、《乌龙院》、《锁麟囊》等戏，也很受欢迎。

当时我们剧团请来一位京剧演员王秀文，专门为我们排练移植京剧剧目，他也常请京剧演员来帮助我们。这里还有一个较好的条件，跟我合作的张其祥琴师拉过京剧，他把京剧中好的唱腔糅合到我们评剧当中来，这样就丰富了我的唱腔。

《锁麟囊》是程砚秋先生的戏，唱腔非常好，如"春秋亭"中的〔二六〕转〔流水〕板唱，很多程迷都会唱。如当中"因何鲛珠化泪抛，忙把梅香低声叫"，这两句唱腔我就吸收在评剧唱腔当中，和评剧腔衔接得很紧，糅合也很自然，深受广大观众的欢迎。

评剧演唱是用普通话，很好懂。观众们看了评剧《锁麟囊》说：评剧《锁麟囊》像是做了京剧的翻译，每个字都听清楚了。剧情也更感人了。还说，程砚秋先生的拿手唱腔，评剧当中也有了。因此，我们连续演出了几十场，都是场场满座，这在北京是少有的。

当时的市领导也常常来看戏，文艺界的专家们也很喜欢看。这时正是轰轰烈烈的肃反运动，有一位剧作家王颉竹同志写了一篇文章，说评剧演现代戏一直很有基础，为什么在运动期间演这么多移植京剧的老剧目呢？他提出了质问以后，我们准备换演现代戏。这个消息传出后，戏曲界有很多老先生赶来看我演的《锁麟囊》，马连良先生、荀慧生先生都来看过戏。我们都在想："程先生能来看吗？"我又希望他来，又怕他来，怕程先生看了我们的演出生气，说我把戏给糟蹋了。

每次京剧界的老前辈们来后台，都是王秀文同志陪同。有一天刚散戏，王秀文陪着一位又高又大的中年人来后台，秀文嚷嚷说："凤霞，程先生来了！"过去我在台下没有看见过程先生，先生坐下后，我们大家都围拢过来。王秀文把我领过去引见了程先生。我说："程先生，我把您的戏给糟蹋了……"程先生一看见我就笑了，他说："你这么小哇？真是人小鬼大呀！还真不错，我一直为你鼓掌，看了你的《锁麟囊》，我很满意。人家都告诉我说有个小青年唱《锁麟囊》。我今天来看戏，我不叫告诉你们，是王秀文发现了我，他拉我散戏后到后台来看你。"我说："我演得不好，不敢请您来看。"王秀文在一边说："丑媳妇总得见公婆，程先先这不来了吗？你偷了多少程腔？"程先生一边看一边说："这小丫头真不错，糅合得一点不生硬，真聪明，真大胆！"

程先生一直在笑，那样慈祥、善良、谦虚，说："我看很好，你年轻漂亮，给这个戏增添了光彩，观众很喜欢。"王秀文说："连演了四十场了，观众很欢迎，还要求演下去。"程先生说："凤霞这么小年纪，要唱这么大戏，又不是一个剧种，评剧京剧不分家！唱腔通顺，咬字清楚。"我说："您来看戏，亏得没有告诉我，要不，管保把戏唱砸了。"程先生说："你的声音有真声，也有假声，听起来自如优美，传达感情准确。"程先生说我的唱腔有京剧的成分。我说："我小时跟堂姐姐学过京剧。"程先生说："你的尾音甩腔有京剧小旦唱法，咬字干净。听起来新鲜，发展了评剧的唱法。"

我请程先生给我指出不足之处。我说："您看了我的演出，您看我应当在哪方面去努力，怎样去练习？"程先生说："唱评剧，你是内行，我喜欢听，也提不出哪点不够。说说你做功上的不足吧。我看你的水袖，甩得很多，看得出，你是很努力的，但还要练。年轻人腰腿都好，但你的水袖功就不如你的唱功好。"王秀文说："凤霞偷您的唱多，偷您的水袖太少了。这回别偷了，程先生亲自来指导了。"程先生说："水袖在你手腕上运用起来很凌乱，在手上看着很笨重，像个累赘。拿你的服装来我看看。"我把台上穿的服装拿来给他看。程先生一看哈哈大笑说："这怎么行？怪不得了。"程先生叫我穿上给他看，我穿上他又叫我垂下手来，抖一下水袖。程先生说："这件衣服很好看，花样色调都好，可是水袖不行。""您看是什么毛病呢？""什么毛病都有。简直不能用。首先，这种软绸料子就不行，没有分量，尺寸过长不好看。你这样小坤角，不适合用这么长的，水袖要用大纺绸的，有分量，容易抖起，颜色必须用白色，一尺半到二尺之间长短就可以了。如果你用的纺绸料子是很轻的，就要缝上两副水袖，这样，抖起来好甩。"程先生说着做着甩给我看，一边："还要好好练习，要练好手腕功，灵活自如，膀子有功夫，左右上下运用得松弛，不僵硬。反复练习，要练到随心所欲呀！但运用水袖要照应人物的内心活动，不是为了甩水袖而甩，也不能只有技巧，没有人物。"

程先生说完水袖，又回到《锁麟囊》这出戏中来了："这个戏是谁给你们的本子？""是王秀文同志给我们排练的，张其祥同志帮我一起搞的唱腔。我们这样演出您别生气。"程先生高兴地说："我很高兴，应该我来给你排，你年轻，有些动作还可以改一下，比如上楼那几个动作，你上楼看见锁麟囊后一惊，左右卧鱼要大卧鱼，反正两个，起来要快，背着地，头贴地，水袖随着上下抖起前后配合。上楼看见锁麟囊，一惊，随手关上门，翻了一个身，随着两个卧鱼下去。一个正面一个反面。"程先生说完又对王秀文说："你帮助练练这两个卧鱼。"

程先生的水袖，因为有练太极拳的基本功，他的水袖甩出去收回来，进退都那么从容。我后来就照程先生的指点练习，受用不小，但比起先生可差得太多了。

一九五六年，我爱人吴祖光导演程砚秋先生的舞台艺术片《荒山泪》，我就有更多的机会接近程先生了。程先生看了我演的《刘巧儿》，他喜欢"小桥流水送线"那场戏。他看了后对我说："运用程式动作很自然，不生硬，生活气息浓，这样用程式好，不用戏曲的程式动作，就像话剧加唱了。"

因为影片《荒山泪》是祖光新改编的剧本，我看见程先生在排演时，他自己先把唱腔设计好，再跟乐队合乐。他说："戏曲演员创造人物的唱，一定要首先在演员头脑当中产生人物的音乐形象。这是演员塑造人物的第一步。"

那时我们同院住有一位音乐家盛家伦同志，他是专门搞西洋音乐的。程先生登门去请教他。记得有一次盛家伦唱出一个洋歌，程先生马上就把这个洋歌的旋律吸收到他的唱腔当中，我是亲自听见的，真是个歌唱家呀！真佩服他。他跟乐队合乐一丝不苟，哪怕一个小过门、一记鼓板、一个小腔都是仔细配合，反复锤炼。

程先生设计动作，都是从人物内心感受出发，水袖甩出都有目的。我多次看见程先生排练，对我帮助很大，对我后来演出《花为媒》等戏都有影响。

再也想不到，程先生那么好的身体，年纪也不太老，却在一九五八年过早地去世了。

附　录

检阅我自己

程砚秋

　　自己检阅自己，很有兴趣，又很必要。因为在检阅的当儿，发现了自己以前的幼稚盲昧，不觉哑然失笑，其兴趣有类乎研究人猿脑骨。发现了以前的幼稚盲昧，才能决定今后的改弦更张，这是自己督促自己进步，所以很有必要。

　　我的职业是演剧，我检阅我自己，当然是以我的职业为范围。

　　近十年来演剧的趋势，和十年以前不相同了。以前，剧本是原来的、共有的，大家因袭师承去演唱，很少有"本店自造"的私有剧本，不能挂"只此一家"的独占招牌。近十年来可不是这样子了，只要是争得着大轴的主角的人，便有他个人的剧本。这也许是私产制度下的社会现象之一吧？我也自然被转（卷）入这个旋涡。

　　现在我把我的私有剧本，列为一表，然后再加以检阅。

　　内中或取材于经史传记百家之书，或撷采于野史说部附会之言，又或依据旧有剧本翻新而增损之，创作的部分多，因袭的部分少。从《梨花记》到《金锁记》的作者是罗瘿公先生；从《碧玉簪》到《春闺梦》的作者是金悔庐先生。时代驱策着罗、金二位先生，环境要求着罗、金二位先生，罗、金二位先生就指示着我，于是有这些剧本出现于艺林，于是有这些戏曲出现于舞台。

剧　名	出世年月	
梨花记	壬戌二月	1922年
花舫缘	壬戌六月	
红拂传	癸亥二月	1923年
玉镜台	癸亥四月	
风流棒	癸亥八月	
鸳鸯冢	癸亥十一月	
赚文娟	甲子一月	1924年
玉狮坠	甲子三月	
青霜剑	甲子五月	
金锁记	甲子六月	
碧玉簪	甲子十一月	1924年
聂隐娘	乙丑八月	1925年
梅　妃	乙丑十月	
沈云英	乙丑十一月	
文姬归汉	丙寅三月	1926年
斟情记	丙寅六月	
朱痕记	丁卯二月	1927年
荒山泪	庚午十一月	1930年
春闺梦	辛未八月	1931年

（除上述十九种外，还有《柳迎春》、《陈丽卿》、《小周后》等几种。《柳迎春》的创作部分较少，《陈丽卿》还只完成一部分，《小周后》则始终没上演，所以都不列入表中。）

《梨花记》写骆小姐对于张幼谦的爱情极其真挚，不为物质环境所屈服，这样宣告买卖婚姻的死刑，是其优点；但结局是不脱"洞房花烛夜，金榜挂名时"的老套。《红拂传》写张凌华离叛贵族（杨素）而趋就平民（李靖），有革命的倾向，是其优点；但是浮露着英雄思想，有类于法国大革命后拿破仑所主演的政治剧。《花舫缘》和《玉镜台》都是描写士人阶级欺骗妇女的可恶。《风流棒》是对主张多妻的士人加以惩罚（棒打）。这三剧是一贯的，可说《花舫缘》和《玉镜台》是问题，《风流棒》是答案；但都跳不出才子佳人的窠臼。在"积重难返"的社会里，受着生活的鞭策，你不迁就一点是不行的；当时的我是在"不知不识，顺帝之则"的状态中，而罗先生的高尚思想之受环境之压抑，就不知有多么痛苦！

罗先生写过《梨花记》至《风流棒》这五个剧本之后，他曾经不顾一切地写了一个《鸳鸯冢》，向"不告而娶"的禁例作猛烈的攻击，尽量暴露父母包办婚姻的弱点，结果就完成一个伟大的性爱的悲剧。当时观众的批评，未曾像对于《红拂传》和《花舫缘》那样褒扬。我尤其浅薄，总以为这个剧远不如《风流棒》那样有趣，罗先生为求减少我的生活危机，宁肯牺牲他的高尚思想，于是他又迁就环境，写了一个《赚文娟》和一个《玉狮坠》。

士人主张多妻，太太难免喝醋，因此士人除在"七出之条"里规定"妒者出"之外，更极力鼓吹太太不喝醋的美德。《赚文娟》和《玉狮坠》就是为迎合士人的心理而写的。这两个剧本，在罗先生是最感痛苦的违心之作，在我则当时满意得几乎要发狂，我是何等幼稚啊！何等盲昧啊！现在我渐渐觉悟了，然而为顾虑我的生活而不惜以他的思想去迁就环境的罗先生却早已弃我而逝了。

罗先生写过《赚文娟》和《玉狮坠》，立刻又写《青霜剑》和《金锁记》，《青霜剑》写一个烈女，《金锁记》写一个孝妇，这都不乖于士人的心理。但罗先生的解释不是如此的。他写《青霜剑》是写一个弱者以"鱼死网破"的精神来反抗土豪劣绅，他写《金锁记》是以"人定胜天"的人生哲学来打破宿命论，这两个剧，又不与环境冲突又能发抒他的高尚思想，这是他最胜利的作品，也就是他的绝笔！

金先生继续了罗先生最后的胜利，作剧总以"不与环境冲突，又能发抒高尚思想"为原则；从《碧玉簪》到《文姬归汉》五个剧都是如此。《碧玉簪》是金先生的处女作，却又是构造艺术最成熟的作品。至于它的主义，据有位署名"道"的先生在本年八月二十五日的《北平新报》上说："贤妻只是一种非人的生活，良母只是一种不人道的心理，这是《碧玉簪》告诉我们的。"虽然见仁见智，也许各有不同，但这个剧总是有向上精神的。《聂隐娘》自己做主嫁给一个没有半点英雄气的磨镜郎，是给了《红拂传》一个答复，我相信罗先生在地下也十分满意了！《梅妃》楼东一赋，还珠一吟，多妻制度的罪状便全部宣布了，是给了《赚文娟》和《玉狮坠》一个答复，我相信罗先生在地下更十二分满意了。《沈云英》在男性中心的社会里抬起头来，使她上头的君父，对面的敌人，与常常在她上首边摆男子汉大丈夫的架子的丈夫，都形成不如她，这是有力地给了女权论的一个论据。《文姬归汉》是很显然的一个民族主义剧，文姬哭昭君，尤其对软弱外交的和亲政策，痛加抨击。这五个剧与《青霜剑》和《金锁记》有同样价值，都是现时中国社会的不苦口又利于病的良药。

　　《斟情记》仅仅是个奇情剧而已，《朱痕记》不过是删除了旧有神话，这两个剧的人生要求比较稀微，但它还是不肯向下。

　　从《斟情记》和《朱痕记》到《荒山泪》和《春闺梦》，犹之乎从平阳路上突然转入于壁立千丈的山峰。这种转变有三个原因：（一）欧洲大战以后，"非战"声浪一天天高涨，中国自革命以来，经过二十年若断若续的内战，"和平"调子也一天天唱出。这是战神的狰狞面目暴露以后，人们残余在血泊中的一丝气息嚷出来的声音。戏曲是人生最真确的反映，所以它必然要成为这种声音的传达。（二）在革命高潮之中，在战神淫威之下，人们思想上起了个急剧的变化，现在的观众已经有了对于戏曲的新要求，他们以前崇拜战胜攻克的英雄，于今则变而欢迎慈眉善眼的爱神了。（三）金先生是一个从政潮中惊醒而退出来的人，他早已看清楚武力搏击之有百弊而无一利。死去的罗先生也是如此。我先后受了罗、金二位先生思想的熏陶，也就逐渐在增加对于非战的同情。加上近年来我遇着李石曾先生，使我对于人生哲理、国际情势和民族出路，比较得到一点认识，颇有把我的整个生命献给和平之神的决心。所以金先生也更乐于教我。《荒山泪》和《春闺梦》就出世了。

《荒山泪》似乎是诅咒苛捐杂税，其实苛捐杂税只是战争的产儿，所以这个剧实是非战的。《春闺梦》取材于唐人陈陶的两句诗："可怜无定河边骨，犹是春闺梦里人。"再插入杜工部的《新婚别》、《兵车行》各篇的意思，这很明显的是从多方面描写出战争"寡人妻、孤人子、独人父母"的罪恶，我的个人剧本，历来只讨论的社会问题，到此则具体地提出政治主张来了，所以到此就形成一个思想急转势。

我相信将来的舞台，必有非战戏曲的领域，而且现在它已经走到台上去了。我的生命必须整个地献给和平之神，以副观众的期望，以副罗、金、李三位先生先后给予我的训示。只是我的技术不成熟，前途还期待着社会力量的督促，使我能够"任重致远"！这是我自己检阅之后的新生期望！

我想写一篇《三十年之回顾》，这算是一个初稿。

一九三一年十一月十一日于北平

（一九三一年十二月十一日载于《北平新报》）

我的学艺经过

程砚秋

我三岁的时候，父亲过去了，家里的生活是每况愈下，全靠着母亲辛勤操劳维持我们全家的生活。我六岁那年，经人介绍投入荣蝶仙先生门下学艺，写下了七年的字据。（字据上注明七年，满期后还要帮师傅一年，这就是八年，开始这一年还不能计算在内，实际上是九年的合同；在这几年之内，学生的一切衣食住由先生负责，唱戏收入的包银戏份则应归先生使用，这是当时戏班里收徒弟的制度。）

在我投师之前，我母亲曾不断地和我商量，问我愿意不愿意去？受得了受不了戏班里的苦？我想我们既不是梨园世家，人家能收咱们就不错。况且家里生活那样困难，出去一个人，就减轻母亲一份负担，于是我毅然地答应了。

还记得我母亲送我去的那天，她再三地嘱咐我："说话要谨慎，不要占人家的便宜，尤其是钱财上，更不许占便宜。"这几句话，我一生都牢牢地记着，遵循着她的遗教去做！

荣先生看见我以后，认为这个小孩不错，当时就想收留我。这时我母亲就像送病人上医院动手术一样签了那张字据。从那天起，我就算正式开始拜师学艺了。我拜师后的头一天，就开始练起功来，从基本功练起。当时先生还不能肯定将来会把我培养成一个什么样的人才，只好叫我先和一些戏班的学生一起练练功，开始从撕腿练起。

初学戏的人练撕腿，的确是一件很痛苦的事。练习的时候，把身子坐在地上，背靠着墙，面向外，把腿伸直撕开，膝盖绷平，两腿用花盆顶住，姿势摆好后，就开始耗起来。刚练习的时候，耗十分钟，将花盆向后移动，第二天就增加到十五分钟，以后递增到二十分、三十分钟，练到两条腿与墙一般齐，身子和腿成为一条直线，才算成功。

开始练的时候，把腿伸平不许弯曲，到不了几分钟，腿就麻了，感到很难支持。练撕腿的同时，还要练下腰、压腰。这种功，乍练起来也不好受，练的时候要把身子向后仰，什么时候练得手能扶着脚后跟，才算成功。练下腰最忌讳的是吃完东西练，学戏的练功，全是一清早天上还带着星星就得起来练，不论三伏三九，全是一样。有时候早晨饿得难受，偷着吃点东西再练，但是一练下腰的时候，先生用手一扶，就会把刚才吃的东西全吐出来，这样就要受到先生的责罚。先生常说：吃了东西一下腰，肠子会断的。

当我把这两项功夫练得稍稍有些功底时，先生又给我加了功，教给我练习较大的一些功夫了，练虎跳、小翻、抢背等功课。起初，一天搞得腰酸腿痛，特别是几种功课接连着练习；冬天在冰冷的土地上，摔过来，翻过去，一冻就是两三个钟头，虽然练得身上发了汗，可是当一停下来，简直是冷得难受极了。将近一年的光景，一般的腰腿功差不多全练习到了，我还和武生教员丁永利先生学了一出《挑滑车》。

这时候荣先生准备让我向旦行发展，他请来了陈桐云先生教我学花旦戏。那时候花旦戏是要有跷功的，所以先生又给我绑起跷来练习。绑上跷走路，和平常走路简直是两回事，的确有"步履维艰"的感觉。开始练的时候，每天早晨练站功五分钟、十分钟，后来时间逐渐增加了，甚至一天也不许拿下来。练完站功后也不许摘下跷来休息，要整天绑着跷给先生家里做事，像扫地、扫院子、打水等体力劳动的工作，并不能因为绑着跷就减少了这些活。记得那时候徐兰沅先生常去荣先生家串门，他总看见我绑着跷干活。荣先生的脾气很厉害，你干活稍微慢一些，就会挨他的打。

荣先生对我练跷功，看得非常严。他总怕我绑着跷的时候偷懒，把腿弯起来，所以他想出个绝招来，用两头都削尖了的竹筷子扎在我的膝弯上，你一弯腿筷子尖就扎你一下，这一来我只好老老实实地绷直了腿，毫无办法。这虽等于受酷刑一样，可是日子长了，自然也就习惯了，功夫也就出来了。

一边练习着跷功，一边和陈桐云先生学了三出戏，一出《打樱桃》，一出《打杠子》，一出《铁弓缘》。这时候荣先生又加上教我头本《虹霓关》中的打武把子。打武把子最讲究姿势的美，在练习的时候，就要求全身松弛，膀子抬起，这样拿着刀枪的两只手，必须手腕与肘灵活，才能显着好看。我在练习的时候，因为心情紧张怕挨打，起初两只膀子总是抬不起来，为了这样，的确没少挨荣先生的打啊！

在这一年多的学习过程里，我把一般的基本功，差不多全都掌握了；花旦戏也学会了几出。这时荣先生虽然对我的功课还满意，但对我的嗓子有没有希望，还不能肯定，于是又请来陈啸云先生教了我一出《彩楼配》。那时候学戏不过是口传心授，先生怎样念，学生就跟着怎样念，先生怎样唱，学生就跟着怎样唱。日子不多，我学完一段西皮二六板后，先生给我上胡琴调调嗓子。经过这一次试验，陈先生认为我的嗓子太有希望了，唱花旦怪可惜的，应当改青衣，从此我就开始学青衣戏。先学《彩楼配》，以后又学了《宇宙锋》，后来陆续学到《别宫祭江》、《祭塔》等戏。

唱青衣戏，就要学习青衣的身段，先生教授的时候，只不过指出怎样站地方、扯四门、出绣房、进花园等。每日要单练走脚步。走步法的时候，手要捂着肚子，用脚后跟压着脚尖的走法来练习，每天还要我在裤裆里夹着笤帚在院子里走几百次圆场，走路的时候不许笤帚掉下来，先生说，练熟了自然有姿势了，将来上台演出，才能表现出青衣的稳重大方，才能使人感到美观呢。

当时我还没有能力明白这种道理，但我就感觉到一个小姐的角色总是捂着肚子出来进去的怎么能算是美呢？这种怀疑是后来经过比较长的舞台实践才产生的。演旦角必须把人物端庄流丽、刚健婀娜的姿态表现出来。为了要表现端庄，所以先生就叫学生捂着肚子走路，实际上这又如何能表现出端庄的姿态来呢？我懂得这个道理以后，就有意识地向生活中寻找这种身段的根源。但是生活中的步法，哪能硬搬到舞台上来运用呢？这个问题一时没有得到解决。没有解决的事，在我心里总是放不下的，随时在留意揣摩着。有一次我在前门大街看见抬轿子的，脚步走得稳极了。这一来引起了我的注意，于是我就追上去，注意看着抬轿子人的步伐，一直跟了几里地，看见人家走得又平又稳又准，脚步丝毫不乱，好看极了。我发现这个新事之后，就去告诉王瑶卿先生。王先生告诉我，练这种平稳的碎步可不容易了，过去北京抬杠的练碎步，拿一碗水顶在头上，练到走起步来水不洒才算成功。我听到这种练法之后，就照这样开始去练习。最初总练不好，反使腰腿酸痛得厉害，但这样并没把我练灰了心，还是不间断地练习，慢慢地找着点门道了。同时我还发现了一个窍门，那就是要走这样的碎步，必须两肩松下来，要腰直顶平，这样走起来才能又美又稳又灵活。从此，我上台再不捂着肚子死板板地走了。后来我在新排的《梨花记》戏里表现一个大家小姐的出场时，就第一次使用上去，走起路来又端庄、又严肃、又大方、又流利，很受观众的称赞。

从我改学青衣戏以后，练跷的功课算是停止了，但是加上了喊嗓子的功课，每天天不亮就要到陶然亭去喊嗓子。回来后接着还是练基本功，下腰、撕腿、抢背、小翻、虎跳等，一整个上午不停息地练习着。以后，又学会《宇宙锋》。有一天我正练完早晨的功课，荣先生请赵砚奎先生拉胡琴给我调调《宇宙锋》的唱腔。

他是按老方法拉，我没有听见过，怎么也张不开嘴唱，因为这件事，荣先生狠狠地打了我一顿板子。因为刚练完撕腿，血还没有换过来，忽然挨打，血全聚在腿腕子上了。腿痛了好多日子，直到今天我的腿上还留下创伤呢！由此也可以看出旧戏班的学戏方法，忽然练功，忽然挨打，的确是不好和不科学的。

十三岁到十四岁这一年中，我就正式参加营业戏的演出了。当时余叔岩先生嗓子坏了，他和许多位票友老生、小生在浙慈会馆以走票形式每日演出，我就以借台学艺的身份参加了他们的演出。这一阶段得到不少舞台实践的经验。

我十五岁的时候，嗓子好极了，当时芙蓉草正在丹桂茶园演戏，我在丹桂唱开场戏，因为我的嗓子好，很多观众都非常欢迎，特别是一些老人们欣赏我的唱腔。当时刘鸿升的鸿奎社正缺乏青衣，因为刘鸿升嗓子太高，又脆又亮，一般青衣不愿意和他配戏。这时他约我搭入他的班给他配戏，我演《辕门斩子》的穆桂英是当时最受欢迎的。后来，孙菊仙先生也约我去配戏，《朱砂痣》、《桑园寄子》等戏我全陪他老人家唱过。

由于不断地演出，我的舞台经验也逐步有了一些。首先我认为多看旁人的演出，对丰富自己的艺术是有更大帮助的。当时我除去学习同台演员的艺术以外，最爱看梅兰芳先生的戏。这时候梅先生正在陆续上演古装戏，我差不多天天从丹桂园下装后，就赶到吉祥戏院去看梅先生的戏，《天女散花》、《嫦娥奔月》等戏，就是这样赶场去看会的。

才唱了一年戏，由于我一天的工作太累了，早晨照常练功，中午到浙慈会馆去唱戏，晚上到丹桂园去演出，空闲的时候还要给荣先生家里做事，就把嗓子唱坏了。记得白天在浙慈会馆唱了一出《祭塔》，晚上在丹桂陪着李桂芬唱完一出《武家坡》后嗓子倒了。

倒嗓后本来应该休息，是可以缓过来的。可巧这时候上海许少卿来约我去那里演出，每月给六百元包银，荣先生当然主张我去，可是王瑶卿先生、罗瘿公先生全认为我应当养养嗓子不能去，这样就与荣先生的想法发生抵触了。后来经过罗瘿公先生与荣先生磋商，由罗先生赔了荣先生七百元的损失费，就算把我接出了荣家。这样不到七年，我就算提前出师了。

从荣家出来后，演出的工作暂时停止了，可是学习的时间多了，更能有系统地钻研业务了。

罗先生对我的艺术发展给了很多的帮助。当我从荣先生那里回到家后，他给我规定出一个功课表来，并且替我介绍了不少知名的先生。这一阶段的学习是这样安排的：上午由阎岚秋先生教武把子，练基本功，吊嗓子。下午由乔蕙兰先生教我学昆曲身段，并由江南名笛师谢昆泉、张云卿教曲子。夜间还要到王瑶卿先生家中去学戏。同时每星期一三五罗先生还要陪我去看电影，学习一下其他种艺术的表现手法。王先生教戏有个习惯，不到夜间十二点以后他的精神不来，他家里的客人又特别多，有时候耗几夜也未必学习到一些东西，等天亮再回家休息不了一会儿，又该开始练早功了。可是我学戏心切，学不着我也天天去，天天等到天亮再走。

这样兢兢业业地等待了不到半个月，王先生看出我的诚实求学的态度，他很满意，从此他每天必教我些东西。日子一长，我的确学习到很多宝贵的知识，后来我演的许多新戏，都是王先生给按的腔，为我一生的艺术成长，奠定了良好的基础。

我十七岁那年，罗先生介绍我拜了梅兰芳先生为师，从此又常到他家去学习。正好当时南通张季直委托欧阳予倩先生在南通成立戏曲学校，梅先生叫我代表他前去致贺，为此，给我排了一出《贵妃醉酒》，这是梅先生亲自教给我的。我到南通后就以这出戏作为祝贺的献礼，这也是我倒嗓后第一次登台。回京后，仍然坚持着每日的课程，并且经常去看梅先生的演出。对他的艺术，尤其是演员的道德修养上得到的教益极为深刻。

经过两年多的休养，十八岁那年，我的嗓子恢复了一些，又开始了演戏生活。那时候唱青衣的人才很缺乏，我当时搭哪个班，颇有举足轻重之势，许多的班社都争着约我合作。我因为在浙慈会馆曾与余叔岩先生同过台，于是我就选择参加了余先生的班社。在这一比较长的合作时期，我与余先生合演过许多出戏，像《御碑亭》、《打渔杀家》、《审头刺汤》等，对我的艺术成长起了很大作用。

十九岁那年，高庆奎和朱素云组班，约我参加，有时我与高先生合作，有时我自己唱大轴子。这时我在艺术上略有成就，心情非常兴奋，但我始终没有间断过练功、调嗓子与学戏。当年我患了猩红热病，休息了一个月，病好之后，嗓子并没有发生影响，反而完全恢复了。

这时候我对于表演上的身段开始注意了。罗先生给我介绍一位武术先生学武术，因为我们舞台上所表现的手眼身法步等基本动作，与武术的动作是非常有连带关系的。学了武术，对我演戏上的帮助很大。我二十岁排演新戏《聂隐娘》时，在台上舞的单剑，就是从武术老师那儿学会了双剑后拆出来的姿势，当时舞台上舞单剑，还是个创举呢。

从此以后，我的学习情况更紧张了。罗先生帮助我根据我自己的条件开辟一条新的路径，也就是应当创造合乎自己个性发展的剧目，特别下决心研究唱腔，发挥自己艺术的特长。由这时候起，就由罗先生帮助我编写剧本，从《龙马姻缘》、《梨花记》起，每个月排一本新戏，我不间断地练功、学曲，每天还排新戏，由王瑶卿先生给我导演并按腔。

罗先生最后一部名著《青霜剑》刚刚问世后，他就故去了。这时曾有一部分同业幸灾乐祸地说：罗瘿公死了，程砚秋可要完了！但是，我并没被这句话给吓住，也没被吓得灰心。我感觉到罗先生故去，当然是我很大的损失；可是他几年来对我的帮助与指导，的确已然把我领上了真正的艺术境界。特别是罗先生帮助我找到了自己的艺术个性，使我找到了应当发展的道路，这对我一生的艺术进境，真是一个莫大的帮助。

为了纪念罗先生，我只有继续学习，努力钻研业务，使自己真的不至于垮下来。从此，我就练习着编写剧本，结合人物的思想感情研究唱腔与身段，进一步分析我所演出过的角色，使我在唱腔和表演上，都得到了很多新的知识和启发。

我的学习过程，自然和一些戏曲界的同志都是差不多的；我在学习上抱定了"勤学苦练"四个字，从不间断，不怕困难，要学就学到底，几十年来我始终保持着这种精神。戏曲界的老前辈常说"活到老，学到老"，古人说"业精于勤"，这些道理是一样的。

（《戏曲研究》一九五七年第二期，一九五九年辑入

《程砚秋文集》）

我之戏剧观

——一九三一年十二月二十五日在中华戏曲专科学校的演讲

程砚秋

兄弟的知识是有限的；因为职业的牵绊，所以读书的机会太少了。各位同学比兄弟幸运多了！一面学习演剧，一面又能享受许多普通教育，这是从前演剧的人所未曾得到过的幸运！假使兄弟早年是从这样一个学校里出来，兄弟于今对于戏剧的贡献一定是要更大些。因为戏剧是以人生为基础的，人生常识是从享受普通教育中得来的；兄弟读书的机会太少，人生常识不甚充分，所以兄弟演剧十多年了，而对于戏剧的贡献还是很微。

兄弟对于戏剧虽无大贡献，但对于戏剧还是有相当的认识。认识戏剧也就是一种知识。不过兄弟这种知识不是从读书中得来的，而是从演剧中得来的，怎样叫认识戏剧呢？我在演一个剧，第一要自己懂得这个剧的意义，第二要明白观众对于这个剧的感情。比方说：我演一出《青霜剑》，在未演之前，先就要懂得申雪贞如何如何受方世一的压迫和摧残，要懂得申雪贞如何如何要刺杀仇人，要懂得申雪贞是如何悲惨，如何痛苦，如何壮烈，我要把申雪贞的人格（个性）整个的懂得了，这才能登台表演，才能在台上把申雪贞忠忠实实地表现出来。假如我演的虽说是《青霜剑》，而观众只看见台上有个程砚秋，没有看见什么申雪贞，那就是我不会把申雪贞的人格了解透彻，所以我还是程砚秋，不会演成一个申雪贞，这样演员就惨败了。要能够彻底了解申贞雪的人格，知道她是受土豪劣绅的迫害太甚才以鱼死网破的精神来反抗的，这时候我就懂得这个剧的意义了，上台去才不会失败。既演过之后，就要细心去考察观众对于这个剧的感情。大家都觉得这个剧不错，大家都因此而生起了打倒土豪劣绅的革命情绪，我们就再接再厉地演下去。如果有少数人觉得方世一死得太冤，觉得申雪贞手段太毒，我们察知他们的立场是与方世一同样，便可以不理，仍然是再接再厉地演下去。等到社会进化到另一阶段，已经没有土豪劣绅可反对了，大家都觉得这剧的时代已经过去，我们就把这个剧束之高阁，不再演了。演了一个剧而不知道这个剧的意义，而不知道观众对于这个剧的感情，兄弟相信演剧演得年代略久一点的都不会这样傻，因为这种知识是可以在演剧的经验中得来的。但是从演剧的经验中寻求知识，时间太不经济了，论终南捷径还是读些书的好，所以各位同学是比我们从前演剧的人幸运得多！

演一个剧，就有一个认识；演两个剧，就有两个认识；演无数个剧，就有无数个认识；算一笔总账，就成立了一个"戏剧观"。

兄弟觉得算总账也和写流水账一样，离不了两项原则，就是第一要注意戏剧的意义，第二要注意观众对于戏剧的感情。

一直到现在，还有人以为戏剧是把来开心取乐的，以为戏剧是玩意儿。其实不然。有一位佟晶心先生，写了一本《新旧戏与批评》，他对于戏剧的解释是说："戏剧是一种艺术，或复合的艺术。而予别人以鉴赏的机会，求其提高人类生活的目标。"这是不错的。大凡一个够得上称为编剧家的人，他绝不是像神仙一样，坐在绝无人迹的深山洞府里面，偶然心血来潮，就提笔来写，他必是在人山人海当中，看见了许多不平的事，他心里气不过，打也打不过人家，连骂也不大敢骂，于是躲在戏剧的招牌下面，作些讽刺或规谏的剧本，希望观众能够观今鉴古。所以每个剧总当有它的意义，算起总账来，就是一切戏剧都要求提高人类生活目标的意义，绝不是把来开心取乐的，绝不是玩意儿。我们演剧的呢？我们为什么要演剧给人家开心取乐呢？为什么要演些玩意儿给人家开心取乐？也许有人说是为吃饭穿衣。难道我们除了演玩意儿给人家开心取乐就没有吃饭穿衣的路走了吗？我们不能这样没志气，我们不能这样贱骨头，我们要和工人一样，要和农民一样，不否认靠职业吃饭穿衣，却也不忘记自己对社会所负的责任。工人农民除靠劳力换取生活维持费之外，还对社会负有生产物品的责任；我们除靠演戏换取生活维持费外，还对社会负有劝善惩恶的责任。所以我们演一个剧就应当明了演这一个剧的意义；算起总账来，就是演任何剧都要含有要求提高人类生活目标的意义。如果我们演的剧没有这种高尚的意义，就宁可另找吃饭穿衣的路，也绝不靠演玩意儿给人家开心取乐。

有高尚意义的戏剧，不一定就能引起观众的良好感情；正如一副好药，对不对症却是问题。兄弟已经说过：在有土豪劣绅的社会里，《青霜剑》是可以再接再厉地演下去——这就是药能对症。等到社会进化到了另一阶段，已经没有土豪劣绅可反对了，《青霜剑》就不能再演了，这就是因为药不对症了。药能对症的戏剧，就能引起观众的良好感情；药不对症的戏剧，就不能引起观众的良好感情；所以我们演剧的人，要知道某个剧是否药能对症，就要从观众的感情上去测验而判别之。但是所谓观众的感情，并不是从叫好或叫倒好的上头去分辨其良好与否；而是要从影响于观众的思想和行动去分辨其良好与否。兄弟也曾说过：大家看过《青霜剑》而生起了打倒土豪劣绅的革命情绪，这就是引起了观众的良好感情，这个剧就可以再接再厉地演下去。少数人替方世一叫冤，骂申雪贞太毒，这并不算是引起了观众的恶劣感情，这个剧仍然可以再接再厉地演下去。若大家认为这个剧的时代已经过去，这是的确不能引起观众的良好感情了，这个剧就不宜再演。对于一个剧是如此，对于一切剧也是如此，所以总账和流水账是一样的。

一则从意义上去认识戏剧的可演不可演，二则从观众的感情上认识戏剧的宜演不宜演，守着这两个原则去演剧，演剧才不会倒坏。这就是我的戏剧观。兄弟的知识是很有限的，这只是兄弟演剧十多年的经验中得来的一点认识。兄弟曾经屡次把这些意思对贵校焦校长说过，主张各位同学演戏，不可在汗牛充栋的剧本当中随便摸着就演，必须加以严格的选择，意义上可演的可演，观众感情上宜演的就演，其他不可演或不宜演的就不演，旧剧本不足用就另编新的也不难办，焦校长也认为是对的。现在颇有人忧虑二黄剧快要倒坏了；兄弟以为只要我们演剧的人有把握，确定了我们的合理的戏剧观，以始终不懈的精神干下去，二黄剧是不会倒坏的。

各位的前程是很远大的，责任也是很重大的，希望各位及时努力，不要辜负这个学校的培植！敬祝各位进步！

谈非程式的艺术

——话剧观剧述感

程砚秋

　　我是个从事乐剧的人，但是，与其说演戏唱戏使我感觉兴趣，毋宁说我也和普通的观众一样，喜欢用眼睛去看，用耳朵去听——至少可以说说我对于看戏听戏的兴趣，比较自己演唱时，还要浓厚得多。在我看戏或听戏的时候，我所欣赏的有两点：一是剧本的描写，一是演员的技术。尤其是后者，我认为是一个戏的成功或失败的最后的决定点。因此剧中人动作的姿态、说话的声调以及喜怒哀乐的表情，都引起我深刻的注意。只要演员的技术好，能够把他所担任的特定角色的使命实现出来，纵使剧本稍差，我也有相当的满意。我之所以常向天桥、城南游艺园以及西单商场的杂技场中走走，并且总是带着相当的满意归来，也正因为这个缘故。

　　人类的生活，一天比一天向上，人类的欲望，一天比一天复杂。单拿一种旧的乐剧形态，来满足社会上所有观众的欲望，或供给举凡一个观众所要求的，这种企图，不仅是妄想，简直是自取灭亡。因此我们从事旧的乐剧的人们，对于新兴的话剧形态，应当要竭诚地表示欢迎，并根据自身过去的经验，尽忠实之贡献，帮助其发展。此两种形态之同时并存，不仅观众的多种欲望因以满足；而且其自身，亦由于彼此对照，彼此建议，彼此完成，而达到戏剧教育化的最高峰、最理想的效果。况且，一个社会的艺术形态，愈属于多方面，愈足以表示这个社会的文化之纷纭灿烂；若一味固守着旧剧的壁垒，对于新兴的话剧，尽其严峻拒绝之能事，实较诸旧时从事话剧诸公，以为有了话剧，便恨不将旧剧宣布死刑，其度量还要窄小！其行为还要愚蠢得可笑！个人既以热心的观客自居，而且兴趣不拘一面，所以随着近数年来，话剧运动之风起云涌，各个话剧场、电影院中，也到处布满了我的足迹。

以上表明了我对于话剧的态度。

由于历次看戏体会的结果，我觉得话剧的最大的好处，就在能用现代的事实，现代的语言，现代的思想和感情，来编制它的剧本；并且表演的时候，也不像旧剧那样，一举一动都依据程式，只消由演员设想剧中人所处的境界，在那境界中所发生的一切思想和情绪，而自由地表现出各种性质不同的动作来。在这种自由表现的过程中，演员的天才可以尽量地发挥，剧中人的情绪也可以表白无遗。此种表演方法，若和旧剧对照起来，则可以"非程式的"目之。从事旧剧的人们，因习于程式的动作，往往将剧中人的内心表情忽略过去，对于此种人，我劝他最好多看几次话剧或电影，因为那些可以帮他了解：活动于程式之中，而能够遗弃程式，把灵魂的花朵展露出来，才是程式艺术的最终极的目的啊！

因为时常亲近，所以便产生爱感，因为有了爱感，便又引起了不足。这差不多是一种感情的定律。凡人对于事事物物，都逃不出它的规定的。我对于话剧，也不能例外。话剧之在我国，尚未建立一个稳固的根基，这事实是毋庸讳言的。就我所知者，中国旅行剧团为我国唯一的职业话剧团体，他们就在像北平这样盛大的都市里，历次排演着名剧本，在协和礼堂以及各旧剧戏馆里上演，而他们全体团员的生活，据说又常是两餐并作一餐，有时饿着肚子登台演剧。（这种精神确是令人钦佩的。）其余爱美的剧团，又哪一个不是赔了钱干？青年会剧团虽有以赢余来发展第二次公演的计划，但结果排演了王文显先生的三幕剧——《委曲求全》——在协和礼堂以及清华大学先后上演了五次以后，所收的票价，又仅可与消费相抵。闲尝考其原因，实由于话剧的观众，十之九属于知识阶级分子和学校学生。他们都是有意识地前来观剧的。至于此外的大部分的民众，他们对于话剧，都未尝有过精神上的接近。假使不设法打入民间，使话剧变成大多数民众所拥护的一种艺术，则话剧的根基能有稳固的希望吗？

　　但是在未改进以前，大多数的民众对于它，仍是一致地拥护。其拥护的原因，不是认为旧剧本身的组织健全，也不是感觉剧本的故事有趣。他们之所以花钱走进戏馆，大半是为听腔调，看武把子，看做派。说也可笑，从前《盗宗卷》这戏，是不大有人理会的，因为故事既然乏味，而场子又很沉闷，怎样也不能引起观众的兴趣的。但经谭鑫培先生唱了几次以后，居然大邀观众的赞赏，而在各家的戏码上活跃起来，直至今日，还成为内行票友所必学的一出老生戏呢！其他没有意味的戏，而被名角唱红了的，真是不胜枚举。许多人恭维旧剧，说它是"纯艺术"。在我听来，这话包含了两个意义：一、旧剧的剧本是很少可取的；二、旧剧的唱、做、表情，确已成了专门的技术，而值得人们单独地去欣赏了。它的坏处且不必说，单就技术而言，许多旧剧的老前辈，他们之所以享名，有几个不是在这个上面用了毕生之力，换了来的。仅仅因为谭先生的表演技术好，哪怕《盗宗卷》再没有趣味，观众们依然会塞满了剧场。由此可以推知，观众们是没有一些主见的；除了花钱是为的欣赏杰作，才是他们唯一的主见。从事话剧的同志，若能把握着观众的这一弱点，先从表演技术上来锻炼自己，然后再用好的剧本，在他们面前上演起来，我敢保证观众的眼睛，不是为了单看脸谱而发亮的。

中国旅行剧团演剧，我是好几次都在场的。我觉得有两位女演员的姿态表情，都还有些美术化的意味。该剧团之所以在北平站住好久，虽由于《茶花女》之类的戏码号召力大，但女演员的技术，也是一个叫座的原因。青年会剧团公演时，我也饱了一次眼福。后来金仲荪先生告诉我：他看了《委曲求全》以后，觉得我国话剧的前途很有希望；因为该戏中如校长之类的角色，都表演得很合身份，不复像数年前的话剧，那样表演得不伦不类了。由此可见我国职业的和爱美的话剧团体，也有天才的演员存在着的。但是，这种情形，我不能便认为满足。为什么呢？因为天才只是偶然间产生的。我觉得：在表演的技术没有被视为一种独立的学问，而为一般的话剧同志，特别提出来研究以前，我国的话剧是不会得到普遍而健全的成功的。有些人认为话剧极易于表演，只要把剧本读熟了，便一切好办了。凡是爱护话剧的人，我想都不能加以赞同吧！因为这样一来，演员所能办的，观众也未必不能办到。演员与观众之间，没有一种专门技术的关系，作为两者间的维系，则后者对于前者，势必因轻视而远离。观众既经远离，正因为话剧是非程式的，所以它的表演技术，没有具体范围，正因为它是自由表现的，所以稍不留心，便会陷入于种种的错误。话剧的演员，假使不能使他的眼珠的每一溜视，都传达一种情绪；手指的每一指示，都代表一种意义；两足的每一步伐，都暗示一种规律；腰身的每一转动，都形成一种美姿；则此种演员，不能算得理想中的演员。因为他缺乏了基本训练的缘故。在欧美各国，每一个舞台上或银幕上的艺员，都要经过相当时期的训练，经导演认为合格以后，然后再派定他的角色，参加排演。这使我想起旧戏的演员坐科时，那样每天被教师折磨的情形，和他们比较起来，只不过方法上的差异了。旧剧的技术训练，是以各种武功为根基。哪怕一出《汾河湾》，在进窑门的时候，若无基本的训练，做出来的身段就不好看。话剧的技术训练，也是从柔软体操开始，次及面部和身体各部的表情。我们看外国的电影时，不是常常看见：男演员两眼一翻，就可以把眼白完全露了出来；女演员的两肘一夹，就可以把腰肢旋动得比螺旋还要灵活吗？若非练之有素，能有那样效果否？

　　艺术就是技术：也许我武断了。

（一九三五年八月十五日）

论戏曲表演的“四功五法”及“艺病”问题的提纲

程砚秋

一九五〇年底，砚秋开始总结京剧基本功即“四功五法”的经验时写道：

> 先人所留下的这份遗产等于宝藏，取之无穷，用之不尽。它宜于高身量，宜于矮，宜于胖子，也宜于瘦子。

戏剧艺术，不外唱、做、念、打。西皮要柔软，二黄要刚强，南梆子要婉转，反二黄要凄凉。原则如此，还要看剧情词句的意思而定唱法与腔调，反二黄，如《宇宙锋》的唱法与《文姬归汉》、《六月雪》就不同。

手眼身法步，即手法、眼法、身法、步法。手分指法，眼随指法。身法有“八要”，是起、落、进、退、反侧、收纵、横起、顺落。进步身段低，退步身段高，侧身段看左，反身段看右。《荒山泪》，后一疯的步法，有蹈步、卧步、上寸步、垫（殿）步、碎步、过步、剪步、缓步、慢步、快步、溜滑步、蹉步；赶丫环，黄瓜架，高抬，自然圆场。眼法，有媚、醉、笑、庄重正视。衬托之哭必须声高，与叫板哭不同，如《二进宫》；向内白如《桑园会》、《汾河湾》，必须提高，因对话之人离得远的缘故。

练声，一至十，因中国字与外国不同故（方体字），逐句按字练声。

演员有在不知不觉中染上好多毛病的，必须要时时注意，常要对镜去病，若不留心，病根一深，就染上各种难改之病，想再治就不容易了。如陈丽芳犯了数病，今日就很难改掉。弯腿蹲身、头颈强、端肩、硬腰板、脚步慌张、死脸不分喜怒哀怨。

（一）弯腿，一切退转皆不灵活，走时定有膝拱动裙子，殊不雅观，行动时，定有起伏之病。

（二）头颈强，对于唱念缺少美的感觉。脖子微微摇动，帮助姿态的可以传神。

（三）端肩，则觉脖子短，台下观之不美，更谈不到气逸神飞了。

（四）腰硬，全身不轻灵，根本三节、六合，就用不上了。

（五）腰软，并不是指下腰背翻筋斗所用之腰而言，就是脊骨下一节，与鹞子翻身完全不同。

（六）台步不宜过快，忙则全身动摇，冠带散乱，应归步法内再详言。

（七）死脸子。凡演戏，面目表情时，必须分出喜、怒、忧、思、悲、恐、惊。若是死脸子，观众看他定是泥娃娃。以上的毛病，要随时对镜自照，有无此病，有则改之。锣在昆曲中用时很少。二黄因在草台表演，为刺激观众以振作精神，并代替小锣，就多用。现在更变本加厉，所谓进军鼓退兵锣，现更乱搞，愈显嘈杂了。

水袖功，有抖袖、打、甩、掸、前十字、后十字、双飞势，左右单背剑、双背剑、扬、掸、翻、抖、甩、打、摆、云、搭；左右掸打、左右掸甩；翻水袖是（曲破）舞，是宋代的一种舞蹈，很重要的姿势。双环式加云手、左右云手下式、左右翻袖、云手掸裙双抖袖、左右斜飞连环穿腰双回袖、左行倒步行云袖、风摆荷叶式、双飞云、蹲身平云斜飞寻找式。一个戏，有一个戏的水袖配合。

唱、念、身段，要有刚柔，配合喜、怒、疯狂；喜如英台念"瞻今朝随我愿，困鸟出笼任蹁跹"，柔而慢，要媚；刚而肃，要硬，如《三击掌》。

手眼身法步者，应配合"三节"。什么是"三节"？即梢节、中节和根节。胸是梢节，横膈膜为中节，丹田为根节，所谓上三节、中三节、下三节。中三节，用于唱法上。还有"六合"，即外三合、内三合。手肘、腰胯、腿足——手为下节，肘为中节，肩是根节；胯为梢节，膝为中节，脚为根节；头梢节，腰中节，足根节。外三合者，即手与足合，肩与胯合，肘与膝合。内三合者，心与意合，意与气合，气与力合。

一切道具，包括翎子、宝剑、甩发、水袖、唱法均宜圆，均系圆形。

练声一至十，因中国字与外国不同之故，方体字逐句按字练声。

（一九五〇年十二月二十九日）

演戏须知

程砚秋

戏有四德：曰立品、曰智能、曰端庄、曰洁烈。

初学法则，应守规矩，得其规矩，始求奇特，既得奇特，仍循规矩，所谓守成法而不拘泥于成法，脱离成法而不背乎成法，能此可以言艺术。对于一切变化发展革新则无往而不利，此为求学不二法门。夫运用之方，虽由己出，规矩所设，信属自家（知），差之毫厘，谬以千里，苟知其术，适可兼通，心不厌精，体不忘熟，若运用尽于精熟，规矩谙于胸襟，自然容与徘徊，意先动，后无往不宜，潇洒流落，气逸神飞矣。愿学者三复，言：歌以咏言，声以宣意，哀乐所感，托于声歌。学问之道，贵乎自悟，赖人指示乃为下乘；遇拙蠢而使灵巧，遇微细而要持重，运用有方，始趋佳妙，百转心思，胸襟宽阔，态度怡然，方为上乘。

遇繁难不露勉强，遇轻微不可草草放过，要在意味里写真，不要在举动上写真，所谓写意也。要只在举动上写真，而不在意味上注意，即是写真，则失去旧戏写意之原则。要知写真戏以举动为形质，以联络处为性情；写意以联络为形质，以举动处为性情，此为后学之度世金针。望学者对于斯言加意揣摩，设有心得，庶几乎近焉，则可以谈艺术矣。

念一字使一身段皆不可忽视，亦不可轻易使用。要知一字为全句之规，一句为全剧之准，一举为全剧之立根，一动为全剧之脉络。

表演要抓住观众的心理，掌握住观众的情绪，使其有动于中而后可。

学者在自修时要随时自加检讨一切弱点，要随时补充自己的缺欠，见他人有缺欠有弱点，要加自省的工夫，他人有长处要加以学习的工夫，这就是择善而从不善而改之意。可是，自省的工夫比较学习的工夫进步较速，收获较优。故，在求学时期，千万不可有藐视人的心理，良善者固可法，不良善者，亦我师也。

姿势要相辅而行。势者，固定方式也；姿者，所出风神也。有势无姿则不美，有姿无势则不实。

艺贵精而不贵速，法贵乎旁通，可以意会而不可以言传的是艺术，可以言传的是技术，使其出于自然，万不可矫揉造作失却天然之美；术贵乎贯彻，能如此则一切蜕化矣。造微人才，出神入化，规矩谨严，意态潇洒，要有擒纵法。

艺术之运用，不外乎烘云托月，设色生香，绘景绘神而已。浅尝则易，深造则难，有所法而后能有所变，而后大要有强大鉴别力，要会烘托，要会陪衬。

描写剧情切忌过分，表演有所含蓄。凡歌舞与作文无异，切忌过直，文忌直，过直则失掉意味，曲则耐人寻味。凡唱作必须有绝岸颓峰之势，奔雷坠石之奇；如蜻蜓点水之势，若即若离；如流风回雪之姿，忽飘忽漾，果能如此，则自臻佳境。

做戏最忌头重脚轻，换言之，即是不能一气呵成。做身段要向背分明，否则观众不生美感。做节烈妇人，貌虽美丽，要态度端庄，不可使人动淫思之念，而能令人敬畏，所谓面如桃李，凛若冰霜，否则失却青衣身份。

语助词切要注意，对剧情帮助甚大，为戏中要素，用当则能传神，注意中心点，要潇洒如意。

身段要灵空，虚则实之，实则虚之。凡品格高纯之人，念做必须端庄肃静态度。不可多使身段，凡于念唱时手舞足蹈，眉飞色舞者，乃轻浮之人，绝非端士学者。

注意学无成就而标奇立异，见异思迁，此求学之大病，为终身之忧。

歌唱以及三腔等，是戏中以简易繁法。凡唱做须有刚有柔，有阴有阳，要缓急适当，顿挫适宜，勿落平庸；表情动作要不即不离，要若即若离，以繁胜人易，以简胜人难。

无论唱、做、念、打，始终须保持原神不散。提顶若胸中有物，要动中有静，静中有动，最要始终如一。做身段使其繁似简，简而明。台风要潇洒，能使四座产生风为宜。要藏锋，忌露骨，忌轻浮。做戏要无我无人，眼要平视而远，须了解戏中人性情及一切事实环境情况，要作烈妇守节，不作妓女倚门卖笑，所谓教化于人，总要有益于人，不要有害于人。

化装要能寓褒贬别善恶。锣鼓之功用关乎人的性情环境，抓住观众情绪的东西，就是声、形、动、情。

忌太不自信，学无根底，所得不实，见异思迁，胸无主见，是鉴别力薄弱之故。忌过于自信，自以为是，顾影自怜，藐视一切，人皆不如我，耻于下问，是阻挠学业前进之大病。

凡台步、身段、亮相，笨中灵则厚，不要虚中灵则浮，要虚实则活；不要实中，实则钝。一颦、一笑、一举、一动、一顾、一盼对于戏情大有作用，不可以轻举妄动。做工戏，脸上要有丘壑，作用都在眉睫、眼神、法相。话白有附属于身段者，有身段附属于话白的。忌身有俗骨，自矜自夸，太露锋芒，平庸无味，酒肉气重。

要正确魄力，强大鉴识，不耻下问，坚韧性强，从善如流，用写意而成写真，注意补白。

提顶、松肩、气沉丹田，腰背旋转，步伐自然灵活；姿态要挺拔，动作要圆转，气魄要庄严，韵味要潇洒，呼吸要匀停，运用要顿挫，戏是抽象的，但是要写实。

矮身儿轻狂，高身儿骄，跃身儿惊慌，存身儿谄。鞠躬是谦，低头是敬，挺腰是谨，迟慢是慎，仰面是媚。戏中人应了解五种须知："身份"，有帝王、奸雄、武将、官僚、文人、名士、书生、狂士、公子、孝子、纨绔、穷儒、良师、腐儒、道学、恶霸、土豪、地主、富翁、市侩、流氓、小贩、游民、农夫、道士、僧家、严父、慈母、闺秀、荡妇、娼妓、艺人、贤妻、侍婢、侠客、义士、王后；"天性"，狡猾、愚顽、淫荡、柔媚、癫狂、奢侈、豪爽、坦白、野性、刁诈、懦弱、泼辣、安善、昏庸、痴呆、暴戾、贞静、阴柔、阴险、正直、激烈、凶顽、乖张、忠实、斯文、率真、慈爱、慷慨、优柔、寡断、吝啬、卑鄙、明辨；"行为"，道德、直爽、仁慈、智勇、信义、险诈、狠毒、残忍、狡辩、巧言、毒辣、权变、机警、刻薄、果断、清廉、驯顺、贪污、狂妄、诚恳、强识；"态度"，狂妄、骄傲、潇洒、幽闲、洒落、超群、凶猛、舒适、恐怖、惊慌、悲惨、勇敢、蛮横、和蔼、强硬、堂皇、儒雅、大方、庄严、幼稚；"气味"，书卷、寒酸、豪爽、粗暴、勇猛、市井、村野、侠义、华贵、山林、庸俗、酒肉、雍容、造作、势利、清高、骄傲、和穆、浮躁、脂粉、风骚。

不要忽视戏曲程式的特点与基础，想用其他办法来代替它，是主观与虚无主义的做法，必然破毁戏曲遗产。这一套程式的形成，为戏曲艺术中极为重要的一部分，剧中人的情感只有通过程式才能表达出来。只有程式没有内心，等于傀儡，只有内心情感没有表演程式，等于战士没有武器一样，不管他思想如何好，也不能攻打敌人。内心与程式相结合才富有生命，富有感染力，必须要将内心情感与外形的表演程式结合在一起，才能收到良好的效果。创造性地运用程式套子，但培养戏曲人才，首先应从学习戏曲程式入手。一学就会，一会就演，一演就好，是不可能的。难能才可贵，不掌握好老一套程式的技术就演出，还很好，艺术也就不可贵了。

"起霸"。老生要躬，花面要撑，武生取中，小生要紧，旦角要松，以上对胸背而言。花面须灭顶，老生眉目中，小生齐鼻孔，贴旦对着胸，指山膀而言。视线有起落，举止有往还，动辄阴阳辨，钉尖对面前，指姿势而言。欲进须先退，欲退反向前，行走守直线，脚跟往前翻，指动作而言。扎靠自膝起（箭衣同），蟒袍腿腕齐，软褶根对趾，切忌太直伸，指脚步而言。起于背行于肘，控于胸，止于颈，指山膀而言。点腕、压肘、里手，指单山而言。老生三贴一抗，武生两贴一抗，小生一贴一抗，旦角仅抗不贴，指退步山膀。陷肩、压肘、亮手裹掌，指山膀姿势而言。

"云手三种"。整云手、简云手和恍云手。

拉单山膀是起唱，搭手是点绛，抬手是念头。

"打把子"。折蝎子、摘豆角、三飞脚、快枪、正天罡、反天罡、反天鹅、满天红、卅二刀、十八棍、锁喉、甩枪、一封书、挎枪、三环九转、削腰峰、棍破枪、就就儿、灯笼泡儿、刀架子、六合枪、十六枪、老虎枪；每一身段有三个过程，动意第一，视线第二，动作第三。前把指人鼻，后把对肚脐，指枪把而言。

戏的知识资料。

开当、打攒、连环、摆阵、走边、裤马、备马、五梅花儿、纱帽翅子、编辫子、十字靠、黄瓜架、大元宝、四合如意、顺风旗、赶黄羊、三见面、萝卜头子、架牌楼、四股当、倒脱靴、二龙出水、攒烟筒、钥匙头、溜下、追过场儿、抄过儿、两边下、连场见、太极图下、龙摆尾、钩上、领上、引上、绕场、抬轿、领下、扯斜胡同儿、一翻两翻、钭犄角、合龙、扯四门儿、跑过场、冲头两边上。挖门上、溜上、站门儿、挖进来、坐轿上、坐车上、骑马上、乘船上、站钭门、站一字。

戏之练习应用各门。

练嗓子、念白、筋骨、腰腿、把子、起霸、操手、神气、脚步、动作、水袖、姿势、翎子、跟斗、眼睛、髯口、扇子、摔发、云轴、扁担、宝钗、双枪、单刀。

韵学书类要目：

《中原音韵》、《中州全韵》、《洪书正韵》、《辞源》、《韵学骊珠》《五方元音》、《五音篇海》、《五本韵端》、《九音指导》《韵府群玉》、《南北音辨》《顾曲麈谈》、《剧韵新编》、《乱弹音韵》、《康熙字典》。

气字滑带断，轻重急徐连，起收顿抗垫，情卖接揿搬，以上悟头廿字。

四声、阴阳、南北、尖团、上口、部位、反切、语助、派音、破音，以上读字法。尖字何音，齿头音，当门二牙与舌相抵之音。团字何音，正齿音，即牙音舌根压下槽牙之音。尖字用法，尖字以舌抵齿，合两字为一音而急念之，如"先"字为（思烟切）、"秋"字为（齐由切）之类。团字则有上口不上口之别。中州韵，即昆曲所谓中原韵也。谓南字多尖，北字多团，为河南土语分析最清，如前、千、修、休，卖货声十五元宵两字，一尖一团都分析得很清，无一混淆。故谓中州韵者，是指尖团而言耳。尖团之分须严格练习，细究之则唇、舌、齿、鼻、喉、腭，各有专司，互相为用。无论什么字，都应念得准，放得稳，用得神。需要特别练音，先求"准"、"稳"。"练"的步骤，是先把舌头与前齿、上腭的各样联系认清楚了，再下功夫去练。每系只须练一个字，自然顺流而下。"稳"了"准"了之后，要用在唱念里，那又先要分清了阴平、阳平及"去"、"上"两声。唱念时依照每个人的身份、口吻、情境出口。字眼清楚了，戏味足了，对于台上表演就有了把握了。

写剧本应适合舞台上演本，不要放在书桌上读本。

唱腔的创造是给观众听的，不是为自己欣赏的。

（一九五〇年）

艺术经验讲解

程砚秋

有句古老的谚语说：铁打的棒槌磨绣针，功夫到了自然成。这道理是很明显的。本来，一分磨炼，一分成就，这又是谁能否认的呢？

但是，事实上并不是这样简单，更不能呆板地列作一个公式——愿望+用功=成就。因为就有人下了一辈子的苦工夫，真个是夏练三伏，冬练三九，结果呢？所获得的成就，反不如一般。

这并不是说，走向成功，也还有一条不必经过用功磨炼而能直达的捷径。世界上根本就没有这样专为懒汉准备下的道路，而是说，磨炼也要有磨炼的方法，用功也要有用功的门道，而这些方法、门道，又必须有理论和科学上的根据。

我国的戏剧表演艺术，千百年来，多少的前辈们，曾经给我们积累下了很丰富的经验。但是对于这些经验，我们还没能有计划、有系统地加以整理，而提炼成为理论。为了使我们戏剧表演艺术的再提高，这一步工作是我们必须及早开始，努力进行的。

单就"练功"方面来说，前辈们也曾体验出不少的秘诀。这些秘诀中，有的固然还需要研究整理，但大部分却是很精到很深刻的。

就我个人所粗浅体会的，举两点来谈谈：

老前辈们对于"练功"时间的长短，是非常注重而坚持的，比如说，"涮膀子"每天要用多长时间？"撕腿"每天要用多长时间？一点也不肯通融，说不这样，就不出功夫。起初我也怀疑，这未免太固执了！但后来在实用中间，才体会出所以必须坚持的道理。演员在舞台上表演，无论是动作方面、声音方面，给予观众的感觉，第一要轻松舒适。如果踢一下腿，要让观众不由得也帮着使劲儿；拔一个腔，要让观众暗地里捏把汗，这表演艺术就是失败了。要让观众感觉到轻松舒适，做演员的对于动作和声音，都必须能够应付裕如。怎样才能应付裕如呢？在练功的时候，就必须以超出舞台所需要的质量来练习来作准备。武术家在腿上绑铁沙袋，逐步加重而练习到纵跃自如的程度，解下沙袋，就更显得轻巧灵便了，这是同样的道理。

怎样才能知道练功所需要的量呢？因为各人不同，各时不同，这并没有一个固定的对数表可以查看。唯有我们常常检查自己的演出，是否将要有力竭声嘶，不能应付支持的现象？如果有，那就是练功的量不够，应该再加刻苦勉励的。

有位老前辈曾说，"练功"，不是专凭匹夫之勇的，无勇无谋，练到老也是"戏匠"。这话很耐人寻味的，怎么叫"勇"？怎么叫"谋"？什么是"匠"呢？这也就是艺术和技术的区分。一个演员走上舞台，必须使观众感觉到他所扮演的剧中人是鲜明地活跃在大家面前。但是平常我们和人接触，并不是很短时候就可以看清他的特点。舞台上可就不容工夫。所以做演员的，必须对剧中人有深刻的体会，集中起来，发挥创造力去刻画。中国戏剧用程式化的动作来帮助表演，好处是能够增加表现的鲜明。但程式必须要通过内心，然后才能真正的发挥效用，否则便成槁木死灰，反而影响了表演。所以，我们练功，不仅是身体要练功，脑子也要不断地练功，并且脑子和身体更要配合到一起来练功，这样才能修养成为好的演员。

（按：此稿为砚秋先生赴西南地区考察戏曲音乐期间，与当地演员特别是青年演员座谈学艺的发言提纲。）

（一九五一年）

谈歌唱的技术

——一九五一年在昆明文艺工作者座谈会上的发言

程砚秋

诸位同志：今天我来谈一谈歌唱的技术。

在北京，常常听到一套老的传说，传说早年时候，某人某人唱得是怎么样，比现在的人们唱得好，而好的特点，第一，总要谈到是如何的"黄钟大吕"，换句话说，也就是音声响亮健康。

有的竟至传说的像了神话，例如，有人说，当年汪大头（汪桂芬）在大栅栏唱戏，前门楼子上都听得清清楚楚，拿昆明的地方来比，就好比在春明戏院唱，近日楼附近都能听，这不是很难让人相信的么？

话当然是太夸大了，不过事实上也不完全虚假。汪大头我没赶上，以前的老前辈更不曾听到，可是比汪大头稍晚一点的，像孙菊仙、刘鸿声、德珺如、陈德霖……的确，每人有个现在人们所不能及的好嗓子，即如谭鑫培，在当时，大家都认为他是声音窄小的了，可是要放在近些年，远是超群拔萃的。我们可以拿他的唱片来比较一下，是不是比余叔岩、马连良、言菊朋这些位的嗓子好得多、雄壮洪亮呢？不过以前的腔是很简单，我初学时，二黄固定三个腔，西皮若唱《祭江》、《别宫》，可以说，青衣的唱腔都包括在内了。现在腔确是复杂了，据王瑶卿先生说台上技术退化，唱法是进步。光绪末年一批唱片，青衣、花脸、老生，听起非常可笑，并且都是当时很有名的，若放在今天舞台上，大家会认为非常滑稽的，服装亦是如此，比方从前花旦穿的肥袖宽花边贴片大开脸，嘴唇上点樱桃小口，大家看去一定认为是兄弟民族在舞台上表演呢！

还有一种特别的现象，早年人不但嗓子好，并且有副好嗓子还不算特殊情形，普遍的嗓子是好的，而不好的只是特别。现在就大相反了，嗓子不好是普通情形，偶然出一个较好的嗓子，就好比凤毛麟角了。

可是这就是五六十年以来的变化，为什么有这样的变化呢？难道说我们真去信那些迷信家的谣言，说什么风水运气的道理么？我们应该以科学的眼光来观察事实的原因，用科学的方法来寻找挽回的途径。

很有些人疑心早年有什么特别的秘法，或是什么特别的药品，而现在失传了。不错有是有的，但也都不怎么可靠，原因也并不在此。据我研究的结果是，第一，早年人的身体，普遍的比近些年的人们好，更重要的还是早年人对于身体的锻炼保护，比较近些年的人认真，比方早起遛弯，陈德霖老先生冬天必到陶然亭遛弯。一个歌唱家，必须有一个健康的身体来做基本条件，因为歌唱也是一种劳动，劳动需要体力来支持，诸位都很明白这个道理，不必我来细说（推测演的长短，近年并未出人才，原因变，将来排戏分团体或私人）。第二，是早年人对于嗓子的保护，比近来的人们知道慎重。嗓子能够发音，是由于喉头里面有一条声带，声带这东西是很脆弱娇嫩的，要时时刻刻去爱护它，如果不知爱护，一旦损坏了，是没法子补救的（高庆奎、王瑶卿声带）。现在的医学虽然很发达，可是要想换一个声带，像汽车配个零件似的，还一点没有办法。爱护声带，要不让它过于劳累，早年效力，先唱小戏，不似近年，小孩子便唱大戏。在冷热饮食上都要留神（早年人对于饮食等的注意情形），不要对声带强迫地使用。我们知道，小孩子到一定的年龄，由于身体的变化，影响到声带的变化，在中国的旧说法叫作"倒仓"。当倒仓期间，应该注意休养，让身体自然地经过变化，然后再使用声带。可是旧戏班里的方法不是这样，越是在倒仓期间，越拼命地去吊，甚至用很高的调门去吊（嗓），这样十之八九把声带毁了，一辈子的歌唱生命，就算完结了。这是不是很错误的一件事呢？固然，其中有一些能吊得出来的，但是我们在现在的时代，断不应该拿特例来反对科学。从科学上来分析，情形是如此，那例外的事，只能看作偶然，不足为法的。有些人（贯大元）嗓子是左嗓，这多半是用高调门强吊出来的变音，好像笛子的苇膜，破了一点的时候，往往吹得出更尖锐的高音，其实这已经不是正确的声音了。早年人似乎比近些年懂得一点这种道理，即使不懂得这道理，可是早年倒仓的孩子们，差不多便不能再去效力，因为那时效力的人多，大家也就不愿意用正在倒仓的去引起观众的不满，这样和休养的道理，多少便有些暗合了。

所以我们要从头整理歌唱的技术，以上两项基本原则，是必须首先做到的。但是单做到这两点，并不够。因为这样只是能有了一副好嗓子，我们知道，好铁还要经过锻炼才能成钢，好的嗓子，也需要加以彻底的训练，才可以作为制造歌唱使用的材料。怎样使他成为完美的材料呢？（高音应配合高音，不能勉强，譬如说……）将来如何组织？

第一，先要练气，也就是练习怎样控制呼吸。人之所以能发声音，全仗着用气来吹动声带，声带好比一架机器，而气则好比是发动机器的汽油、蒸汽、电一类的东西，不够用是不行，太多了而没有节制也不行，所以每架机器上都有一具很精密的油表、汽表、电表，控制着按需要情形而发出动力。学歌唱也是如此，我们首先要有充足的气，可同时还要建设一种可以自由控制气的机能。早年演员，都讲究在每天清早到旷野地方去遛弯，就是这样道理，不过这方法还太简单，我们需要根据生理学再使它更进一步。

早晨先活动身体，平心静心走路。身体坏的原因，近年生活所迫。练武功，钱、许、范出台时好像一根铁柱。

第二，我们要用科学的方法来练习发音。用气来吹动声带发出音响，到了口腔部分，因为口腔里面各种不同的阻拦，便会变化出不同的声音，比方，完全张口，发出的是"啊"音，如果把上下两唇一合，马上这音便成了"呜"了，若再把嘴一裂（读上声），又变成了"衣"的声音了。利用这些口腔不同的姿势，造成了不同音响，综合起来，便是语言。我们唱歌，是有词的，我们不能像老鸦似的，一直在啊啊啊啊地叫，要照着词上的字音，发出各种的音响，并且，每一个音响，要发得非常正确，非常美丽，不因为短促而含糊不清，不因为拖长而变了样子，所以必要一样一样的经过慎重的练习。尤其是中国语言，唇喉舌齿牙之外，还有四声阴阳的特殊问题，在练习上是又多一层困难的。（主张不讲四声）

第三，我们是要以科学方法练习音阶。旧日练音阶的方法，太不讲究了；也可以说是根本没注意这个问题。教唱的时候，只是开门就教一段唱，唱会了，上胡琴吊好了。至于音阶准确不准确，上下翻动得自然不自然，谁去管它呢？（我对于音阶亦不懂，只是自己揣摩，早先教唱和念白，我认为这方面是不正确的。我太侥幸了，陈教《彩楼配》，玩笑戏）。所以有些演员，唱了一辈子戏，到老还唱不搭调，这又是谁害了他们？有的虽然中间的音可以搭调，可是逢低就要冒，逢高就要黄。有的在翻高的时候，要做出种种的怪形状来，挤眉弄眼，端肩膀，甩下巴……种种情形，一时真没法子数清。从前有一位姓张的票友，唱的时候要用手掐着脖子唱才唱得出来，因此留下一个毛病，上台时也掐着脖子唱，人们都称他作"掐脖张"。凡此种种，都是不依照科学方法练习，勉强生扯硬挤弄出来的毛病，这是错误的，我们必须加以改正，从练音阶入手，一个音一个音发展上去，自然的发展，不要让听的人替唱的人担心，不要让听的人在暗地里帮着使劲，那才是真正的歌唱。这一点将来必须把它做到练习声音的方法！

练习音阶，不要自由地去练习，因为根本自己靠不住才需要练，自由地去练，一定会野马脱缰似的乱跑一阵，练出毛病来，再想挽回可就困难了。从前有位教师教戏，凡是学过一点的，他便不教了，他说好比染布，本来是应该染红色的，如今他已经在蓝靛缸里染了一水，再怎样染，也不会染得鲜红了，这虽是过分之谈，可是走错了道路，的确是很大的危险（开蒙）。

因此在练音阶时，要依傍一件准确的乐器，在西洋，都是用钢琴，我们条件目前不够，但也要选择一件比较发音固定准确的乐器来应用。胡琴靠不住，因为拉的人不一定音准，尤其手指稍微上下一点，会差得很多，笛子比较好些，可是要特别制造，普通的笛子，多是发音不准的。依我的见解，最好是在西乐里选择一件比较好些（例如风琴）。最好固定，不过中国制度问题，应当走这条路。

说到这里，有人一定会感想到，为什么要向西洋乐投降呢？这观念是错误的，学习别人的方法来补充自己的不足，这和舍掉自己的风格而去盲从他人的风格，完全是两回事，缝一件中国衣服并不限定是要用手工来做，用机器照样可以做成中国衣裳。用中国毛笔，也可以画出一张西洋式的图画。我们尽可以用西洋练声的方法来练声，只要我们守住了尺寸，不要去练洋味嗓子，那又有什么妨害呢？

第四，是要以科学的方法来练习音色，所谓音色，便如同我们眼睛所可以看得见的各种颜色。人类的声音是代表人类的情感的，人类的情感有种种不同，因而同一的声音，在不同的情感之下，也会有不同的味道，轻重疾徐，抑扬顿挫，也只能说一个大概，详细的，要各人去深刻体会模仿练习。比如说"我不去"三个字，在惊怕时说是一样，在悲愤时说又是一样，在喜悦时说又是一样，三个字并没有变，变了的只是韵味，我们如何能够一一地表现出其所代表的不同情感呢？这只是音阶是不够的，必须要用音色来补助。这是最难研究的一步，可也是一个歌唱家必须要掌握，充分掌握的一步。

四声、尖团、上口，有好多人主张不用，改革戏，不能只凭自己灵机一动。

经过以上四步练习，歌唱技术的基础可以说是初步完成了。以后才可以谈到运用。所谓运用，就是把各项基本功夫，如何使用在歌曲上去（把一切技术武术使用在身段动作上去）。在谈这一层之前，关于基本练习，还有几项应该注意的，我愿意介绍给大家。

练习歌唱，要有恒心，每天不一定需要很长时间的练习，可是按天要不断地继续练习，我们要紧紧记住，中断一天，要一个礼拜才能找得回来，武术亦然，所谓"要想人前显贵，就得背地里受罪"；中断一个礼拜，就要大半年才找得回来，中断就好比爬山时向下溜一样，这是很危险的。不要性急，铁打的棒槌磨绣针，功夫到了自然成，艺术圈子里没有侥幸，一分功夫，有一分成绩，也绝对不辜负人的。每天最好有两次的练习，每次以一小时左右为限，中间还要有段落的休息时间，以不使声带过劳为度。时间随便自己定，但切记不要在饭后，饱吹饿唱，这是一句经验的教训，我们不可以忽略的，离开饭后，至少在一小时半以上才好（武功不吃练，不符合于卫生）。

练习的时候，切记要注意身体的姿势，要使全身都一点没有紧张的地方。要聚精会神，要诚心敬意。有的人在用功时候很用功，不用功的时候，每好胡嚷几句，以为好玩，其实这等于吃毒药，希望大家要深深警惕的。

练习要发展自己的天才，不要去勉强模仿任何人的声调，人与人之间在天赋上都有些差异，所以一个人有一个面貌，一个人写字有一种的笔迹，歌唱也是如此，勉强学旁人，终必耽误了自己的天才。艺术贵在创造（要选择采用，要取其好听），对于画家写家来说，从没有看见哪一个是专以临摹以前人的作品而能够成为一等名家的。必须多观摩，由此得到好多启发。

好了，因为时间关系，我们只能谈一个大概，详细的容有机会再向大家介绍。现在再来谈一谈运用问题。

关于运用，要分四步来讲：

第一，要照顾到歌词的字音和语气。

第二，要结合情感。什字收什音，要躲避，《三击掌》同样腔，环境意思不同，就变了韵，切忌卖弄。

第三，用腔要美。音断意不断、身段、手眼身法步。

第四，要有隽永的味道，所谓使人"三月不知肉味"的力量。自己体会是有所本再创造，枪花几十年没有，文戏动，武（戏）静。

拉杂地说了好久，耽误了大家很久的宝贵时间，没能给大家提出了什么宝贵意见，还希望大家多多原谅！

舞蹈与歌唱问题

——一九五一年十一月二十四日应欧阳予倩院长之邀于中央戏剧学院讲课

程砚秋

今天如此地讲话，真够大胆，欧阳先生是我们旧剧界的先进剧场形象，叶浅予、张季纯先生亦在小剧场观剧。

我是一个中国旧剧演员，所会的只是中国旧剧里的一套技术，并且大部分还偏重在京剧方面。今天给我的题目，是"舞蹈与歌唱问题"，我对于这题目，素来缺乏正式的研究，仅仅能就个人业务范围以内所见到的，胡乱介绍给大家。如果还有两句要得，那么大家也不妨作一点参考材料；如果要不得，就请左耳听了，赶紧由右耳抛弃出去，别让它存在脑子里，以免积成了陈腐，这不是闹着玩的。

旧剧里的舞蹈和歌唱，在原始上并不是戏剧本身所发明和创造的，乃是东借一片瓦，西借一根木头，东拼西凑而集合成了的。在唐朝和宋初的戏剧，只是许多曲艺中的一个很小的种类，联合其他的曲艺，共同演出。当时戏场的情形，在一开首是先出来一两个人，向观众述说欢迎的意思，说罢之后，便一样一样地介绍节目。节目中也有舞蹈性的，也有歌唱性的，也有讲说性的，在这些形式中间，掺和着一两个小小短剧，剧情亦很简单，主要不过是供大家一笑而已，谈不到舞蹈，也谈不到歌唱。末尾以最精彩的歌唱和舞蹈的节目作为压场，然后再由开场时候所出来的那一两个人，向观众道谢，这样，一天的节目就算告终了。后来戏剧部分渐渐发展起来，剧情也渐渐复杂了，需用的演员也多起来了，于是把其他各种曲艺的演员陆续吸收到戏剧里来。为求戏剧的精彩，也就把他们原来的技术，容纳到戏剧里面去。当然，在初期的时候，是不会容纳得太调和的，逐渐地进步，逐渐地消除了不调和的痕迹，但一直到现在，似乎还没完全的融化净尽。比如说，旧剧里的翻水袖，这是"曲破"（按：曲破是宋代的一种歌舞）舞里的一种主要姿势。云手、山膀，这是武术里的基本姿势，像这一类的情形，很多很多，一时我们也来不及都举出来。现在，这些都成为戏剧中的主要动作了。可是像武戏走边里所用的飞天十三响，这原是打花拳里的一种玩意儿，虽然已经吸收到戏剧里来，可是到现在也还没能完全融化。我们知道，走边是在夜晚偷偷去干一件事的行为，当然要静悄悄地怕人听见，可是打一套飞天十三响，噼里啪啦，难道是恐怕人听不见吗？

这些没尽融化的情形，在各地方戏里，往往比京剧更容易多发现些。例如地方戏中的耍翎子，两根翎子，要一根停止不动，一根盘旋飞绕，这的确是一个很难做的动作。可是演员们在用到这技术的时候，总要把这剧情停上一停，做一会儿准备，然后才耍；耍的时候，往往也不管是不是结合着剧情，这样，充分地显露出是捏合而不是化合的痕迹。在山西看的《黄鹤楼》翎子，好似卖弄，西安看的阎逢春所演的《杀驿》，纱帽翅的颤动（就不同）比较自然。舞台上打拳也同样不融化，就好似到天桥看练把式似的。

对于今后的戏剧，在内容上当然要加以改进，使结合政治，来为人民大众服务。在技术上，也应该再求进步，消化了那些生硬的成分。不但如此，还应该根据这个传统的原则，更去多吸收新的成分，来把戏剧技术更充实起来，发展起来。

关于一般的舞蹈，似乎也应该采取这样的一个方式。我们要建设的是新的中国的舞蹈，第一个要点，这种舞蹈建立起来，必须要绝对充满了我们中华民族的风格。可是旧有的中国的舞蹈，除吸收在戏剧里的以外，大部分是失传了。我们在继承上既感到相当困难，那么就不得不旁征博引地寻找材料，从我们中华民族的生活中找材料，从我们中华民族的特性上找材料，从我们中华民族中近似舞蹈的东西里去找材料。我个人常常感觉到，中国的武术，里面是很丰富的一个舞蹈材料仓库。过去戏剧里曾经采用了一些，但是，中国的武术是很多很多形式的，未被引用的材料还很多很多，我们从这里发掘一下，一定还可以得到很丰富的发现。就原有的舞台所用的这些基本练习，是绝对不够的，凡是出名的几位武生，大多是武术根底非常之好的，如杨小楼、盖叫天、少春的腰腿（《三岔口》），刘奎官先学武术基本功，现在还没有注意到周（信芳）《跑城》。不过看我们怎么运用，不然在台上成为一个把式匠，这是不对的。练把式到天桥看去，何必特为上戏院来看。台上是一面，美为原则。

舞蹈技术的好坏，全在乎身体各部分是否运用的灵活，完全灵活如意之后，再看是否美妙适当。以武术功夫来做研究训练的材料，足可以解决这两项问题的。所以，这不仅是一个很好的材料库，同时更是一位良好的导师。

此外，像各兄弟民族的舞蹈，其中也有好多宝贵的材料，我们也要好好地学习研究。西洋的舞蹈，我们只可拿来作一种参考，分析地吸收，千万不要生吞活剥地去接受，过去已曾有相当的经验教训了。完全用他们的一套，现在是个小弟弟，恐怕经过若干年后的努力，还是一个小弟弟。我们必须自己把我们武术的学习加强起来，打好了基础，然后再把西洋舞蹈方法等加入，使它和我们的融合在一起，那才能有好的，很快的就有了成绩了，尤其在国际间，定能收到好的效果，并且我们自己的东西，要成分较比占的多。

不过看我们怎样运用，不然在台上成为一个把式匠，就不合舞台上的艺术美了。因台上所用是一方面的，备与观众们看的，武术练起动作是多方面的，就原有舞台表演所学的基础是不够用的。凡是几位出名的演员，对于武术都有相当研究，如杨小楼、盖叫天等。

此外对于兄弟民族的舞蹈，不应该侧重在学习搬运，当我们学习舞蹈歌曲要作介绍表演时，应该先做一番慎审批判研究，不要当作新奇好玩来介绍，因有些舞蹈歌唱，他们绝对不能在大庭广众之间来露演的（云南所见的山谷联欢、鹭鸶舞），不然他们看了好像我们讽刺他们似的。

其次的问题，是舞蹈与音乐的结合。舞蹈的构成，是以姿势和动作作材料，用节奏来把这些组织起来，因此音乐便成为领导节奏所必需的东西了。什么样的节奏配合什么样的动作，这其间是有一个自然规律的。比如穿上长袍马褂，走起路来，自然是要迈迈方步这种的动作，如果配合以进行曲性质的音乐，便觉得行走起来很僵持；若穿着制服，一边走一边唱昆腔，唱不了两句，走不了两步，不是唱走了板，就是步法乱了。不信，可以试一下即可以证明。要建设新舞蹈，同时必须联系到新音乐的问题，换句话说，如果要建设新的属于中华民族特性和风格的舞蹈，必然也要有新的属于中华民族风格和特性的音乐。

我们再来谈谈歌唱的问题。一向中国的歌唱，过于注重在天才的等待，相当地忽视了功夫训练，虽然旧日也有一套方法，但是这方法太不科学了，有时还很容易生出不良的后果，影响到被训练的人的健康。所以为发展新的歌唱技术，必须先建设一种新的训练方法。

旧戏练声太简单，"衣、啊"的。修养身体是演员首先应注意的，没有健康的身体，绝不能成为一个好演员。再从练声说起。我们知道很多的哑巴，是由于耳聋，因为听不见，所以纵有发音的器官，也不会充分的行使利用。我们要训练歌唱，必要先从听觉的训练入手，听得丰富了，自然认识和辨别也丰富了，再去由自己发音，当然也容易练习了。我们应该多方搜集现有的中国的天才的有深厚的修养的歌唱名家，分门别类，把他们的代表作录成唱片，请些专家来研究分析他们的特点和运用声音的技巧，作为训练人才的参考，使在赏鉴上有了基础的修养。第二步，便是音阶的训练。中国旧式的方法，对于这一层是太不注重的，所以有好些人，尽管唱得久，唱得好，但始终有几个音阶唱不协调。我们今后要增加这一套方法。增加这一套方法，不妨斟酌地采用西洋式的声乐训练法，再配合中国的方块字，自然听起来就是中国味道了。认为自己本国是土嗓子，也是不尊重民族遗产了。只要留神别弄成十足的洋嗓就够了。可是，中国特有的一些音阶，务必要补充进去，否则接受传统遗产时，会把自己家的遗产写到别人家的账上去。假定我们采用他们的调子里边哪一个调子，我们旧剧管它叫腔，比如影片《凤求凰》里有一个音阶，我听很好听，我就把它装在《锁麟囊》内。音阶训练好了，并不能算是大功告成，只可以说，这才是刚刚走进了大门。必须要更进一步，使能对于同一的音阶，在不同的需要之下，具有不同的应付能力，这也就是如何把声音和唱词的内容及情感结合起来，随着情感的差异而有千变万化，再配合中国的方块字，自然听起来就是中国味道了。认为自己本国是"土嗓子"，也是不尊重民族遗产了。

所以，一个歌唱家，必须要有极丰富的生活体验，从体验中认识了各种不同的情感，然后才能控制声音，支配声音，使有种种切合实际的表现。这方面的修养，最好也多向民间歌曲学习，因为民间歌曲，多是情感的自然流露，没有"为歌唱而歌唱"的动机，他们是最天真最纯正的。

说到声音和情感结合，有一种现象，是我们必须防止的，这种现象，就是机械地模仿情感。比如唱一个欢喜的歌，里面夹杂上一些笑声；唱一个悲哀的歌，里面带上一些哭哭啼啼抽抽噎噎的声音，这是很庸俗的手法。艺术虽然是起源于模仿，但是进步的艺术，却不能还按着原始艺术的那种照猫画虎的方式。

古来有一些歌唱家，很多抱着一种"孤芳自赏"的态度，现在不是那种时代了。我们今后的歌唱，是要为人民大众服务的，因此唱得好或唱得不好，是要以人民大众的共同感觉为标准，一定要能受到广大群众的爱好，才能算是好。今后做一个人民的歌唱家，必须要深入地去结合大众的情感，不但使大众说好，还得使大众真正的、自动地感觉到百听不厌。

最后，我们再提出两个问题。一个是关于用嗓子的问题。去年，各方面曾为"洋嗓"和"土嗓"的问题，引起了一场大的辩论。中国人唱中国歌而用洋嗓，这当然是个不合理的途径。但是，盲目地粗率地来用土嗓，唱得一点都不好听，却自己夸耀这是接受民族的传统艺术，也未免过于辱没祖先了。这也是应该批评矫正的。第二个问题是关于歌词的字音问题。过去有一些专学西洋作曲的朋友们，因为西洋字音里没有四声阴阳这一套，总觉得这是一层多余的障碍，想除掉它。可是除掉之后，作出的歌曲，只能听调子，不能听词句了。因为一个字音是南腔，一个字又是北调，明明是一首很通顺的歌词，弄成不看字便无法明白说的都是什么话了。这何必呢？今后希望作曲家们多注意这个问题，最好是照顾到这个问题，因为中国的文字语言都是有四声的，我们要从众。比如中国的"中"字，唱出必须叫人听成是"中"字，不可以误成是"肿"字；"三"字，必须听到是"三"字，不能误为是"散"字。关于怎样照顾到四声阴阳的问题，在中国歌曲里，虽是自然的存在着这种方法，但一向还没人彻底地去发掘、去整理。因此有人在一知半解之间，发表了一套理论，以为问题只有在旋律上才能解决。这样把一条宽阔的大道弄窄狭了。我们要从头实际地去研究这问题，寻找出我们的正确途径。

我对于唱的研究，很多是从外国歌唱、地方戏曲中汲取来的，不过猛然听去，很不易发现，因为取来之后，是经过一番融化的，可是若加解释，又会明显地呈现出来。这不是神秘，而是艺术家应走的道路。

歌唱的基本原则，说起来很简单，如果用几个字来代表，就是声、情、美、咏。所谓声，是指声韵言，因为汉字的特点，是单音而具四声阴阳的，既用汉字来写成词句，当然要照顾到汉字的特点。一个腔调在制造中，是必须逐字审定其四声阴阳等。声韵既定，其次便是要结合情感，因文字之所以能表达情感，是在于其所涵的意义而不在于音韵，故此在腔进行中，是要选择涵义所需要的旋律来运用的。在选择旋律的时候，用时还要注意几件事：一是要切合剧中人的身份；二是要适宜当时的环境；三是要美妙动听。比如说，一个性情萎弱的人，断不宜于用激昂豪爽的声腔；在剧情紧张的时候，决不可以用和缓的歌调；一句悲哀的话，是要以适宜的旋律来发挥其悲哀，万不是扯开嗓子一哭，便算成功了。以上三步完成之后，最末还要照顾到的，便是咏。同是一个腔调，有的听一两遍，便觉得平淡无奇了，有的则像橄榄一样愈经咀嚼愈有滋味，腔调制造，是要以后者作为标准的。凡歌唱必须顺合上项原则的，尤其是第一项，很有些人主张废掉不用。是的，废掉了，没有什么关系，但又何必还一定要用汉文来写歌呢？

　　腔要新颖，切合剧情，必须严肃，最忌油腔滑调取悦观众，要有血肉，有分量。

　　（按：一九五一年十一月二十四日，砚秋应欧阳予倩院长之邀于中央戏剧学院作《舞蹈与歌唱问题》的讲课，这是他始于一九五〇年着手总结自己舞台实践经验和调查学习地方戏曲音乐所得的研究工作之开端。）

图书在版编目（ＣＩＰ）数据

惊才绝艺，一代伶工：回忆程砚秋/翁偶虹等著. —北京：中国文史出版社，2018.6

（百年中国记忆·文化大家）

ISBN 978 - 7 - 5205 - 0351 - 8

Ⅰ.①惊…　Ⅱ.①翁…　Ⅲ.①程砚秋（1904—1958）—回忆录　Ⅳ.①K825.78

中国版本图书馆 CIP 数据核字（2018）第 135588 号

责任编辑：徐玉霞

出版发行：**中国文史出版社**

社　　址：北京市西城区太平桥大街23号　　邮编：100811

电　　话：010 - 66173572　66168268　66192736（发行部）

传　　真：010 - 66192703

印　　装：北京新华印刷有限公司

经　　销：全国新华书店

开　　本：787 × 1092　1/16

印　　张：16.75　　　　　　　　　　字数：240 千字

版　　次：2019 年 1 月北京第 1 版

印　　次：2019 年 1 月第 1 次印刷

定　　价：58.00 元